# Outra economia é possível

Organizado por
Manuel Castells

# Outra economia é possível

## Cultura e economia em tempos de crise

Tradução:
Renato Aguiar

Revisão técnica:
Norberto Montani Martins

ZAHAR

Título original:
*Another Economy Is Possible*
*(Culture and Economy in a Time of Crisis)*

Tradução autorizada da primeira edição inglesa,
publicada em 2017 por Polity Press, de Cambridge, Inglaterra


Jorge Zahar Editor Ltda.
rua Marquês de S. Vicente 99 – 1º | 22451-041 Rio de Janeiro, RJ
tel (21) 2529-4750 | fax (21) 2529-4787
editora@zahar.com.br | www.zahar.com.br



Grafia atualizada respeitando o novo Acordo Ortográfico da Língua Portuguesa



Preparação: Angela Ramalho Vianna | Revisão: Eduardo Monteiro, Édio Pullig
Indexação: Gabriella Russano | Capa: Estúdio Insólito

CIP-Brasil. Catalogação na publicação
Sindicato Nacional dos Editores de Livros, RJ

---

O97 Outra economia é possível: cultura e economia em tempos de crise/organização Manuel Castells; tradução Renato Aguiar; revisão técnica Norberto Montani Martins. – 1.ed. – Rio de Janeiro: Zahar, 2019.
il.

Tradução de: Another economy is possible: culture and economy in a time of crisis
Inclui bibliografia e índice
ISBN 978-85-378-1832-9

1. Desenvolvimento econômico. 2. Política econômica. 3. Capital (Economia). 4. Crises financeiras. I. Castells, Manuel. II. Aguiar, Renato. III. Martins, Norberto Montani.

CDD: 338.9
19-5557 CDU: 338.1

---

Vanessa Mafra Xavier Salgado – Bibliotecária – CRB-7/6644

# Sumário

# *Lista de figuras e tabelas*

## Figuras

## Tabelas

# Introdução

Manuel Castells

Este livro nasceu do desafio de repensar o significado de práticas econômicas na esteira da crise de 2008. Enquanto governos e elites financeiras reagiram ao quase colapso do capitalismo financeiro tentando restaurar o curso normal dos negócios, os danos humanos infligidos pela crise levaram ao questionamento do capitalismo irrestrito como algo incontrolável. Várias práticas econômicas surgiram em toda a Europa e nos Estados Unidos, encarnando valores alternativos: o valor da vida acima do valor do dinheiro; a efetividade da cooperação acima da competição implacável; a responsabilidade social das empresas e a regulação responsável por parte dos governos acima das estratégias financeiras de curto prazo, impulsionadas pela cobiça e não pelo lucro a longo prazo, que levou a economia como um todo à beira da catástrofe. Da Espanha à Grécia, dos Estados Unidos à Austrália e a muitos países para além da nossa observação direta, vimos florescer múltiplas experiências de inovação na organização do trabalho e da vida: cooperativas, redes de escambo, atividade bancária ética, moedas comunitárias, bancos de tempo, meios de pagamento alternativos etc., práticas que pavimentaram o caminho para uma economia compartilhada em rápido desenvolvimento em todos os domínios de atividades orientadas para a satisfação das necessidades humanas. Além disso, enquanto algumas dessas novas práticas econômicas parecem uma reação à incapacidade das operações econômicas convencionais de fornecer bens, serviços e crédito durante as crises, outras se tornam cada vez mais visíveis ao adotarmos um olhar mais amplo sobre a maneira como as transações econômicas evoluem em conjunto com a cultura, a tecnologia e as instituições numa sociedade em rápida transformação. Esse é o caso das criptomoedas, personificadas no bitcoin, que combinaram um espírito empreendedor libertário com tecnologia da informação a fim de fornecer uma alternativa para as formas padronizadas de moeda. Esse também é o caso, embora numa linha muito diferente, das formas de atividade bancária desenvolvidas para aqueles situados na base da pirâmide, que estão criando um submundo financeiro com regras e efeitos próprios – um submundo que só pode ser compreendido através dos métodos de observação participante que informam alguns dos trabalhos aqui apresentados.

Não obstante, não se trata de uma coleção de estudos de caso, pois ao longo de toda a nossa pesquisa colaborativa e neste livro há um tema comum que fornece o vínculo de nossa observação poliédrica. Há tantas práticas econômicas quantas forem as culturas. Se as formas padronizadas de capitalismo parecem dar uniformidade às práticas econômicas, isso decorre somente da dominação cultural do capitalismo, das diferentes formas de capitalismo impostas por instituições cujas regras resultam de lutas de poder – sempre em fluxo – institucionalizadas na lei. Assim, sempre que as práticas econômicas padronizadas não se coadunam com as práticas das pessoas, seja porque as pessoas não podem praticá-las em situações de crise, seja porque elas questionam os valores encarnados no capitalismo financeiro, surgem práticas econômicas alternativas. Estas não são necessariamente anticapitalistas (o bitcoin não é), mas são diferentes do capitalismo corrente. Na origem dessa observação está o nosso enunciado comum. A economia não apenas *se relaciona* com a cultura: a economia *é* cultura. Examinando toda uma gama de práticas econômicas, algumas observadas diretamente, outras estudadas a partir de uma perspectiva cultural (como a economia feminista ou a ecológica), nós podemos entender a lógica da mudança social no coração do sistema econômico. Se economia é cultura e se culturas são diversas e amiúde contraditórias, essas práticas econômicas são igualmente relevantes e capazes de organizar o modo como as pessoas produzem, consomem, trocam, inovam, investem e vivem. Esse é o terreno que nós exploramos por três anos em nossa rede de pesquisa, nos deslocando livremente entre observação, análise quantitativa, teoria e prática. Este é o nosso projeto: revelar o alicerce cultural de todas as práticas econômicas, nos concentrando naquelas que, por serem "alternativas" (ao capitalismo financeiro contemporâneo), tornam mais visível o conteúdo cultural da sua lógica econômica. Nós construímos um argumento, não nos limitamos a coletar certo número de documentos de pesquisa e de elaborações teóricas. Nosso argumento é o seguinte: práticas econômicas são práticas humanas determinadas por seres humanos que encarnam seus modos de ser e pensar, seus interesses, valores e projetos. Não existe nenhuma lógica econômica abstrata, inevitável, fora da prática humana, uma lógica metafísica e a-histórica à qual os seres humanos devam se ajustar. Se o fazem, é porque são obrigados a isso ou induzidos à resignação. Quando não o são, eles redefinem os objetivos e os meios de suas práticas econômicas, assim como fazem em todas as demais dimensões de suas práticas. Não existe algo como uma economia não humana. Há, sim, uma economia desumana, porque às vezes ela beneficia determinados seres humanos que buscam se apropriar da humanidade como um todo para benefício próprio até que outros seres humanos pensem de modo diferente, ajam de modo diferente e acabem criando formas alternativas de produção, consumo e troca. Essa é a nossa história, a história deste livro, contado numa pluralidade de vozes, mas na harmonia de um propósito intelectual compartilhado.

*Paris, Barcelona, Nova York, Atenas,*
*Parma, Boston, Melbourne, Los Angeles*
*Janeiro de 2016*

# 1. Economia é cultura

Sarah Banet-Weiser e Manuel Castells

## O que é valor?

Como todas as atividades humanas, o que nós chamamos de "economia" é constituído por práticas humanas moldadas pelas instituições, estando práticas e instituições enraizadas em culturas específicas, conforme argumentam Douglass North, Elinor Ostrom e Viviane Zelizer, entre outros.[1]

Práticas econômicas dizem respeito a práticas de produção, consumo e troca. Mas de quê? A princípio, de "bens e serviços". Mas a materialidade implícita nessa formulação é enganosa, a não ser que estendamos o significado de bens e serviços para todas as coisas. Pois produção, consumo e troca de conhecimento são centrais para qualquer sistema econômico, tal como a produção e o próprio consumo de cultura. Além disso, as economias contemporâneas se fundamentam na produção e troca de valor financeiro, um produto e fator de produção imaterial, mas também básico. Consequentemente, o objeto das práticas econômicas é a geração e apropriação de valor, qualquer que seja o suporte material do valor em cada prática específica. Isso nos leva à questão fundamental: o que é valor?

Uma distinção clássica na filosofia econômica diferencia valor de uso e valor de troca. Na verdade, as páginas de *O capital*, de Marx, começam com essa distinção e com uma elaboração abrangente sobre a relação entre elas.[2] O valor de uso de uma coisa é o que é útil para satisfazer necessidades e desejos humanos, e ele é efetivado pela utilização e o consumo. O valor de troca, na formulação de Marx, aparece como uma medida quantitativa de acordo com a qual os valores de uso de diferentes tipos são trocados. Essa relação de troca é constantemente modificada, conforme tempo e lugar. Entretanto, a conceituação de Marx se refere especificamente ao modo capitalista de produção, no qual a riqueza da sociedade depende da "imensa acumulação de mercadorias". Tanto o valor de uso quanto o valor de troca existem como mercadorias; e, como as mercadorias são diferentes em qualidade, para serem trocadas elas precisam de um valor de troca que transforme diferentes valores de uso numa medida comum de valor. Por conseguinte, a diferença e a interação entre valor de uso e valor de troca são internas à lógica do modo capitalista de produção, e não, como frequentemente se pensa, uma oposição entre o que os seres humanos querem e apreciam e o processo capitalista de mercantilização, medido em última análise pelo dinheiro como representação quantitativa do valor de troca.

O que os seres humanos querem e aquilo de que gostam, nas próprias palavras de Marx, só têm valor de uso se forem uma "coisa útil". Se não forem, o trabalho incorporado na "coisa" foi desperdiçado, e portanto não criou valor. Quem, então, determina se algo é útil? Do ponto de vista capitalista, não há dúvida: para aumentar o valor de troca do produto, conforme determinado pelo mecanismo de quantificação do valor de troca, quem determina se algo é útil é o mercado, organizado em torno da interação entre oferta e procura como meio de alocação de recursos escassos para satisfazer necessidades e desejos em constante expansão. Assim, em última análise, o valor de troca determina o valor real do valor de uso. Porém, essa é uma lógica interna ao processo de acumulação de capital numa sociedade na qual toda a organização social, inclusive a cultura e as instituições, é estruturada em torno da lógica do capital. Entretanto, essa lógica não é uma característica imanente da natureza humana (tal como a compreende o essencialismo implícito da ideologia neoliberal),[3] mas resultado de uma estrutura social particular: o capitalismo em suas diferentes formas e etapas de existência histórica.

Por conseguinte, valor econômico é valor de troca, e o valor de troca é medido monetariamente pelo mercado. E a dominância do valor de troca como valor preponderante de todas as coisas é na verdade um traço institucional, derivado da dominância das instituições capitalistas sobre outras formações institucionais/culturais subordinadas ao poder do capitalismo.[4] Assim, em termos sociais mais amplos, o valor, em dado contexto social/institucional, é o que as instituições e normas dominantes decidem ser valioso. Visto que a economia global atual é capitalista, a acumulação de capital é o valor supremo, em termos econômicos, e deve traduzir-se na capacidade de comprar tudo com dinheiro, que é a expressão material do valor de troca numa sociedade plenamente mercantilizada.

Contudo, organização econômica não equivale a organização social, nem mesmo no capitalismo. Nós vivemos numa sociedade global em rede estruturada em torno de redes que seguem lógicas diferentes.[5] Cada uma dessas redes globais/locais tem seu próprio princípio de valoração. Assim, se considerarmos que o poder do Estado, apoiado por sua capacidade tecnológica e organizacional militar, é o valor supremo que organiza as sociedades, então o valor é o que incrementa esse poder em suas várias manifestações, como era o caso na União Soviética e ainda é, amplamente, na China. Se dissermos que, em última análise, o poder reside na mente humana, na medida em que os seres humanos são capazes de reverter a lógica das instituições através de suas ações conscientes, então os principais sistemas ideacionais são os detentores do poder simbólico – como é o caso das instituições religiosas ou dos sistemas de comunicação de massa – e o valor será medido pela extensão e profundidade da adesão à lei de Deus (em sua diversidade) ou pela extensão e profundidade da influência dos sistemas de mídia na construção das representações da mente humana em contextos específicos.

Assim, a questão mais importante é a hierarquia relativa dessas redes globais entre si em cada contexto.[6] Claro, todas elas interagem, cada qual com seu princípio de valoração, mas há uma rede dominante? Uma metarrede que organiza o funcionamento das outras como manifestações específicas do princípio de criação de valor dessa rede? Seria ela a rede alfa da acumulação de capital, à qual todas as outras se reportam? Num sentido estrito, sim, mas isso só se todos nós vivêssemos numa sociedade capitalista, e não apenas numa economia capitalista. A observação empírica mostra que esse não é o caso. Os princípios do poder de Estado têm precedência sobre as considerações econômicas em caso de conflito militar ou de ameaças potenciais: a segurança nacional não tem preço. Assim, o valor é a segurança ou a vitória. Benefícios econômicos vêm em segundo lugar, não obstante sabermos de muitos exemplos em que guerras e conflitos são usados como meio adicional de acumulação de capital, embora não para o capital em geral, mas para os aliados corporativos do Estado. Isso é o que a mídia chama de capitalismo de compadrio, ou capitalismo clientelista, e os autores chamam de pilhagem política de recursos usando o poder do Estado, não a lógica de mercado. Além disso, o último século assistiu à formação de Estados comunistas e sociedades estatistas em grande parte do mundo. O valor fundamental para esses regimes foi a acumulação de poder do Estado, não de capital. A acumulação de capital era um meio de fornecer recursos para a imposição do poder do Estado, doméstica e internacionalmente. Isso é não só o passado (embora apoie nossa análise da formação de valor para além da lógica do capital, mesmo que no passado recente), mas também, em parte, o presente, no caso de algumas sociedades, em particular na China, a segunda maior economia do planeta.

O Estado chinês controla amplamente, possui e, em última análise, domina a economia do país. Embora o crescimento econômico e a acumulação de capital sejam um objetivo principal e, por isso, um valor-chave para a sociedade chinesa como um todo, o que é valioso para as instituições que modelam e controlam a vida chinesa é o poder do Partido Comunista. Na China, à diferença do que acontece nos Estados Unidos, o que é bom para a Huawei não é necessariamente bom para o país. Antes, o que é bom para o Estado comunista é bom para a Huawei (entre outras coisas, porque ela é propriedade do Estado). Os chineses operam simultaneamente com diferentes sistemas de valor: acumulação de capital na economia global; acumulação de poder do Estado nas instituições e organizações da China (inclusive organizações econômicas); e acumulação de poder simbólico, através da legitimação cultural, no sistema de mídia controlado e no consumismo como norma diretora para a classe média urbana, politicamente decisiva.[7]

Quanto à religião, ela é a fonte mais importante de conflitos violentos no mundo atual. Impor sua religião, em múltiplas versões sectárias, é o valor mais essencial para inúmeras teocracias ou supostas teocracias em todo o mundo. A glória de Deus e o servir a Deus são os valores preponderantes para bilhões de seres humanos do planeta. A acumulação de capital é apenas um meio para ampliar e aprofundar o reino de Deus. O poder de Estado deve estar a serviço de Deus; caso contrário, o Estado é uma instituição herege que se pretende superior à lei de Deus. Este é o caso das teocracias islâmicas, mas também, historicamente, o dos países ocidentais: a conquista espanhola da América visava sobretudo a converter as almas perdidas dos nativos; o objetivo fundamental da Reforma da Igreja na Inglaterra, com o rei/rainha como chefe nominal, foi uma fusão de poderes decidida, em última análise, em favor do Estado. Em sociedades dominadas por valores religiosos, tanto por coerção como por persuasão, o valor é definido pela conformidade do comportamento à lei de Deus.

Portanto, visto que a criação de valor depende da hierarquia de poder entre as redes que organizam a vida humana, incluindo as atividades econômicas em termos estritos, valores e criação de valores são amplamente uma expressão de relações de poder.

Amplamente, mas não exclusivamente – é preciso dizer. Uma vez que, em toda rede ou dimensão da sociedade, o poder é contrariado pelo contrapoder, os princípios de criação de valor projetados pelas redes de contrapoder interagirão com aqueles impostos/propostos pelas instituições, o que pode resultar em valores diferentes como diretrizes do comportamento humano, inclusive das atividades econômicas.[8] Se considerarmos a economia como um conjunto de práticas organizadas em torno de processos de produção, consumo e troca com o propósito de gerar valor segundo certos critérios acerca do que é valioso, então o mercado e outras formas de instituição econômica não serão domínio exclusivo da acumulação de capital, mas sim a expressão de diferentes objetivos e projetos originários de seres humanos operando por si mesmos como sujeitos econômicos, embora às vezes negligenciando os valores propostos pelas instituições da sociedade. Esses contraprojetos podem ter origem em expressões coletivas de formas alternativas de valor ou de indivíduos autônomos organizando suas vidas e, consequentemente, suas práticas econômicas em torno dos seus próprios valores, fabricando assim seus procedimentos particulares de criação de valor. Nós ilustraremos nosso argumento estudando dois processos de criação de valor que não se ajustam às normas do capital e, todavia, têm imenso impacto na economia informacional em rede na qual vivemos: a economia de código aberto e a ascensão da economia feminista.

Entretanto, antes de iniciar a análise de projetos alternativos de criação de valor, mostraremos como os valores capitalistas estão embutidos nas práticas sociais da instituição capitalista mais fundamental da nossa economia: os mercados financeiros. Argumentamos que as práticas financeiras também são culturalmente construídas, à medida que, com o passar do tempo, o capitalismo evolui. O capitalismo no século XXI caracteriza-se pela dominação do capitalismo financeiro global, levada a cabo pelas elites financeiras, cujo papel e cujas fundações culturais foram transformados na sociedade em rede sob o impulso de ideologias e da política neoliberal.[9]

## A cultura dos capitalistas financeiros e das instituições financeiras

Valores não existem em um vácuo social. Eles são decretados por indivíduos e estão enraizados em instituições. O capitalismo financeiro informacional global como uma forma específica de capitalismo foi modelado por uma cultura específica.[10] Essa cultura é sustentada por práticas financeiras porque isso convém aos interesses dos atores, as elites financeiras. Na verdade, a cultura financeira contemporânea pode ser prejudicial para os interesses "do sistema" como um todo, pois ela ameaça sua estabilidade. Contudo, as elites financeiras contemporâneas não podiam ser mais indiferentes ao quadro mais amplo, pois seu comportamento é guiado por ganhos pessoais com horizontes trimestrais para seus lucrativos dividendos.[11] Essa é exatamente a cultura específica à qual nos referimos, e essa é a cultura cujo conteúdo e formação iremos analisar aqui.

A cultura das elites financeiras contemporâneas é formada pela articulação de diferentes estratos culturais que, em sua costura histórica, produzem uma cultura financeira específica.

*O primeiro estrato é, historicamente, a ética protestante*, segundo a análise clássica de Max Weber. Ela pode ser definida como a busca da salvação através da acumulação de riqueza via reinvestimento de lucros para aumentar os lucros: o valor ganho é usado para a produção de valor. Em termos da cultura dos atores, ela é caracterizada como um padrão de *gratificação adiada*. O objetivo principal não é consumir o rendimento do seu trabalho, mas obter sua recompensa na vida após a morte e na reprodução familiar da riqueza, transformando lucros em ativos que aumentam seu valor mais rapidamente que as rendas, porque partem de um nível mais elevado de acumulação.[12] Para essas elites, há pouco consumo hedonista: suas vidas tendem a ser relativamente austeras (pelo menos em comparação histórica com a nossa época). Lucrar é o valor supremo, tanto para a economia como um todo quanto para a salvação e a reputação pessoais.

*O segundo estrato é a cultura da liberdade baseada na suposição de que o mercado sabe o que faz*, pois oferta e procura são construídas por decisões livres de investidores e consumidores, orientados por sua escolha racional em termos de interesse próprio. A "mão invisível" de Adam Smith é a principal condutora do mercado e, consequentemente, da economia capitalista. Essa é a doutrina cultural *do liberalismo e do neoliberalismo*.[13] A cultura da liberdade surgiu historicamente como uma reação contra a arbitrariedade do poder do Estado e da teocracia.[14] Nesse contexto, o livre intercâmbio de valor econômico nivela as condições de competição e aloca recursos dependendo da oferta e da procura, e, como consequência, das expectativas de lucro. O mercado mais importante no capitalismo é o mercado financeiro. Defensores do liberalismo reconhecem a necessidade de regulação do mercado, inclusive do mercado financeiro, por parte do governo e das instituições. Realmente, Douglass North mostrou em sua análise clássica que as instituições são absolutamente necessárias para o mercado funcionar de modo adequado.[15] Entretanto, os órgãos regulatórios objetivam permitir que as escolhas racionais sejam processadas no mercado. Não obstante, valores e racionalidade não são a mesma coisa. A racionalidade é modelada no interior de um sistema de valores institucionalizado. O que é racional da perspectiva de um conjunto de valores pode não o ser do ponto de vista de outro. Por exemplo, a necessidade soberana de fornecimento de energia a preços mais baixos pode ser altamente benéfica para a economia, mesmo que propiciada pelas novas tecnologias de fraturamento hidráulico. Porém, se considerarmos a preservação do meio ambiente no sentido mais básico, o que parece uma decisão racional é, na verdade, uma decisão irracional, prejudicial. Baseando-se em hipóteses neoliberais, as elites financeiras acreditam que as intervenções governamentais distorcem os mercados, e que por isso as regulações devem se limitar à garantia de equidade nas regras do jogo, sem interpretar o conteúdo de valor dessas regras, de modo que seja soberana a submissão à maximização da taxa de lucro do investimento privado.

*O terceiro estrato cultural a fundamentar as culturas financeiras contemporâneas é o individualismo, definido como cultura na qual a unidade de referência para aferição do benefício de uma ação é o próprio indivíduo.*[16] A ênfase na identidade individual predispõe os operadores financeiros à conexão direta entre os projetos pessoais e o mercado, pois atuam no mercado voltados para o ganho pessoal com a prioridade de maximizar os lucros dos investidores, cujo capital eles representam. A prioridade dada ao ganho pessoal só é controlada pelo arcabouço regulatório e pela competição com outros operadores financeiros. Todavia, é aqui que as políticas e as instituições importam. Observe-se que, sob condições de desregulamentação, a prioridade para o ganho individual decorrente da cultura do individualismo se traduz em práticas financeiras como: 1) definição do sucesso de um investimento numa operação financeira a partir de *resultados financeiros trimestrais*, o que em última análise leva o mercado como um todo a avaliar os resultados das corporações também em termos trimestrais, tendo em mente ganhos de curto prazo, indiferentemente às perspectivas de longo prazo para a solidez do investimento; 2) *remuneração dos operadores financeiros ligada em larga medida a bônus de desempenho*; esses bônus dependem de: a) avaliação de curto prazo pelo mercado dos produtos financeiros negociados; b) volume de transações – como o montante de lucro é mais importante que a taxa de lucro, isso aumenta o poder de mercado dos investidores que acumulam uma parcela maior de ativos.

*O quarto estrato da cultura financeira é a cultura de risco.*[17] Segundo os fundamentos tradicionais do capitalismo, a recompensa para as empresas e os indivíduos é igualmente justificada pela assunção do risco. A suposição é de que, se fracassarem em seus investimentos de risco, empresas e indivíduos terão perdido e se tornado responsáveis por suas perdas. Se ganharem, sua audácia é recompensada pelo mercado. Entretanto, as estratégias correntes das elites financeiras tendem a minimizar os riscos para os indivíduos dessas elites, através de vários mecanismos: 1) no plano individual, operadores financeiros fazem contratos que limitam sua responsabilidade legal, estipulando grandes indenizações (*golden parachutes*) em caso de perda de emprego e assegurando sua riqueza a longo prazo através de seus conhecimentos e contatos; 2) no âmbito institucional, essas elites contam com acordos governamentais de socorro financeiro em caso de crise – o chamado argumento do "grande demais para quebrar" –, ao mesmo tempo que ainda recebem seus bônus pessoais (garantidos por contrato) mesmo se a empresa vier a falir; 3) o grande volume de transações que eles desenvolvem, que é o mecanismo de contrarrisco mais importante para os operadores; em alguns casos, o investimento fracassa, em outros é lucrativo, mas em última análise são os clientes que perdem ou ganham. Os operadores, como intermediários protegidos por seus contratos e condições, ganham em (quase) todos os casos, pois sua remuneração é baseada no volume de sua atividade, acrescido de participação nos lucros que obtêm. Assim, na prática das finanças contemporâneas, *a cultura de risco se tornou um mito ideológico* que serve aos interesses próprios de práticas financeiras de motivação individualista. Isso está em claro contraste com as indústrias voltadas para a inovação, como as de tecnologia, em que os empreendedores arriscam seu capital e seu trabalho e dependem de seu desempenho,[18] confirmando os velhos medos de Joseph Schumpeter[19] sobre o fim da cultura de risco, motor do empreendedorismo e inovação, sob as condições de corporatização oligopolista, típica da indústria financeira.

*O quinto estrato cultural que constitui a prática das elites financeiras é o patriarcalismo*, definido como a hipótese estrutural do poder sistêmico dos homens sobre as mulheres e seus filhos. É por isso que o patriarcalismo, como uma estrutura fundamental de todas as sociedades historicamente conhecidas, é transversal a toda e qualquer outra forma de organização social, incluindo a economia. O significado de patriarcalismo nesse contexto se refere a oportunidades desiguais para homens e mulheres na estrutura de gerenciamento das instituições financeiras centrais. Contudo, ainda mais importante é a preponderância de valores masculinos na prática de todos os membros da elite financeira, homens e mulheres igualmente. Esses valores incluem a rejeição de todo e qualquer critério para avaliar as práticas desse setor que não seja o melhor desempenho em termos de obtenção de lucros e maximização pessoal dos benefícios de qualquer transação, mesmo aquelas que não beneficiem os acionistas. Ganhar a qualquer custo, como na guerra ou na política, é o atributo fundamental da masculinidade ao longo da história, e isso se reflete nas práticas implacáveis das finanças, no princípio de "Ao vencedor, tudo", na exaltação da assunção extrema de risco e na capacidade de ser ousado contra todas as probabilidades, mesmo que isso coloque em perigo a estabilidade da economia e a preservação dos ativos confiados aos gestores financeiros. Além disso, a estrutura de masculinidade, ou de valores masculinos, que modela a cultura financeira atua para desprestigiar quaisquer outros valores – emocionais, afetivos, reprodutivos –, que são modificados para, na verdade, sustentar os valores masculinos. Assim, há um duplo movimento em operação aqui: valores masculinos dominam a cultura financeira até o ponto em que nenhum outro valor é visto como legítimo; contudo, são precisamente esses outros valores que conferem aos valores masculinos a sua dominância. Uma presença esmagadoramente masculina nos círculos mais altos das finanças caracterizou a indústria nos estágios iniciais do capitalismo. Não obstante, no capitalismo neoliberal, a masculinidade como conjunto específico de valores é mais decisiva que a simetria de gênero no cume das finanças, na medida em que a velocidade e a complexidade das transações globais exigem uma determinação unidimensional para vencer a competição, independentemente de consequências mais amplas potencialmente prejudiciais. A cultura machista de magos das finanças jovens e temerários tem suas raízes na história da violência associada ao culto da masculinidade. Ela se manifesta nas bravatas dos novos empreendedores financeiros, como os diretores de vinte e poucos anos que conceberam os Credit Default Swaps, contratos derivativos de crédito (CDSs), durante um encontro de fim de semana em Atlantic City.

Nossa hipótese é de que os estratos culturais descritos formam, em sua interação e articulação, o núcleo da cultura que levou ao triunfo do capitalismo financeiro global e, em última análise, à sua crise, em 2008.

*Há uma continuidade entre as elites financeiras tradicionais e as contemporâneas numa atitude fundamental diante das instituições da sociedade. Elas abominam os sindicatos.* Não se trata apenas de uma questão de ideologia de classe. Isso vem da convicção profunda de que qualquer controle ou limitação à sua liberdade de tomar decisões numa indústria ultracompetitiva e complexa pode levá-las a serem superadas por outras empresas e indivíduos. Elas prefeririam pagar mais aos seus empregados a permitir que se sindicalizem. Na verdade, na maioria dos países, a indústria financeira ostenta, em geral, as menores taxas de sindicalização entre as indústrias.

*A atitude da indústria financeira em relação aos governos é mais complexa. Corporações e indivíduos se opõem às interferências dos governos, mas reconhecem a necessidade de algum tipo de regulação e contam, em último recurso, com os governos como seu fiador.* Em consequência, na prática, eles tendem a comprar políticos e a colocar seus representantes nos escalões mais altos do governo, assegurando que seus interesses estejam bem servidos. Assim é nos Estados Unidos, onde os executivos de Wall Street tradicionalmente têm servido em gabinetes da Casa Branca para ambos os partidos. No mundo em geral, observamos no século XXI o crescimento da influência das elites financeiras em governos e instituições políticas, conforme ficou demonstrado no gerenciamento da crise financeira de 2008, com transferências maciças de recursos dos contribuintes para as instituições financeiras, a fim de socorrê-las sem exigir responsabilidade individual ou empresarial.[20] Em termos culturais, a atitude prevalecente das elites financeiras é o sentimento profundo de que elas são indispensáveis e de que os governos, todos os governos, devem trabalhar para elas e por meio delas na economia global construída em torno de mercados financeiros interdependentes. Arrogância e autoconfiança, juntamente com um desdém pouco velado pelos políticos, caracterizam essas novas elites.

*São as elites financeiras cidadãs do mundo?* Sim e não. Sim, no sentido de que se sentem pertencentes a uma classe especial de cosmopolitas. Operam sob regras semelhantes num sistema financeiro interdependente, com tecnologias, técnicas de gestão e estratégias parecidas. Sua indústria é amplamente global, e, nessa medida, elas também o são. Elas vivem e trabalham em redes globais de cooperação e competição. Além disso, têm amiúde certa coesão ao frequentar instituições educacionais similares ao redor do mundo: faculdades de negócios, direito e engenharia das melhores universidades privadas do mundo (elas e também seus filhos). E socializam em clubes e ambientes privados semelhantes, frequentando salões exclusivos em que confraternizam com elites não financeiras (políticas, midiáticas, acadêmicas) em espaços como o Fórum Econômico de Davos, o Bilderberg Group, com base na Holanda, ou o Bohemian Grove, na Califórnia. Portanto, sim, existe uma cultura cosmopolita das elites financeiras globais que é crucial para a administração da economia do planeta segundo os próprios interesses dessas elites.

Por outro lado, a elite financeira é de fato plural e vive na diversidade das suas origens culturais/nacionais (anglo-saxônica, japonesa, árabe, judaica, chinesa, russa, francesa, alemã, latino-americana etc.), com normas e códigos de conduta específicos, referências específicas às suas tradições culturais e religiosas e referências às suas instituições próprias. Simplificando a questão, podemos dizer que *elas são culturalmente diversas, mas sua rede tem uma identidade global cosmopolita compartilhada.*

Por conseguinte, existe um novo tipo de elite financeira cuja cultura e cujo comportamento internalizaram as normas e estruturas da sociedade em rede e da economia global em rede.[21] Operadores financeiros podem ter valores pessoais acerca de ética, profissionalismo e serviço. Porém os operadores que o novo sistema financeiro requer são, em termos genéricos, atores econômicos incorpóreos que isolam crescentemente os mercados financeiros globais, e também a si mesmos, da condição humana em toda a sua multidimensionalidade.[22] Eles se tornam suportes materiais de mercados de capitais abstratos, operando com modelos de simulação criados com as intuições e os instintos de suas mentes febris.

## A paixão por criar e o valor da criatividade

Toda transformação tecnoeconômica significativa na história foi associada a, se não induzida por, um fundamento cultural específico. Esse foi o caso da ética protestante como espírito do capitalismo, na formulação de Max Weber. A ascensão de uma economia em rede, correlativa ao paradigma tecnológico do informacionalismo enraizado na revolução das tecnologias de informação, portanto, deve ter tido suporte de uma nova formação cultural. Qual é essa formação? Pekka Himanen sugeriu uma hipótese esclarecedora em seu livro *A ética dos hackers e o espírito da era da informação*, de 2002. Nós sabemos que os hackers não são gênios do mal, apesar da confusão que a mídia faz entre inovadores tecnológicos e mentes destrutivas. Hackers, no conceito original emergido do Laboratório de Inteligência Artificial do MIT, são apenas indivíduos tecnicamente capazes que trabalham de maneira obstinada (*hack*), movidos por sua paixão de criar tecnologias novas e audaciosas, que abrem avenidas de pensamento e ação no contexto de uma das mais extraordinárias revoluções tecnológicas da história. Baseado na história da descoberta da cultura digital, e nas biografias dos seus principais atores, o conceito de Himanen se refere ao valor supremo adotado por esses hackers: a questão não é ganhar dinheiro, poder ou fama, mas a percepção de se criar excelência tecnológica, a compreensão e a modelagem de um novo mundo em criação, a determinação firme de criação, perseverando em seu próprio caminho e só reconhecendo seus pares e a autoridade da sua comunidade de excelência. Esses indivíduos, cada um deles e suas comunidades de referência, de fato mudaram o mundo, pois, sem sua paixão de criar e sua disposição para compartilhar suas descobertas imediata e abertamente sem direitos autorais, as corporações tradicionais que estavam se apropriando da e protelando a revolução tecnológica teriam desperdiçado sua produção potencial. Os protocolos de internet TCP/IP, que criaram a mais poderosa rede de comunicação horizontal da história, foram desenhados por Vint Cerf e Robert Kahn em 1973-75, e imediatamente postados na internet. Tim Berners-Lee criou a World

Wide Web em seu tempo livre após o trabalho e postou o programa servidor na internet em 1990, para todos usarem e aperfeiçoarem. Os sistemas de e-mail, as listas de e-mail, GNU, Linux e Apache estavam entre os muitos programas gratuitos e abertos que propiciaram a base técnica para a disseminação rápida das redes de comunicação digital em todo o planeta, alcançando 7 bilhões de usuários de comunicação móvel; no momento em que escrevemos, mais de 50% da população adulta do planeta usa smartphones. A maior parte das descobertas da era digital, que criaram a economia da informação e estimularam a produtividade, assim criando riqueza, foi proposta e promovida pela cultura e a prática do código aberto, particularmente na tecnologia-chave, os programas de computador, o DNA da revolução tecnológica. O código aberto se esteia no princípio da revelação gratuita do núcleo (ou código alfa) de todo programa novo, com o propósito de aprimorá-lo através do trabalho de uma rede cooperativa de pares.

Como Steve Weber documentou em seu livro seminal sobre código aberto, a comunidade é estruturada numa hierarquia meritocrática baseada na reciprocidade e motivada pela recompensa de uma reputação melhor entre os pares.[23] Na verdade, isso não é muito diferente das verdadeiras comunidades de pesquisa acadêmica, que prosperam na pesquisa científica e frequentemente são corrompidas e até destruídas quando a busca de ganhos monetários prevalece sobre o processo de descoberta. A cultura livre (nos termos de Larry Lessing), o ímpeto de criar e a afirmação do valor da excelência tecnológica são as pedras fundamentais da onda de inovação que transformou o mundo nas últimas quatro décadas.[24]

Isso não significa negar que um mundo inteiramente novo de negócios tenha surgido dessa revolução impelida pela paixão da descoberta, inclusive algumas das empresas mais valiosas do mundo atual. Na verdade, uma acumulação de capital em escala gigantesca resultou da safra de inovações. E esta é precisamente a questão. O valor da criação pela criação, da busca sem fins lucrativos, foi o motor da geração de valor de capital na economia da informação. No processo da gênese de uma nova economia, muitos dos atores se tornaram bilionários instantâneos. Não obstante, as rodas motrizes de valor dessa economia são principalmente culturais e psicológicas, e não a busca de lucro, exceto em alguns poucos casos significativos, em particular a Microsoft de Bill Gates.

As lições da revolução tecnológica podem ser generalizadas para o conceito mais amplo de criatividade como elemento indutor basilar da economia digital em curso. A criatividade e sua derivada, a inovação, são fatores-chave da criação de riqueza na economia digital e da criação de significado na cultura digital. Porém, a criatividade e a inovação emergem da cultura da criatividade, não do valor antecipado de acumulação de capital. Em todos os campos, elas só produzem valor agregado extraordinário se seus produtos estiverem em rede numa lógica de código aberto, na qual a interação em rede aumenta a sinergia e, em última análise, seu valor, de qualquer maneira que ele seja medido.

Permitam-nos formular o argumento de forma sistemática.

Em nome da clareza, comecemos pela definição precisa de criatividade e inovação. Nós compreendemos *criatividade* como a capacidade de criar, que é produzir um novo conhecimento ou um novo significado. A novidade não deve ser considerada do ponto de vista do sujeito (isto é, o que é novo para mim), mas em comparação com o estoque de produtos científicos e culturais existentes em determinada sociedade. *Inovação* é o processo mediante o qual, com base na criatividade, novo valor é adicionado a um produto (bem ou serviço) ou a um processo de produção ou distribuição de um produto. Valor pode ser valor de troca (isto é, dinheiro) ou valor de uso (algo útil para a sociedade, para algumas instituições, para alguma organização, para o indivíduo ou para uma coletividade de indivíduos).

*Criatividade* e *inovação* envolvem, ambas, claro, um processo mental, portanto um processo de ativação da mente e do cérebro. Esse processo mental, porém, embora esteja enraizado em nosso circuito biológico, se desenvolve em interação com o contexto social, a saber: o contexto cultural (valores e crenças), o contexto espaçotemporal (formas materiais de espaço e tempo, inclusive o ambiente natural, que organizam e estruturam a interação social) e o contexto institucional (instituições políticas, ambiente legal). Além disso, qualquer processo mental se torna um processo social ao cruzar as fronteiras biológicas do indivíduo que hospeda o cérebro criador. *Essa travessia de fronteira é o que nós chamamos de comunicação.* Consequentemente, a comunicação é a pedra fundamental da vida social e, portanto, da vida humana, haja vista que a vida humana é social, assim como a consciência, nosso traço distintivo, se fundamenta na comunicação. *A comunicação constrói a cultura*, que é o conjunto de valores e crenças que informam o comportamento, tal como são consagrados, sempre de maneira conflitiva, nas instituições da sociedade. Os processos de comunicação dependem das características do emissor e do receptor, do contexto e, não menos importante, da tecnologia de comunicação, isto é, o procedimento material através do qual os sinais são produzidos, transmitidos, recebidos e interpretados. Há diversas formas de cultura que dependem de tecnologias de comunicação diversas, embora as formas precisas de interação entre cultura e tecnologia da comunicação devam ser estabelecidas por pesquisa, e não afirmadas por pretensões especulativas. Porém, nós sabemos que *vivemos numa cultura digital global* que está inextricavelmente articulada com uma economia digital global.

Assim, o processo de produção de conhecimento e significado na nossa época, isto é, *o processo de criatividade e sua derivada, a inovação, são especificados por sua forma de comunicação, qual seja a comunicação baseada na microeletrônica, digitalmente formatada e transmitida, construída em torno de redes e bases de dados de computadores telecomunicados.* A comunicação via internet e a comunicação sem fio estão no cerne desse ambiente digital de produção de conhecimento e significado.

A criação e a comunicação culturais foram profundamente transformadas pela digitalização de produtos e processos.[25] O desenvolvimento da Web 2.0 e da Web 3.0 transformou a internet, aumentando o papel dos usuários como produtores tanto de conteúdo como de aplicações. Novos modelos de negócio estão redefinindo os direitos de propriedade intelectual em conformidade com a evolução tecnológica. Assim, a tradicional divisão entre cultura popular, alta cultura e cultura comercial é cada vez menos clara (embora essa indistinção não ocorra somente por causa das mudanças tecnológicas). Daí a expansão do escopo da criatividade e o potencial de os processos criativos migrarem dos domínios onde nasceram para outros campos de aplicação. Por exemplo, a criatividade em software social pode estimular a criatividade artística em design ou música. Ou, então, imaginar formas virtuais de organização social pode gerar experimentos de inovação de negócios ou de aprendizado de processos, incluindo uma transformação do sistema educacional. Além disso, milhares de pessoas em todo o mundo já estão fazendo experiências com a hibridização entre processos virtuais e não virtuais, e com a fertilização cruzada desses experimentos entre diferentes domínios de atividade humana. A chave é a interação entre diversas áreas de aplicação dessas práticas criativas, isto é, videogames e aprendizado, arte colaborativa online, novas formas do que Manuel Castells chamou de autocomunicação de massa,[26] novos modelos de negócio para produção e consumo gratuitos de conteúdos e novos modos de intervenção do cidadão na organização política da sociedade. Há múltiplas formas de iniciativas criativas que se beneficiam das possibilidades oferecidas pelos novos softwares sociais e pelas redes digitais de comunicação. A nova fronteira da pesquisa de criatividade parece estar explorando os rios de criatividade que hoje fluem na internet para reconstruir tanto nossas teorias sobre o processo de criação humana quanto nossas práticas de inovação organizacional.

Embora a criatividade sempre tenha estado na origem das práticas econômicas e das práticas culturais humanas, há processos específicos na cultura digital que transformam a indução e os efeitos da criatividade, incluindo:

1. a capacidade de comunicar, misturar e combinar qualquer produto de qualquer tipo com base numa linguagem digital comum;
2. a capacidade de comunicar do local para o global e do global para o local em tempo real ou em tempo escolhido;
3. a multimodalidade da comunicação;
4. a interconexão de todos os bancos de dados digitalizados, criando, finalmente, o hipertexto e realizando o Projeto Xanadu sonhado por Ted Nelson;

5. a capacidade de reconfigurar todas as configurações, produzindo um novo significado a partir de multicamadas propositivas;
6. a constituição gradual de uma mente coletiva através da interconexão em rede, de modo interativo, de um número incontável de cérebros;
7. a geração multicamadas de inovação em todos os domínios, inclusive a atividade econômica, entrelaçando assim a economia criativa e inovativa com a cultura da criatividade e da inovação.

Resulta que, na cultura digital, *a criatividade não é o momento excepcional de uma descoberta mental excepcional, mas um modo de vida*. Não se trata do futuro. Essa é a prática corrente de milhões de pessoas. Inclui estratégias de sobrevivência (recorrer a "chamadas perdidas" de celular para fazer o outro retornar a ligação e, assim, se comunicar sem pagar); o copiar-colar-inserir dos estudantes em todo o mundo; instrumentos sintéticos e derivativos constantemente reinventados nos mercados financeiros; a cultura remix na produção musical. Contudo, num contexto de reconfiguração à velocidade da luz, levado a cabo por milhões de mentes num fluxo inexorável de comunicações de todos os tipos de produtos culturais e de economias de todas as partes do planeta, *a produção de novo conhecimento e de novo significado vai além dos criadores, deslocando-se para redes de criação.* Como a inovação depende em última instância da capacidade de canalizar a criação para dentro de cada área específica de atividade, a transformação da criatividade na cultura digital prenuncia um novo processo de criação e destruição de riqueza, assim como novas formas de expressar e sentir a experiência humana. Nesse sentido, a economia digital é mais que nunca uma economia produzida culturalmente.

No entanto, a promessa de uma economia impulsionada por criatividade e inovação é dificultada por um obstáculo fundamental: o sexismo. É verdadeiramente extraordinário observar a raridade da presença de mulheres nas tribos de hackers, entre os criadores de tecnologias da informação e comunicação, ou entre os engenheiros mais inovadores no Vale do Silício.[27] Isso acontece a despeito de, em termos de usuários, as mulheres serem maioria nas redes sociais. Elas são usuárias, mas não produtoras de tecnologias em rede. As barreiras de gênero para o ingresso no terreno da inovação num campo tecnológico decisivo restringem gravemente o potencial de inovação de indústrias e países. As mulheres podem ser a metade da população humana, mas ocupam um espaço muito diminuto nos setores avançados de pesquisa e desenvolvimento eletrônicos. A masculinidade estrutura a cultura da criatividade de forma muito parecida com aquela através da qual estrutura a cultura financeira, com entrada restritiva, desvalorização do trabalho reprodutivo e privilegiando um tipo de tecnologia que tem historicamente excluído as mulheres.

O estudo de Cecilia Castaño, na Espanha e na Europa, propôs várias hipóteses para explicar a estrutura masculinista da cultura criativa.[28] Entre elas: o viés sexista das faculdades de engenharia e do exercício da profissão em geral, herdado da tradição de elitismo tecnológico amiúde perpetuada pelas organizações profissionais, pelo menos no contexto europeu; a hierarquia dominada por homens nas empresas de tecnologia, particularmente nas telecomunicações, que é a matriz da indústria eletrônica em vários países europeus; o sexismo no ensino médio, visto que as mulheres na escola têm sido historicamente desestimuladas a estudar matemática, sendo orientadas para as ciências humanas por seus professores e professoras, segundo a divisão de gênero do trabalho intelectual na maioria das sociedades. Além disso, a maior parte das comunidades de hackers foi formada por pequenos círculos de jovens especialistas entusiastas, muitas vezes nos termos do padrão de criação de vínculos entre rapazes, lógica que não apenas exclui deliberadamente as mulheres mas também as desvaloriza e diminui. Assim, embora exista certo número de exemplos de mulheres notáveis na inovação tecnológica e na indústria eletrônica, as barreiras que as mulheres têm de enfrentar para entrar no mundo da excelência tecnológica parecem maiores do que na maioria dos campos (em contraste, por exemplo, com a pesquisa médica).[29] O predomínio de valores masculinos nas indústrias eletrônicas tem consequências sérias para as características dos processos e produtos nelas projetados; por exemplo, a esmagadora proporção de jogos masculinistas violentos na importante indústria dos videogames; ou a gama estreita, até muito recentemente, de aplicativos desenvolvidos no campo educacional. Quanto a este último aspecto, na esteira da crise de 2008 as tecnologias da informação para educação foram um motor da nova onda de inovação do Vale do Silício. E um número sem precedentes de mulheres foi recrutado para trabalhar nesses produtos – outro exemplo da persistência de uma divisão de gênero no trabalho, exemplificada no fato de as mulheres tenderem a representar a ampla maioria dos professores nos ensinos fundamental e médio.

Além disso, a transformação da criatividade e da inovação na cultura e na economia digitais *é restringida e contrariada pelas instituições de produção, consumo e troca culturais resultantes da domesticação e comercialização da criatividade e da inovação na era industrial e no capitalismo financeiro.* Portanto, em vez de assistirmos ao triunfo da nossa mente coletiva como criadores, hoje sofremos as consequências da gaiola de ferro na qual nos trancafiamos diante da vertigem de nossa própria liberdade.

É por isso que a transformação de valor, em práticas econômicas e em práticas sociais em geral, exige mais que a projeção da paixão de indivíduos autônomos, geralmente jovens e do sexo masculino. O valor de transformação só pode resultar da ascensão de novos valores na condição humana, incluindo a desmasculinização da condição humana; e da revalorização das necessidades das mulheres, de modo que elas tenham o mesmo status que os homens. Como a transformação mais fundamental dessa condição humana vem do questionamento feminista da estrutura patriarcal milenar, é nossa opinião que as sementes para uma redefinição de valor, incluindo o valor econômico, no sentido da importância da pessoa, estão sendo plantadas na cultura feminista. A economia feminista pode ser a precursora de uma nova cultura econômica e, assim, de uma nova economia.

## Economia feminista

Está claro que tanto a cultura financeira quanto a cultura criativa foram moldadas e estruturadas por valores masculinistas e patriarcais. Como podemos reler a economia a partir de uma perspectiva feminista? Nós começamos este artigo com uma análise sobre valor. Como destacamos, o valor é determinado por relações, instituições e normas sociais dominantes, que definem o que será valioso e o que não o será. Num mundo estruturado pelo patriarcado, as instituições sociais e as normas dominantes são veementes ao decidir que tipo de valor as relações e práticas de gênero terão.

Como meio de contemplar as disparidades econômicas estruturais, relacionadas ao gênero, a economia feminista não só examina os papéis de gênero no seio de diferentes economias, mas também critica vieses de gênero na ciência econômica. Acima de tudo, a economia feminista busca tornar as mulheres mais visíveis no âmbito da economia, assim como revalorizá-las como atrizes-chave em toda a economia, mesmo que seu trabalho não seja reconhecido como tal pela ciência econômica tradicional (incluindo a teoria marxista).

Em outras palavras, pensar o feminismo a partir de um ponto de vista econômico, ou a economia de um ponto de vista feminista, não indica apenas um exame dos papéis de gênero na economia, como economistas convencionais poderiam estudar a questão. Na verdade, num contexto capitalista neoliberal, pensar sobre o feminismo em termos econômicos tem frequentemente significado uma prática mais popular – como as mulheres podem entrar na força de trabalho capitalista – do que repensar culturas econômicas a partir da perspectiva *feminista*. A diferença entre essas duas abordagens é crucial: no primeiro caso, não há crítica ao capitalismo, mas, antes, somente uma inserção de mulheres e papéis de gênero num arcabouço material já estabelecido – estrutura que dá continuidade ao trabalho do capitalismo e ao modo como ele é projetado para criar e manter as desigualdades.[30] No segundo caso, o projeto é reimaginar e repensar o que é possível em culturas econômicas, possibilidades que incluam revalorizar as mulheres e pensar novas maneiras de como relações de gênero mais equitativas poderiam ser parte da cultura econômica.

Voltemos nossa atenção para o primeiro caso de feminismo e economia, o que chamamos de feminismo popular.

## *Feminismo popular*

Para o feminismo popular, tornar-se *popular* significou, entre outras coisas, algo que parece familiar: mercantilização e construção de uma marca para um movimento. Como escreveu Sarah Banet-Weiser,[31] embora associemos as marcas principalmente com sua visibilidade material (e audibilidade), através de símbolos, logotipos, jingles, sons e designs, a definição da marca excede sua materialidade. Mais do que apenas um objeto em si mesmo, a marca é uma percepção, uma série de imagens, temas, máximas, valores, sentimentos e autenticidade invocados por ela, a essência do que será experimentado, uma promessa.

Assim, não é de todo surpreendente que movimentos políticos, bem como identidades políticas, tenham sido reimaginados como marcas registradas dentro de um contexto geral de capitalismo neoliberal e cultura financeira. O WikiLeaks virou uma marca, assim como o Occupy Wall Street. No século XXI, porém, o feminismo foi uma das marcas políticas mais bem-sucedidas, por uma série de razões. Essa marca se expressa de diversas formas, desde a circulação na mídia popular até o apoio de celebridades ao aumento de visibilidade da liderança feminina.

Como construir a marca não é apenas um processo econômico, mas também uma dinâmica cultural, a marca do feminismo assume uma variedade de formas. Por exemplo, em março de 2013 o agora tão célebre quanto infame *Faça acontecer: mulheres, trabalho e a vontade de liderar*, de Sheryl Sandberg, chegou às prateleiras e gerou imediatamente um frenesi na mídia. Nesse livro, parece que a aspiração de contribuir para o capitalismo e, claro, de excelência capitalista são realmente a questão para as mulheres, e também a melhor explicação para a maior parte dos dados sobre discrepância de salário e de função.

Empreendedorismo e realização capitalista são nesse caso as únicas rotas para a identidade política feminista. O que vemos nesse caso, e repetidamente na posicionalidade feminista que Sheryl Sandberg e seus fãs constroem, é a fusão da política feminista com a ética de produção e participação capitalista. Eis, para ela, o exemplo ilustre do que a subjetividade feminista poderia significar; nada mais existe. Para Sandberg, não há outras rotas para a expressão feminista; as opções são carreira ou inautenticidade feminista. E nós somos lembrados disso frequentemente ao longo do livro, que tem traços autobiográficos. O feminismo, ao que parece, não está em parte alguma se não estiver em fazer o sucesso capitalista acontecer.

Também houve esforços mais convencionais para reformular a marca do feminismo, usando as plataformas de propaganda e marketing para divulgá-lo como uma marca na cultura mais ampla. O século XXI testemunhou muitos esforços de marketing usando o feminismo como veículo para vender produtos. Por exemplo, como escreveu Sarah Banet-Weiser, o sabonete Dove (Unilever) é uma das marcas mais famosas de beleza e higiene feminina.[32] Em 2005, a marca lançou a "Campanha Dove pela Real Beleza", definida como "um esforço global planejado para servir como ponto de partida de mudanças sociais e atuar como catalisador para a ampliação da definição e do debate sobre a beleza".[33] A campanha usou anúncios em cartazes de rua, propaganda e vídeos convidando os consumidores a repensar as noções dominantes de beleza feminina e de corpo feminino. Lançando mão da retórica politizada da mercadoria feminismo, a Campanha Dove pela Real Beleza convoca os consumidores a atuarem politicamente em seu comportamento de consumidores – nesse caso, estabelecendo uma espécie de lealdade à marca Dove e, com efeito, construindo uma marca para uma versão de feminismo.

Essa visibilidade do feminismo como marca lança no ar uma agitação entusiástica quanto ao feminismo no momento contemporâneo. Essa agitação vive em hashtags, em autobiografias best-seller e na imprensa popular; no Tumblr e em blogs populares; bradada em camisetas e encarnada em estrelas pop. Beyoncé comprou a briga e vestiu a camisa no Video Music Awards de 2014; já antes dela, porém, houve uma multidão de iniciativas empresariais de feminismo "empoderado": Verizon, Always, Cover Girl e, depois, outras organizações empoderadoras com foco em moças nas áreas de ciência, tecnologia, engenharia e matemática (Stem, na sigla em inglês), como BlackGirlsCode e GirlsCode. Hoje, afirmações e análises "feministas" populares circulam dentro e entre múltiplas plataformas de mídia, com facilidade e com frequência, criando um cenário frenético de discurso feminista e também fincando esse discurso dentro dos contornos de uma cultura de marca. Com efeito, em 2014 a *Time Magazine* elencou a palavra "feminismo" como um clichê, esquecendo-se de que o feminismo é um movimento complexo.

Além desses esforços para relançar o feminismo como um tipo de marca que encontra expressão na cultura de varejo e de celebridades, também há esforços literais de reconstrução como marca. Em 2013, a revista de moda *Elle* do Reino Unido contratou três agências de publicidade – Brave, Mother e W&K – para retrabalhar o feminismo como marca. Segundo a revista, eles convidaram "três grupos feministas para trabalhar com três agências de publicidade premiadas a fim de reconstruir a marca de um termo que muita gente sente que ficou sobrecarregado de complicações e negatividade".[34] A *Elle* tenta fazer o que os criadores de marca mais famosos fazem: tirar a "negatividade" e as complexidades associadas ao feminismo, pasteurizar inconsistências e produzir uma narrativa sem emendas nem costuras, coerente e reconhecível, capaz de definir o feminismo para todos. De fato, a busca por reinar no feminismo popular e por criá-lo como uma marca coerente tem sido difícil, não apenas pela abundância de informações, mas também porque há tantas sobreposições e convergências quantas forem a contradições. Como indicou Lucy Mangan, do *Guardian*, em sua crítica ao esforço da *Elle* para recriação da marca, "o feminismo não precisa de reformulação de marca. Ele só precisa superar o instinto de agradar da maioria dos seus membros e se concentrar em umas poucas questões centrais, e aí cair de porrada em cima de tudo e de todos até que essas questões estejam satisfatoriamente resolvidas".[35] Essa noção de "agradar às pessoas" está no coração da ideia do feminismo como marca; à semelhança de outros esforços comerciais, o truque para construir a marca é não alienar as suas clientelas potenciais.

Claro, o problema é que o feminismo *é* alienante para algumas clientelas, e por boas razões. Embora não haja uma definição única de feminismo, tipicamente há um objetivo compartilhado de criticar e desafiar as estruturas patriarcais. Como tanto do mundo é construído sobre essas estruturas e depende de sua manutenção, o feminismo precisa ser *de facto* alienante. Fazer do feminismo uma marca, portanto, *não* é uma prática econômica alternativa, antes trabalha justamente a serviço da cultura financeira dominante, reforçando práticas e processos econômicos dominantes, reificando o feminismo como um produto. Para retomarmos a questão do valor, o valor do feminismo como marca é medido em termos econômicos. Se o valor econômico é o valor de troca, e assim é medido pelo mercado, então nós temos de considerar o mercado do feminismo. Se a compreensão dominante do mercado é derivada da dominância de instituições capitalistas, isso significa que outras formações institucionais-culturais estão subordinadas ao poder do capitalismo. Como argumentamos, esse poder não é totalizante; há rasgos e costuras no tecido do capitalismo, e a organização do capitalismo como instituição dominante não eclipsa totalmente a organização cultural e política.

Assim, como entender as diferenças e semelhanças entre os feminismos como marca, ou o que Roxane Gay chama de "o sabor feminista da semana na mídia popular", e os feminismos que reconhecem interseções e contradições, e também insistem numa crítica estrutural do patriarcado e da discriminação de gênero? Esse é o contexto no qual nós nos esquecemos "da diferença entre feminismo e Feministas Profissionais", como nos lembra Gay.[36]

Nós temos de pensar mais cuidadosamente sobre essa diferença, em especial no contexto de práticas econômicas alternativas. Algumas interações e práticas do feminismo são alternativas, mas elas competem com as práticas de "feminismo profissional", que vêm a ser o que as instituições dominantes decidem que tem valor contemporaneamente.

Em vez de valorizar a reificação, ou a mercantilização, do feminismo, e se retirássemos nossa atenção do produto e a reorientássemos para a prática? Que cara tem uma prática econômica feminista alternativa?

## *Valorizando o cuidado*

Engajar-se em práticas econômicas feministas alternativas significa reteorizar ativamente o capitalismo e recuperar a economia como um campo que pode ser vibrante e produtivo para o ativismo da economia alternativa. As crescentes mediação e circulação do "feminismo neoliberal" não são, mais uma vez, uma prática econômica alternativa. Embora seja preciso lidar com a espinhosa questão das maneiras pelas quais o feminismo popular ou como marca atrai a atenção para a discriminação de gênero e as práticas de gênero, e como, assim, ele pode potencialmente fornecer um espaço para se repensar a política feminista no momento atual, ele não questiona as práticas e os conceitos normativos da economia capitalista neoliberal.

O feminismo como marca e/ou popular é produzido e enunciado dentro do que J.K. Gibson-Graham chama de "pensamento essencialista e abstrato sobre a economia".[37] Para haver uma economia feminista verdadeiramente alternativa, temos de questionar as convenções e suposições sobre o capitalismo e desafiá-las de formas que redefinam e remodelem profundamente a maneira como nós organizamos a economia e nos posicionamos enquanto seres econômicos. Como observa Gibson-Graham:

> Se outrora acreditávamos que a economia era despolitizada em grande parte por causa de suas representações, agora começamos a compreender que sua repolitização exige que nos cultivemos como sujeitos capazes de imaginar e levar a cabo uma nova política econômica. Amparados pelo surgimento de vários movimentos em todo o mundo, vemos a necessidade não só de uma economia teorizada de maneira diversa, mas também de

> novas *práticas de pensar* eticamente a economia e de nos tornarmos espécies diferentes de seres econômicos.[38]

Como a economia passou a depender (especialmente na era neoliberal, mas também nos períodos históricos do capitalismo) do trabalho "feminizado", ou "*housewifized*" no dizer de Maya Weisinger, nós temos que pensar de novas maneiras sobre trabalho não remunerado, trabalho materno ou reprodutivo e redes de cuidado.[39]

Uma "prática de pensar eticamente a economia e de nos tornarmos espécies diferentes de seres econômicos" significa revalorar o trabalho de cuidar como prática econômica feminista alternativa. O trabalho invisível que as mulheres desempenham em toda economia foi criticado a partir de uma perspectiva feminista marxista, com a mobilização feminista significativa em torno da questão nos Estados Unidos e na Europa nos anos 1960 e 1970. Em particular, as feministas nesse período buscavam revelar a forma como as relações de poder funcionam em termos de economia, em que o empoderamento individual é conferido a quem se mostra capaz de manter um posto de trabalho na economia formal. Não obstante, esse posto só pode ser sustentado mediante o trabalho na economia informal, isto é, o trabalho doméstico. Como destaca Maya Weisinger:

> No caso das donas de casa, toda uma economia é construída sobre a ideia de trabalho gratuito e cuidados gratuitos: a economia informal. Donas de casa não são remuneradas por cuidar dos filhos, fazer compras, limpar, cozinhar etc. Estes são elementos de apoio considerados necessários para que a contraparte masculina da unidade familiar possa trabalhar e sustentar financeiramente a família, e se desenvolver na economia formal, o que vem a ser a definição última de sucesso na nossa sociedade.[40]

As feministas se apoiaram na teoria marxista em parte porque o conceito marxista de "todo social" nos permite ver a estruturação recíproca de formação familiar, prática reprodutiva, construção sexual, determinismo econômico e ideologia do "feminino". Ademais, o conceito permite-nos observar o modo como essas instituições estão enraizadas em condições econômicas particulares. Em seguida, as feministas marxistas chamaram atenção para a ordem material da existência e examinaram a dinâmica de poder e dominação no interior dessa ordem.

Embora o pensamento marxista dê às feministas ferramentas poderosas para pensar por meio da dinâmica da história e da opressão, há, claro, diversas limitações nas maneiras como essas ferramentas foram construídas pelos homens que as desenvolveram. As feministas marxistas tiveram então que modificá-las e formular questões como: o que é material para as mulheres? Qual a relação da ordem material das mulheres com a ideologia? Qual a limitação do marxismo para compreender o gênero como um problema de construção social?

Está claro que é preciso haver uma expansão da esfera material para que o marxismo seja um instrumento analítico que as feministas possam usar para "se tornarem espécies diferentes de seres econômicos". Uma perspectiva feminista necessita desenvolver uma definição de economia que inclua lida doméstica, trabalho reprodutivo, sexualidade, trabalho emocional e trabalho de cuidar. Assim, uma análise feminista alternativa deve buscar expandir a "economia" como uma esfera de produção e troca para uma economia com um sentido geográfico e conceitual muito mais extenso. Voltando à nossa discussão anterior sobre o valor, uma prática econômica feminista alternativa não apenas ampliaria e aprofundaria a noção marxista acerca da economia, mas se empenharia em descentralizá-la inteiramente.

Uma das formas como as feministas marxistas tentaram expandir a noção marxista de economia no final dos anos 1970 foi reivindicar salário para o trabalho doméstico. Empregou-se um argumento forte: que organizar a vida doméstica, desde limpar e cozinhar até cuidar dos filhos, era absolutamente crucial para manter o sistema econômico capitalista (como era crucial o trabalho reprodutivo que permitia a continuação da produtividade da mão de obra assalariada), mas não era trabalho remunerado. O debate centrava-se em como, e se, o trabalho doméstico de fato gerava mais-valia, ou mais-valor, para o capital (isto é, o trabalho gratuito das mulheres serve não só aos homens, mas também ao capital; não é apenas trabalho gratuito, mas, por não ser remunerado, não é considerado trabalho).[41] Essa análise *ampliou* a noção marxista de economia, mas continuava muito próxima dos termos marxistas.

Conforme detalhou a feminista italiana Silvia Federici, o movimento feminista Wages for Housework [Remuneração para o Trabalho Doméstico] buscava desmascarar o processo de naturalização sofrido pelo trabalho doméstico por não ser remunerado, expor a lógica capitalista do "trabalho remunerado" e "demonstrar que historicamente a questão da 'produtividade' sempre esteve ligada à luta por poder social".[42] O movimento foi crucial ao revelar algumas das principais maneiras como as economias capitalistas mantêm o poder: pela desvalorização de "esferas inteiras da atividade humana, a começar pelas atividades de provisão da reprodução da vida humana, e pela capacidade de usar o salário para extrair trabalho também de uma grande população de trabalhadores que parecem estar fora da relação salarial: escravos, súditos coloniais, prisioneiros, donas de casa e estudantes".[43]

Também houve esforços feministas para *aprofundar* a noção marxista de economia, os quais buscavam desenvolver uma base material para a opressão das mulheres que questionasse os termos marxistas mais abertamente. Por exemplo, o trabalho reprodutivo precisa ser valorado de outra maneira, não como fenômeno natural, mas como fenômeno social, o que significa dizer que ele é organizado, controlado e situado de modos particulares. E, também, que produz determinada consciência e ideologia, não podendo ser reduzido a relações econômicas.

Sexo, sexualidade, subjetividade e afeto também são mecanismos feministas para aprofundar a noção marxista de economia, e com eles, como mostra Catharine MacKinnon, o feminismo nos permite aceitar e transcender Marx e Freud, e também compreender a construção da sexualidade não como construção de subjetividade, mas como uma dimensão da construção material das pessoas num sistema de dominação e de opressão. MacKinnon argumenta que a sexualidade é o domínio material da opressão da mulher, e que sua construção no âmbito de termos masculinos é o que torna os homens dominantes e as mulheres subordinadas.[44] É precisamente a naturalização dessa relação que faz parecer que a subordinação das mulheres não tem base material. É a subordinação das mulheres tão material quanto a subordinação de classe? Esta é a questão que estava no centro dos esforços feministas para aprofundar a noção marxista de economia.

Entretanto, há problemas cruciais internos às tentativas de recorrer à teoria marxista para compreender as relações de poder entre gêneros. A circunscrição da economia, sobretudo, implica a circunscrição simultânea do que é político. A primazia marxista do econômico significa que as relações de produção são vistas como formadoras de tudo o mais; e, no momento atual, as relações de produção dominantes são aquelas do capitalismo, de modo que as relações capitalistas são vistas como formadoras de todas as outras relações. Marx simplesmente não reconhecia a centralidade do trabalho reprodutivo, independentemente de analisar a acumulação de capital ou uma sociedade comunista ideal. Para voltarmos a Gibson-Graham, nós precisamos sair desse tipo de pensamento essencialista e condensado para pensar o que significa sermos espécies diferentes de sujeitos econômicos. Em outras palavras, embora ampliar e aprofundar a noção marxista de economia constituam os primeiros passos necessários, nós precisamos *descentralizar* essa noção da economia e imaginar um conjunto diferente de dinâmicas e parâmetros.

Uma maneira de pensar essa questão é revalorar o que chamamos de cuidados. Como destacou Evelyn Nakano Glenn, é importante ter uma sociedade que valorize os cuidados e o trabalho de cuidar de modo diferente – o que é muito diverso de uma sociedade que valorize construir uma marca e mercantilizar o feminismo popular.[45] No mundo ocidental contemporâneo (especialmente nos Estados Unidos), os cuidados são um bem privatizado, sua articulação e operação são da responsabilidade de indivíduos. Uma política feminista de cuidado sugeriria que descentralizássemos essa dinâmica e compreendêssemos que os cuidados são um direito coletivo tanto para os cuidadores quanto para aqueles que precisam de cuidados. Isso exigiria uma redistribuição da riqueza social na direção daqueles que precisam de cuidados (sobretudo idosos e crianças) e um comprometimento com a construção de uma forma coletiva de reprodução social.[46] O trabalho envolvido na organização da esfera doméstica, a manutenção da família, o trabalho de nutrir e o trabalho emocional são tipicamente relegados às mulheres e aos negros e decerto não são uma prioridade do Estado. Uma política econômica feminista de cuidados reprioriza o cuidado, compreendendo que se trata de uma forma crucial de reprodução social, e questiona as ideologias de independência individual e responsabilidade familiar, colocando assim os cuidados e o trabalho de cuidar como uma responsabilidade social pública.

### *Redes de cuidado*

Como argumentou Silvia Federici, os cuidados com os idosos sempre estiveram em estado de crise no seio das sociedades capitalistas, "tanto pela desvalorização do trabalho reprodutivo no capitalismo quanto porque se considera que os idosos não são mais produtivos, em vez de apreciá-los, como o eram em muitas sociedades pré-capitalistas, enquanto depositários da memória e da experiência coletivas".[47] Na medida em que os governos dedicam cada vez menos dinheiro ao cuidado dos idosos e repassam esse ônus aos indivíduos, torna-se claro que, de um ponto de vista econômico convencional, o cuidado dos idosos (bem como de outros) é desvalorizado, visto como responsabilidade do indivíduo, sem ser considerado elemento crucial da reprodução social de uma nação ou comunidade.

Arlie Hochschild escreveu em *The Outsourced Self* que, no momento histórico em curso, nós monetizamos as relações íntimas, passando do que ela vê como um "mundo de aldeãos para um mundo de forasteiros".[48] A autora prossegue: "Ao longo do caminho, nós também criamos um mercado de estados emocionais. Ironicamente, um dos sentimentos que o mercado pode nos vender é o de estarmos autenticamente fora do mercado."[49] Isso tem implicações para o trabalho de cuidar, pois um dos mercados de "estados emocionais" é o mercado de cuidados – dos idosos, das crianças. Como argumentamos, os mercados não se limitam a criar normas, eles dependem de normas para contextos determinados; são um processo normativo contínuo. No contexto do mercado de cuidados, a instituição social do trabalho de cuidar tem que ser expandida e mantida, ao passo que, na visão da economia convencional, a responsabilidade por essa manutenção coube essencialmente a mulheres e negros mal remunerados. E, como muitos idosos e famílias não podem pagar pelos cuidadores, para que esse tipo de cuidado seja provido a responsabilidade (geralmente) cabe às mulheres da família.

Houve práticas recentes que se voltaram para a questão do individualismo do trabalho de cuidar, especialmente o trabalho de cuidado materno. Como escreveram Julie Wilson e Emily Yochim, a blogosfera se tornou um espaço rico para mães desejosas de estabelecer redes de cuidado e comunidade, o que levou ao que elas chamam de "mamãesfera".[50] "Blogs das mamães" (um nome infeliz, porque diminui a importância potencial dessas comunidades ao rotulá-las como domínio da "mamãe", motivo por que usaremos o termo "blogs maternos") floresceram nos anos recentes e forneceram um espaço virtual para as mães compartilharem coletivamente os trabalhos maternos, as pressões e os fardos da vida da família nuclear no capitalismo liberal. Embora o trabalho materno e reprodutivo sempre tenha sido central para o funcionamento do capitalismo, no âmbito do capitalismo neoliberal o papel do trabalho reprodutivo é ainda mais crucial, na medida em que o Estado de bem-estar social continua a ser desmantelado e cada vez mais o trabalho depende de indivíduos ou famílias. Como apontam Wilson e Yochim, a precariedade do trabalho se destaca sobretudo através das mães e de seu trabalho,

> pois é o seu trabalho como guardiãs do campo doméstico que subscreve e possibilita a privatização e o governo por meio da insegurança ora vigentes. Desse modo, a desconcertante redistribuição da riqueza para as camadas mais altas da sociedade nas últimas décadas tem se dado à custa das mães, que estão constantemente ajustando suas vidas, tarefas, afetos e sensibilidades a fim de estabilizar situações familiares cada vez mais abaladas conforme suas experiências de vida são pilhadas.[51]

É importante observar que as redes digitais de cuidados, como as comunidades maternas on-line, cumprem a tarefa importante de revalorizar o trabalho das mulheres. Ao mesmo tempo, revalorizam o trabalho das mulheres para a mulher individual envolvida, em vez de questionar permanentemente a invisibilidade estrutural desse trabalho. Julie Wilson e Emily Yochim chamam esse aspecto de "solidariedades individualizadas", em que o "objetivo da coletividade é a estabilização e a valorização de famílias nucleares individuais". Essa tensão entre indivíduos e coletividades está hoje presente em grande parte do ativismo social, inclusive na economia feminista.

A economia feminista, como a cultura da criatividade, questiona e desafia o individualismo do capitalismo neoliberal não apenas revalorizando tipos particulares de trabalho, mas também insistindo na noção de "bens comuns" como meio para pensar economias alternativas.[52] Na verdade, ironicamente, os mesmos processos e a mesma lógica econômicos que autorizam o capitalismo neoliberal e privilegiam a ideia de indivíduo como norma possibilitam práticas econômicas alternativas, como a compreensão feminista dos bens comuns. Como Silvia Federici comenta, o modo como o capitalismo neoliberal busca transformar todas as coisas em mercado também funciona, ironicamente, para criar espaços alternativos, que, por sua vez, são novamente ameaçados de privatização. Esses novos espaços, tais como os espaços digitais dos blogs maternos, significam não só "que os bens comuns não desapareceram, mas também que novas formas de cooperação social estão sendo constantemente produzidas, e em áreas da vida onde nada havia antes, como por exemplo a internet".[53]

A chave aqui é questionar ativamente a cooptação dos bens comuns colaborativos pelo mercado ou pelo Estado. Bens comuns feministas, que reconhecem o papel essencial da reprodução social da vida humana como prática coletiva, e não privada, são verdadeiramente uma alternativa econômica.

## Conclusão – Práticas econômicas para além da economia

Deveria ser óbvio que as práticas econômicas são formadas por valores culturais. Essa observação elementar, na verdade, vai no sentido oposto ao da análise econômica convencional, pois a economia neoclássica repousa sobre uma suposição essencialista da natureza humana: o *Homo economicus*, um indivíduo racionalmente orientado. A racionalidade é medida em termos da melhor alocação de recursos escassos a fim de maximizar a utilidade pessoal. Para que essa formulação ingênua se desvencilhe da contradição de uma utilidade puramente objetiva, livre de valores subjetivos, a satisfação pessoal deve ser equiparada à maximização dos ganhos monetários. Com efeito, há uma segunda suposição: se o dinheiro não traz felicidade, pelo menos pode comprá-la. Por conseguinte, a satisfação é circunscrita ao que o mercado pode oferecer. O circuito está fechado: o valor econômico é equiparado ao valor monetário determinado pelo mercado em termos da relação entre oferta e demanda como meio de satisfazer a maior parte das necessidades e dos desejos. Claro, os economistas convencionais reconhecem que há nisso uma simplificação excessiva da diversidade do comportamento humano. A vida não pode ser reduzida a transações econômicas, as sociedades não podem ser reduzidas a mercados. Não obstante, todos os demais comportamentos humanos são despachados para o mundo da irracionalidade, sendo a economia o domínio de escolhas racionais e resultados quantificáveis. Que assim seja. Portanto, nós precisamos de um arcabouço explicativo poderoso o bastante para dar conta da diversidade cultural que orienta o comportamento humano a fim de compreendermos por que as pessoas fazem o que fazem, para além do paradigma da racionalidade estritamente definido. E como as práticas de produção, consumo e troca estão integralmente enredadas no tecido social da vida das pessoas (além dos parâmetros dos modelos econômicos), nós precisamos de uma análise cultural multifacetada para entender as práticas humanas, inclusive as econômicas. Foi o que tentamos propor neste artigo, em conexão com o esforço analítico dos colaboradores deste livro em suas pesquisas específicas.

# 2. Economia sem crescimento

Giorgos Kallis[1]

## Introdução

O começo do século XXI apresenta um conjunto de desafios para a ciência econômica diferente daquele proposto pelo final do século XIX e começo do XX, quando foram fundadas as premissas da atual ortodoxia. Na época, a questão central era como alcançar o crescimento; agora, é como ir adiante e prosperar sem crescimento.[2] Antes a questão era como produzir riqueza;[3] agora, é como viver com o suficiente.[4]

As economias desenvolvidas se encontram numa constelação singular de estagnação (pela primeira vez desde a Segunda Guerra Mundial),[5] limiares ecológicos (em particular a catastrófica mudança climática, virtualmente inevitável, caso a economia global continuar a crescer no ritmo atual)[6] e desigualdades crescentes (acentuadas pela estagnação e pela virada "neoliberal").[7] O crescimento é insustentável, mas o decrescimento é socialmente instável nas economias capitalistas.[8] Uma nova ciência econômica deve orientar a questão de como tornar o decrescimento estável e ao mesmo tempo reduzir as desigualdades.

Os modelos econômicos tradicionais são inadequados para abordar esses problemas. Suas simplificações pré-analíticas derivam em parte de preocupações normativas do passado. O modelo-padrão de crescimento de Robert Solow, por exemplo, foi projetado para explicar as origens do crescimento, que era atribuído à acumulação de capital e ao progresso tecnológico que determina a produtividade. Economistas depois de Solow decompuseram a produtividade em capital social e capital humano, produtividade energética ou qualidade das instituições. Inverter isso e afirmar que o decrescimento exigiria redução do estoque de capital, regressão tecnológica ou desmantelamento de instituições e sistemas educacionais é obviamente um equívoco. Os determinantes da "prosperidade sem crescimento" são uma questão qualitativamente diferente. O problema não é como desfazer o crescimento, mas como criar um caminho próspero alternativo que não passe pelo crescimento. É necessária uma ciência econômica diferente para uma economia diferente.

Como foi observado por Armon Rezai e outros,[9] no modelo neoclássico de equilíbrio os preços se ajustam automaticamente para manter a economia na trajetória ótima, investimento e expansão (ou, inversamente, mas admitido com muito menos frequência, na trajetória ótima de contração, se for a isso que levam os fundamentos). Na realidade, a economia está mais amiúde em desequilíbrio. O "ajuste de preços" que se segue a uma crise é repleto de sofrimento e abundante em conflitos distributivos. As contrações estão longe da estabilidade. São a dinâmica e as consequências distributivas de um "ajuste" contracionário que devemos compreender a partir de uma perspectiva de decrescimento. No modelo tradicional, ao contrário, a distribuição é tratada como uma questão separada da questão da riqueza e como adendo da eficiência.

Muitos cientistas, nem todos economistas, são motivados pela busca do desenvolvimento de uma "nova ciência econômica". Esses esforços são diversos e se estendem de modelos dinâmicos, ou neokeynesianos, de baixo ou nenhum crescimento[10] até várias análises quantitativas e qualitativas originárias da bibliografia sobre pós-crescimento e decrescimento.[11] Essa comunidade diversificada inclui não só economistas políticos, economistas ecológicos ou economistas institucionais, mas também geógrafos, ecologistas e sociólogos. A agenda de pesquisa é transdisciplinar.[12] Eles não compartilham a obsessão da ciência econômica dominante com microfundações axiomáticas, representação matemática e generalização estatística. Em vez disso, formulam hipóteses lógicas ou dialéticas, expressas verbal ou matematicamente, e mobilizam tanto métodos qualitativos (por exemplo estudos de caso) quanto quantitativos (por exemplo econometria) para investigá-las.

Essa nova ciência econômica não surgiu de maneira coordenada.[13] Tento aqui inverter a ordem e olhar *ex-post* especialmente para a literatura sobre decrescimento, buscando discernir seus princípios centrais e as novas compreensões que ela engendra. A Parte 1 deste artigo apresenta seis ideias-chave sobre economia que caracterizam essa literatura: a economia como uma invenção (1) que é política (2), material (3) e diversa (4), cuja função-chave é a distribuição e o gasto de excedente (5) e que muda através de um processo coevolutivo (6). Desconsiderei uma sétima dimensão da economia como cultura porque isso é tratado em detalhes no artigo de Benet-Weiser e Castells. A Parte 2 fornece uma explicação alternativa da crise com base nesses princípios. A Parte 3 situa a ascensão do movimento em prol de uma economia alternativa[14] como movimento que encarna essa nova compreensão da economia. A Parte 4 enfoca políticas de gestão sem crescimento.

## Parte 1 – Seis princípios centrais

### *A economia é uma invenção*[15]

"A economia" não é uma ideia universal, a-histórica, que sempre existiu. É uma ideia cujas genealogia e origens podem ser traçadas; e cujo significado evoluiu com o tempo, denotando coisas diferentes em diferentes períodos e sociedades. Juan Martinez-Alier[16] ressalta a distinção feita por Aristóteles entre "economia", a administração da casa, e "crematística", ganhar dinheiro por meio do dinheiro. Michel Foucault situa o nascimento da economia política entre os séculos XVI e XVIII, observando uma expansão da noção de "economia" da casa (ou seja, a disposição adequada das pessoas e coisas de um domicílio) para a população como um todo. Segundo ele, a economia política marca um deslocamento de dominação com base em soberania para "governamentalidade", isto é, governar populações para seu próprio aprimoramento, tornando-as partícipes de seu (auto)disciplinamento.[17] A "estatística", literalmente a ciência do Estado, é produto desse interesse em registrar, governar e aprimorar as populações.

Usando a abordagem foucaultiana, Timothy Mitchell desvela os métodos de medição, circulação e troca que materializaram a nova ideia de "economia" nacional, usando o Egito como estudo de caso.[18] Novas estatísticas e novos indicadores, como o Produto Interno Bruto (PIB), foram componentes básicos dessa abstração da economia nacional.[19]

O fato de a economia ser uma abstração inventada não a torna em nada menos real. Como qualquer abstração, ela representa coisas e mudanças que correspondem – ao menos parcialmente – a experiências reais. Abstrações têm efeitos reais, frequentemente violentos.[20] As consequências sociais dos fluxos de capital ou das políticas de austeridade que respondem às razões dívida/PIB atestam isso. Não obstante, sendo abstrações, as economias por definição são incompletas e parciais. Por exemplo, a representação dominante da "economia" nos modelos tradicionais é aquela de um sistema nacional com circulação infinita de bens e serviços entre "empresas" e "famílias". Recursos naturais não são vistos em parte alguma. Não há limites, fluxos de entrada ou saída de recursos nem controles externos dessa circulação.[21] Não há distribuições, instituições, política nem outras formas de poder que governem, às vezes violentamente, essa circulação. Uma ciência econômica diferente exige uma representação diferente, a começar pelo reconhecimento de que não existe nenhuma representação única, universal e objetiva de uma coisa chamada "a economia".

## *A economia é política*[22]

Nos modelos convencionais, a economia é vista como um sistema com suas próprias leis e dinâmicas, governado pela oferta e pela demanda. O objetivo é, portanto, compreender como a "mão invisível" do mercado funciona. Normativamente, o projeto é estar o mais próximo possível desse equilíbrio, o ideal do "livre mercado" em que a oferta se equipara à demanda. O Estado deve ser mantido fora desse equilíbrio perfeito. Como os mercados são ótimos, quando os Estados intervêm eles reduzem a quantidade de riqueza que, caso contrário, poderia ser produzida (as exceções permitidas são a provisão de bens públicos, a correção de externalidades e a suavização de ciclos econômicos; usualmente, isso é restrito a casos muito específicos, como defesa militar e policiamento).

Karl Polanyi foi o primeiro a observar a construção ideológica do "livre mercado".[23] O livre mercado não existe; ele é criado artificialmente. O mercado autorregulado não é encontrável em parte alguma, exceto na fantasia de economistas. A criação de condições para intercâmbio de mercado onde elas não existem envolve a intervenção do Estado e o uso de força. Exemplos incluem processos de acumulação por expropriação,[24] desde o cercamento dos pastos que catalisou o capitalismo até institucionalizações mais recentes de propriedades privadas como bens comuns intelectuais ou genomas.[25] O estabelecimento da propriedade privada e de trocas de mercado está longe de ser simples e envolve investimentos pesados do Estado em legislação, regulamentação, monitoramento e punição.[26] Polanyi argumentou que instituir mercados fictícios e transformar em commodity coisas que não foram produzidas para tal – sobretudo terra, trabalho e dinheiro – estavam no coração da grande crise dos anos 1930. Socialismo e fascismo foram duas expressões de um "contramovimento" em reação à expansão autodestrutiva do mercado.

Decorre da formulação de Polanyi que a economia só pode ser *política*. Tornar os bancos centrais independentes ou desregulamentar os mercados financeiros, por exemplo, é *uma escolha*, com consequências distributivas e que expressa certos interesses sociais em detrimento de outros. Ao insistir no encolhimento do Estado e na liberação do livre mercado, a doutrina neoliberal apresenta uma escolha política como se fosse um resultado natural (daí a linguagem do "equilíbrio"). Cornelius Castoriadis observou como a ideia de economia autorregulada com suas leis e verdades próprias substituiu a religião como fonte de "heteronomia" para as sociedades seculares, o conjunto de leis externamente fixadas às quais a vontade das populações supostamente deve sucumbir.[27] Para Castoriadis, democracia implica "autonomia", a possibilidade de os coletivos refletirem conscientemente e (re)construírem suas próprias instituições (e sua história), em vez de construí-las atribuindo sua criação a forças externas, como "deus" ou "o mercado".

Na bibliografia sobre o decrescimento há clamores para "sair" da economia ou "resgatar" a economia.[28] Eles não são tão contraditórios quanto parecem. "Sair" significa fugir da visão dominante de uma economia exógena com suas próprias regras e leis, isto é, um reconhecimento da autonomia para dar forma ao que é economia. "Resgatar" significa um exercício do poder coletivo para governar a economia rumo a diferentes fins. Sair, literal e fisicamente, da economia convencional é um meio de criar novas economias alternativas, economias com leis e verdades diversas.

### *A economia é material*[29]

A atividade econômica – produção, troca ou consumo – não acontece no vácuo. Ela extrai e transforma insumos (energia e matérias-primas) e gera produtos indesejáveis, como desperdício ou emissões para a atmosfera. Cada sociedade, como cada organismo, tem um "metabolismo", um padrão de rendimento material e energético.[30] Nada há de imaterial nos serviços de informação, como um site de rede social tipo o Facebook. Eles embutem vastas quantidades de materiais e energias (o que Howard Odum[31] chamou de "emergia" [*emergy*], a partir de *embodied energy* [energia incorporada]): matérias-primas usadas para computadores; energia usada para alimentar os servidores; ou alimentos, materiais e energia empregados para criar, educar e fazer circularem os empresários do Vale do Silício. A economia "imaterial" incorpora uma economia muito material.

O processo econômico aumenta a entropia ao converter matéria e energia de qualidade superior em energia de qualidade inferior.[32] Para Nicholas Georgescu-Roegen, a morte entrópica da vida no planeta é o limite físico final; uma transição de combustíveis fósseis exaustivos, que uma vez usados são transformados irreversivelmente em energia de alta entropia, para energia solar "renovável", o que irá reduzir o ritmo rumo a esse final entrópico. Entretanto, a presença ou não de limites entrópicos últimos foi questionada; e mesmo que esses limites existam eles provavelmente operam em horizontes de tempo de milhões de anos, o que os torna irrelevantes para as gerações atuais. Não obstante, reservas específicas, como o petróleo e o fósforo de que a indústria e a agricultura modernas dependem, podem se exaurir. Trata-se de uma questão de limites específicos, não últimos.

Uma concepção preferível da relação entre sociedade e recursos é a da coevolução. Recursos como combustíveis fósseis ou ecossistemas como a atmosfera condicionam o que as sociedades podem ou não fazer em qualquer momento específico. As sociedades remodelam esses "limites"; a agricultura industrializada superou os limites da produtividade da terra e o petróleo substituiu o carvão. Nesse processo, novos limites e condições foram produzidos, como poluição do solo, erosão, exaustão do fósforo para produzir fertilizantes e mudança climática. As "respostas" a esses limites, como o desenvolvimento de energia nuclear, areias de alcatrão ou organismos geneticamente modificados, podem aumentar o bem-estar de alguns (tipicamente poucos) à custa de muitos outros. É mais cabível pensar a economia e a atividade social não como limitadas, em sentido absoluto, por um ambiente planetário circundante,[33] mas em constante relação coevolutiva, por meio da qual as sociedades transformam os ecossistemas para melhor ou para pior, e em seguida têm de se adaptar às suas próprias transformações.[34]

O insight de Georgescu-Roegen permanece importante na medida em que o processo econômico cria ordem sintrópica em alguns lugares aumentando a entropia em outros. A mudança climática resulta do deslocamento entrópico de emissões de carbono para a atmosfera. Aumentar emissões e concentrações de carbono na atmosfera desestabiliza o clima com consequências desastrosas, as quais determinarão substancialmente a coevolução futura. Se todos os combustíveis fósseis disponíveis fossem eventualmente extraídos, a temperatura no planeta subiria 15°C. Para continuarmos dentro do que os cientistas afirmam ser a faixa de operação segura de 2°C de mudança, em 2050 a economia, se continuar a crescer no mesmo ritmo, deveria ter que se tornar 130 vezes mais eficiente no uso do carbono; para efeitos de comparação, de 1980 a 2007 a eficiência aumentou meros 23%.[35] Os países ricos devem começar a cortar suas emissões em 8 a 10% ao ano,[36] quando o melhor que eles têm alcançado são reduções de 1%, e isso durante as recessões. A redução da atividade econômica – nos termos de Georgescu-Roegen, uma desaceleração do processo econômico entrópico – parece inevitável, seja voluntariamente, por decrescimento planejado, seja involuntariamente, por uma mudança desastrosa no clima.

Outro insight importante da visão material, ou metabólica, da economia é que a própria produção de energia e recursos usa energia e recursos. Para prospectar petróleo gasta-se energia; para extrair urânio e silício e operar uma usina nuclear ou de energia solar, também. O período de alto crescimento foi associado à produtividade de alta energia (ou excedentes de alta energia) do petróleo e do carvão. Não está claro de que forma as energias renováveis mais limpas, com um retorno de energia menor que o investimento energético, sustentarão altas taxas de crescimento ou uma economia da escala atual. Embora a perspectiva keynesiana de curto prazo sugira que o investimento público em infraestruturas verdes e energia renovável pode ser expansionista, a longo prazo é improvável que isso ocorra, já que o que está se fazendo de fato é substituir fontes de energia de alta produtividade por fontes de baixa produtividade. O trabalho pode substituir a energia, mas isso é o inverso do processo de crescimento. Em conclusão, é improvável que exista um "crescimento verde".

### *A economia é diversa*[37]

A economia dos modelos convencionais é a economia capitalista de propriedade privada, trabalho assalariado e trocas de mercado, com empresas que produzem visando ao lucro, e pessoas oferecendo sua força de trabalho em busca de salários, os quais por sua vez lhes permitam consumir. Na realidade, esta é apenas a ponta visível do iceberg da economia.[38] Abaixo da superfície há uma diversidade de mercados alternativos (por exemplo comércio justo) ou trocas de não mercado (por exemplo escambo), há formas alternativas de trabalho remunerado ou não remunerado (por exemplo trabalho doméstico ou voluntário) e há empresas alternativas (por exemplo bancos ou cooperativas éticas) ou empresas não capitalistas (por exemplo ONGs, coletivos e associações, redes de cuidado mútuo). Na bibliografia sobre decrescimento, muita atenção é dada às "economias de dádiva",[39] em que bens e serviços circulam através de redes de vínculos e obrigações sem lógica de lucro; ou os "bens comuns", para cuja produção as pessoas reúnem ou compartilham recursos e auto-organizam as instituições de governança.[40]

O trabalho de cuidados ou as trocas não mercantis no seio das famílias são formas óbvias de economia não capitalista, permeadas pela lógica de dádivas ou de bens comuns colaborativos. Hortas urbanas, cooperativas alimentares consumidor-produtor e bancos de tempo (*time banks*) são as mais novas reencarnações "pós-capitalistas" de tais relações não capitalistas.[41] Não são resquícios de – e nem regressões a – formações pré-capitalistas "ainda não transformadas em capitalistas", a menos que se invista na ideologia do "livre mercado" como destinação final.

Como argumenta J.K. Gibson-Graham, a economia de mercado é sustentada por uma quantidade imensa de trabalho realizado fora dela.[42] Medidas em termos monetários, as práticas alternativas não capitalistas só podem explicar uma parte muito pequena da economia. Porém, isso se dá precisamente porque elas não produzem tendo em vista o lucro e não fazem parte do sistema contábil dos mercados. Se levarmos em conta a atividade humana ou o tempo de trabalho dedicado a serviços domésticos, voluntários ou sem fins lucrativos, ou, de modo mais desafiador, se considerarmos o valor social (e não o valor de troca) produzido por esse tipo de trabalho, talvez a economia alternativa seja comparável à economia formal, se não for maior que ela. Sem essas práticas, e sem seus "subsídios" não contabilizados, a economia formal não seria sustentável, pois teria de remunerar uma produção que hoje recebe de graça.

### *A questão central da economia é o excedente, não a escassez*[43]

O excedente é produzido quando os trabalhadores recebem por seu trabalho menos do que sua contribuição para o produto. Ele também é gerado quando aqueles que fazem o trabalho de cuidado reprodutivo que sustenta uma economia (cozinhar, limpar ou ajuda mútua) não recebem sua parte desse trabalho, ou quando serviços de ecossistema fornecidos gratuitamente pela natureza são explorados sem serem repostos. Combustíveis fósseis ofertaram vastos montantes de trabalho gratuito sem os quais a industrialização não teria sido possível ("escravos energéticos" seria uma metáfora proveitosa: pense nos trabalhadores invisíveis necessários para mover um elevador ou puxar carros para todo lado).

Georges Bataille argumenta que a questão-chave de todo e qualquer sistema econômico não é a escassez, mas o que fazer com o excedente, pois há sempre mais produtos que o necessário para satisfazer as necessidades básicas dos produtores.[44] O que distingue, por exemplo, o capitalismo de outros sistemas não é a produção de excedente, mas o que se faz com eles. A inovação do capitalismo é que ele investe grande parte do excedente promovendo mais produção e criando mais excedente.[45] Isso libera um crescimento potencial jamais visto em nenhuma outra civilização. O destino dado ao excedente, seja em pirâmides, monges desocupados, *potlatches*, carnavais ou investimentos, dá a uma civilização a sua essência, segundo Bataille.[46] Ele argumentou que o excedente precisa ser regularmente despendido e dissipado para evitar a acumulação além de um limiar em que sua dissipação se torne catastrófica (por exemplo, através de uma guerra).

O processo econômico é dominado pelo conflito distributivo sobre a contribuição para o excedente e o destino do excedente, ou, visto de outra forma, pela alocação de custos (e de benefícios). Conflitos de distribuição econômica dizem respeito à distribuição de excedente entre trabalhadores e capital, ao passo que conflitos de distribuição ecológica dizem respeito à distribuição de bens e males ecológicos.[47] Conflito reprodutivo tem amiúde dimensão de gênero, considerando que as mulheres estão desproporcionalmente incumbidas do trabalho reprodutivo e do trabalho de cuidar.

## *A mudança econômica é um processo coevolutivo*[48]

Como acontecem transições de uma configuração de sistema, digamos o feudalismo, para outra, digamos o capitalismo? Richard Norgaard e mais recentemente David Harvey[49] propõem um modelo coevolutivo de mudança por meio do qual esferas de atividade interagem e mudam uma a outra de maneira mutuamente constitutiva. Norgaard esboçou cinco esferas amplas: tecnologia, natureza, valores, conhecimento e instituições; Harvey, sete: formas tecnológicas e organizacionais, relações sociais, arranjos institucionais e administrativos, processos de produção e de trabalho, relações com a natureza, reprodução da vida cotidiana e da espécie e "concepções mentais do mundo", esta última incluindo relações de confiança e sistemas culturais e de crenças.

Evolução significa que mudanças de época se tornam evidentes com o passar do tempo; elas não são perceptíveis quando acontecem. Em todo e qualquer momento do tempo, as diferentes esferas estão entrelaçadas e são difíceis de mudar, dando a impressão de um "sistema" imutável, como o capitalismo. Isso esconde a variação e a diversidade que sempre existem dentro de cada esfera. Tal diversidade é constantemente renovada através da mera inovação (o que na biologia é chamado de "mutação"), intencional ou não.[50] Seleção mútua significa que as variantes de uma esfera que melhor se adequarem às variantes dominantes de outra são as que têm mais probabilidade de "sobreviver" e se multiplicar. Subsistemas entrelaçados minoritários frequentemente coexistem "no interior do sistema antigo", ocupando nichos e neles se desenvolvendo e se expandindo quando as condições ambientes mudam. A separação espacial facilita a diferenciação e a evolução de nichos. Assim como novas formas de vida evoluíram em ilhas distantes, novas formas sociais e culturais podem surgir em locais distantes ou pela ação de grupos que logram se isolar espacialmente e desenvolver autonomamente seu território, embora se relacionem em rede para transferir suas inovações (pense no movimento zapatista).

O capitalismo coexistiu longamente com o feudalismo antes de enfim evoluir para além dele. Conexões foram forjadas antes, entre novas tecnologias e novas formas organizacionais, por um lado (empresas, corporações, contratos comerciais, bancos, investimentos), e arranjos institucionais e administrativos, por outro (abolição das monarquias e de privilégios feudais, cercamento de bens comuns, democracia liberal, leis de proteção à propriedade privada). Essas conexões foram mais intensas em nichos geográficos, como a Veneza medieval ou, mais tarde, a Holanda e a Inglaterra. Novos arranjos administrativos foram viabilizados num contexto de novas relações sociais, de novos valores e de lutas em torno de instituições concorrentes.[51] O sucesso do novo modo de organização se beneficiou do advento – e o facilitou – de todo um novo sistema de tecnologias, o qual por sua vez foi possível graças ao acesso a – e ao desenvolvimento de – uma vasta reserva de combustíveis fósseis.[52]

Apesar de tudo parecer entrelaçado no curto prazo, no longo prazo tudo muda, especialmente como resultado de perturbações externas que alteram o ambiente de seleção, análogas a "cometas" ou outros eventos cataclísmicos na evolução biológica. A coevolução é um processo lento na maior parte do tempo, pontuado por transições para novos equilíbrios em períodos de mudança revolucionária (como as revoluções burguesas do século XIX ou as revoluções socialistas do século XX).

## Parte 2 – Um relato alternativo da crise

Com esse repertório conceitual em mãos, permitam-me esboçar uma explicação alternativa da crise, desenvolvendo pensamentos expressos por Giorgos Kallis e outros.[53] A ideia básica é simples: os limites ao crescimento foram suplantados pela expansão de crédito. O crescimento monetário desconectado dos fundamentos econômicos só pôde durar até certo ponto, e então colapsou de maneira espetacular.

Desde o final dos anos 1970, as economias desenvolvidas entraram num período prolongado do que foi recentemente chamado de "estagnação secular".[54] As altas taxas de crescimento do período de reconstrução do pós-guerra chegaram ao fim, e taxas de crescimento baixas ou iguais a zero se tornaram a norma. A economia de produção estava chegando a um limite por quatro razões: a estabilização que se segue a retomadas após uma catástrofe ou um crescimento rápido durante os processos de convergência e *catching-up*; o fato de que quanto maior uma economia fica, mais difícil se torna crescer no mesmo ritmo; a exaustão do potencial das grandes inovações tecnológicas do século XIX e do começo do século XX,[55] especialmente a falta de novas descobertas em termos de produtividade energética;[56] e dificuldades para criar novos mercados capazes de absorver excedentes sempre crescentes.[57] Possivelmente, os limites nas taxas de produtividade do petróleo e de matérias-primas também tiveram sua participação.[58]

A estagnação foi superada por uma expansão de crédito, e as finanças foram viabilizadas por endividamento privado e público. O endividamento privado tomou a forma de hipotecas para compra de imóveis e consumo, facilitada pela privatização do dinheiro, um dinheiro novo criado por bancos através de empréstimos.[59] A troca de papel por papel é hoje vinte vezes maior que a troca de papéis por mercadorias reais. Em alguns casos singulares, como o da Grécia, onde o Estado continuou a controlar grande parte da economia, o endividamento tomou forma de dívida pública. Em outros, a maior parte da dívida era privada, pelo menos até os governos assumirem o prejuízo ou os riscos de bancos insolventes. Em todo caso, o influxo de dinheiro ou de empréstimos, privados ou públicos, facilitado pela invenção de novos produtos financeiros, logrou sustentar ficticiamente as altas taxas de crescimento.

Isso foi apoiado pela coevolução entre um sistema de crenças estruturado em torno dos benefícios do chamado livre mercado e um conjunto de intervenções políticas que serviram para desregulamentar importantes esferas da vida econômica, em especial o mercado imobiliário, os produtos financeiros e o movimento transfronteiriço de capital. A fetichização do crescimento do PIB e dos índices das bolsas de valores, impulsionada pelo capital fictício desregulamentado, serviu para disfarçar os fundamentos problemáticos da economia. Por sua vez, o deslocamento político de poder, levado a cabo pelas mudanças institucionais que tiveram lugar em nome de "liberar" a economia, levou a uma redistribuição significativa da produção para o capital e das rendas mais baixas para as mais altas.[60] A maior parte dos lucros do crescimento coube à minoria, ao passo que o padrão de vida da maioria estagnou. Num círculo vicioso, o endividamento crescente evitou a estagnação da demanda. E como os poucos eleitos controlavam uma parte cada vez maior do excedente, eles acossaram o sistema político e garantiram que as mudanças neoliberalizantes chegassem para ficar.

A bolha estourou em 2008, e talvez o petróleo tenha tido alguma coisa a ver com isso. O crescimento contínuo, acentuado pela crescente demanda de recursos da Ásia e associado a uma super oferta de dinheiro e capital financeiro, levou a um aumento sustentado dos preços do petróleo e das commodities a partir de 2002. Em 2007, os preços do petróleo ultrapassaram um patamar que colocou a economia dos Estados Unidos à beira de uma recessão[61] e catalisaram a execução das hipotecas.[62] Afetadas pelos altos preços da gasolina, famílias pobres dos subúrbios revelaram-se incapazes de pagar os empréstimos hipotecários tóxicos, o que revelou a exposição insustentável de vários bancos e precipitou a crise financeira. Expectativas de crescimento baixo reprimiram investimentos e ativaram uma espiral negativa que expôs os níveis insustentáveis de endividamento familiar e de exposição dos bancos.

O resto da história – com a crise contagiando a zona do euro e o deslocamento dos custos dos bancos para o setor público, com as consequentes políticas de austeridade e redistribuição regressiva – é bem conhecido. O crescimento no período pré-crise foi sustentado não só pela expansão liderada pelas finanças, mas também por uma estratégia de exploração intensiva, aumentando as mais-valias mediante supressão de salários e reduzindo serviços de assistência social e regulações ambientais, deslocando de fato os custos da empresa privada para os trabalhadores, cuidadores não remunerados e o meio ambiente. A circulação fictícia de dinheiro e o crescimento do PIB foram mantidos, ao passo que ecossistemas não monetizados ou serviços de cuidados, relações de "dádiva", como abrigos e cuidados mútuos, e bens comuns públicos, como saúde ou educação, foram monetizados e comercializados ou produzidos visando ao lucro ("mercantilização"). Segundo Polanyi, a degradação da essência dessas relações e desses serviços, que passaram a ser tratados como mercadoria, está ligada às crises social, moral e ambiental que antecederam e acompanharam a crise econômica.

Além disso, a invasão de novos domínios pela economia de mercado possivelmente reduziu a diversidade econômica e matou formas alternativas não capitalistas de provisão, que em outros períodos podem ter conseguido atender a necessidades básicas durante colapsos da economia formal. Em outras palavras, a hipótese é de que a mercantilização e a redução concomitante da diversidade econômica tornaram a sociedade mais vulnerável aos efeitos da crise econômica; ou, em ainda outras palavras, as sociedades com uma forte presença de economias não capitalistas suportaram melhor os efeitos da crise do que as sociedades sem essa presença.

## Parte 3 – A economia alternativa como uma encarnação da nova ciência econômica

A crise também foi acompanhada por uma expansão notável das economias alternativas que são o tema deste livro, tais como cooperativas de produtores e consumidores, redes alternativas de alimentos, agricultura e hortas urbanas, bancos de tempo e moedas alternativas ou redes de troca. Elas são "alternativas" porque, de uma maneira ou de outra, em menor ou maior extensão, desafiam os princípios básicos da produção capitalista, como propriedade privada, trabalho assalariado e produção para troca e lucro.

O movimento de redes econômicas alternativas pode ser pensado como um contramovimento, num sentido polanyiano, à mercantilização; uma tentativa de "resgatar" e desmercantilizar o trabalho, a natureza ou o dinheiro, aumentando a diversidade da economia e, em consequência, estabelecendo estruturas novas e resilientes, alternativas à economia do dinheiro, propensa a crises. A saída da economia convencional que se expressou nas práticas alternativas foi tanto física, no sentido de cessar de produzir, consumir e trocar visando ao lucro dentro do mercado, como também cognitiva, baseada numa compreensão diferente do que é a economia e de como ela funciona.*

Embora o grau de politização convencional das redes econômicas alternativas varie, as ideias de "sair" e "resgatar" a economia constituem um ato explicitamente politizado. A economia não é mais compreendida como um sistema autônomo, mas como meio para um fim, um sistema de relações orientado para alcançar os objetivos sociais e políticos de um coletivo, em que o coletivo, ele sim, é autônomo.

O modelo promovido por esses coletivos também é explicitamente ecológico,[63] consciente da materialidade concreta de sua produção e consumo. Projetos como agricultura urbana ou redes alternativas de alimentos estão reparando a "ruptura metabólica" da produção capitalista,[64] desacelerando, como os camponeses antes deles,[65] a taxa metabólica e entrópica da economia. Agricultura orgânica artesanal ou cooperativas de consumidores de alimentos são provavelmente modos menos intensivos de organizar a produção e o consumo do que uma fazenda industrial de larga escala ou um conglomerado multinacional de supermercados (mesmo que também usem menos fertilizantes, pesticidas e combustíveis fósseis na produção ou no transporte). Mais trabalhadores e mais recursos são necessários *por unidade de produto*, na medida em que a especialização e as economias de escala são reduzidas e longas horas são despendidas em deliberações

---

* A Cooperativa Integral Catalana (CIC) em Barcelona é um exemplo ilustrativo. Trata-se de uma cooperativa legalmente registrada na Catalunha, com seiscentos membros e 2 mil participantes, uma estrutura "guarda-chuva" para produtores independentes e consumidores de alimentos orgânicos e produtos artesanais, pessoas que residem em ecocomunidades e casas ocupadas, empresas cooperativas e redes de troca (*ecoxarxes*) regionais que emitem moedas próprias (Carlson, 2012). A CIC tem modelo conceitual de economia próprio, que consiste em cinco ciclos concêntricos, com reciprocidade e troca de dádivas no centro, seguidas por escambo, depois as trocas em moeda comunitária, ou social, então troca em moedas não estatais e, por último, a troca por dinheiro convencional. Esse modelo conceitual é materializado numa economia alternativa na medida em que a troca sob os auspícios da cooperativa é feita principalmente através de dádivas, escambo e moedas locais, ao passo que as trocas com atores externos se dão em criptomoedas e, só quando inevitável, em euro.

constantes e tomada horizontal de decisões. É precisamente a "improdutividade" que torna essas alternativas mais ecológicas; menos produtividade por unidade de produto significa que eles só podem produzir menos e prejudicar menos o meio ambiente. Isso não deveria ser um problema, porque criam empregos com valor social. Há, porém, uma inversão da lógica capitalista, por meio da qual a produtividade sempre crescente leva à acumulação de excedente, que por sua vez incrementa o crescimento e o uso de recursos.

Cooperativas de alimentos, por exemplo, não são desenhadas para acumular, mas para satisfazer as necessidades de alimentação saudável de seus membros. O crescimento não é seu objetivo nem seu resultado. Limites são incorporados na própria constituição e prática de projetos desse tipo. De forma semelhante, moedas comunitárias ou redes de troca não monetárias locais/regionais reduzem o nível e a velocidade da circulação de capital, ao mantê-la local e direcionar o capital para necessidades concretas, e não para o lucro. Isso significa governança e destinação do excedente diferentes das que ocorrem nas economias capitalistas.

## Parte 4 – Novas políticas econômicas

A nova economia parte da posição vantajosa de não ser possível nem desejável que a economia de mercado cresça mais. O objetivo torna-se gerir ou, antes, prosperar sem crescimento.[66] Assim, compreendendo a economia como um sistema de excedente com conflitos sobre sua distribuição e destinação, a questão normativa, que é essencialmente uma questão política, é, então, como redistribuir um excedente que não cresce ou mesmo declina, de modo que ele garanta ou até melhore o bem-estar e a sustentabilidade ecológica.

Uma primeira política econômica nesse espírito é o compartilhamento do trabalho. Esse compartilhamento envolve regulamentação para reduzir as horas de trabalho remunerado sem redução no número de trabalhadores e facilitar jornadas de trabalho parciais dignas (asseguradas e com remuneração adequada). Menos horas de trabalho por pessoa significa mais empregos para todos compartilharem, mesmo que o custo crescente do trabalho possa reduzir alguns dos ganhos.[67] Sem crescimento, o desemprego aumenta à medida que a produtividade crescente torna o trabalho redundante. O compartilhamento do trabalho não deixa nenhum trabalho se tornar mais-valia.[68] Na verdade, trata-se de uma redistribuição do excedente de produtividade, transferido da acumulação para o tempo livre.[69] E isso facilita a redistribuição do tempo livre da economia de mercado para a economia alternativa ou para o trabalho de cuidar, para a reprodução ou simplesmente para o ócio. Contudo, deve haver um limite para quanto o trabalho pode ser reduzido sem diminuição concomitante das necessidades. Se os combustíveis fósseis forem exauridos e houver menos "escravos energéticos" no futuro, os seres humanos terão de trabalhar mais ou se satisfazer com muito menos.[70]

A segunda política econômica debatida é a renda básica universal, ou renda básica de cidadania, uma renda garantida a todos os cidadãos de uma nação de forma vitalícia, sem amarras a ela vinculadas.[71] Modelos para a Espanha sugerem que uma renda básica de €400-600 por mês é possível sem maior revisão do sistema de impostos; na verdade, sem mudar a renda líquida da classe média, redistribuindo dos muito ricos para os pobres.[72] Uma renda básica assegura que nenhum cidadão fique fora da rede de proteção social. Uma renda básica não é necessariamente um desincentivo ao trabalho remunerado; comparada ao seguro-desemprego, ela fornece maiores incentivos ao trabalho, já que não é perdida se a pessoa conseguir emprego. Ela também aumenta as opções para aqueles que querem dedicar mais tempo à economia alternativa ou reprodutiva, pelo menos enquanto estiverem felizes de viver com menos bens materiais, mas tendo suas necessidades básicas atendidas. Como o trabalho compartilhado, trata-se de uma instituição que facilita a redistribuição não só em favor dos trabalhadores, mas também daqueles que desenvolvem trabalho alternativo ou trabalho de cuidar. A renda básica não substitui outros serviços básicos de bem-estar social, que devem ser assegurados pelo Estado gratuitamente ou a baixo custo subsidiado, como saúde, educação e transporte público.

Um terceiro conjunto de políticas gira em torno da revisão do sistema tributário. Em primeiro lugar, isso requer deslocar o imposto sobre o trabalho, que é um "bem", para taxar o uso de recursos e os danos ambientais, que são "males".[73] Uma forma de fazer isso é pela substituição gradual do imposto sobre a renda por um imposto sobre o carbono. Isso teria de ser orquestrado de modo a manter a função redistributiva progressiva do primeiro e também acomodar a perda potencial da base de imposto do segundo (na medida em que as pessoas podem começar a consumir bens que sejam menos intensivos em carbono). É importante observar que essa mudança não significa aumentar o montante total de impostos (o que será perdido no imposto sobre o carbono será ganho pela redução do imposto sobre a renda), mas deslocar o consumo de bens de alta pegada de carbono para bens de baixa pegada de carbono, oferecendo vantagens para empresas ou cooperativas do segundo tipo.

O imposto sobre o carbono pode ser neutro no que diz respeito à distribuição entre capital e trabalho, mas há que se tratar disso também, já que, sem crescimento, a proporção de excedente que vai para o capital aumentará.[74] O segundo componente de imposto vai na linha de redistribuição sugerida por Thomas Piketty,[75] com impostos sobre capital e grandes fortunas, como heranças ou taxação do patrimônio. De modo mais ambicioso, podem-se introduzir "tetos de renda", instituindo-se uma proporção máxima permitida entre as rendas mais baixas e as mais altas, virtualmente um teto para a desigualdade.[76]

O Estado pode moldar a redistribuição de excedente não só através de impostos, previdência social e regulação do trabalho, mas também mediante políticas de investimento visando à satisfação de necessidades sociais concretas – a quarta proposta. Um programa de investimento da "nova economia" poderia, por exemplo, acabar com o investimento público e subsídios para a infraestrutura de transporte privado (como novas estradas ou expansão de aeroportos), tecnologia militar, combustíveis fósseis ou projetos de mineração. Os fundos poupados podem ser usados, em vez disso, no aprimoramento do espaço público rural e urbano, como praças ou ruas para pedestres, no subsídio de transporte público e esquemas de aluguel de bicicletas, ou ainda no desenvolvimento de projetos de energia renovável descentralizados e de pequena escala. A realocação de fundos e o apoio institucional na direção de economias alternativas também é possível.

Uma quinta proposta transitória é o Estado retomar dos bancos privados o controle da criação do dinheiro, o que Mary Mellor chama de "dinheiro público".[77] Nas condições atuais, os bancos privados criam, de fato, dinheiro ao conceder empréstimos. O dinheiro entra na economia como dívida. É por isso que o volume de dinheiro e de dívida aumentou desproporcionalmente em relação à economia real. Enquanto os bancos privados só podem emitir dinheiro como dívida através de empréstimos, o Estado pode também emitir dinheiro, sem emitir dívida, para atender às necessidades sociais. Por exemplo, emitir dinheiro para financiar a renda básica ou para subsidiar cooperativas, serviços de cuidados, conservação ambiental ou energia renovável. O dinheiro público melhoraria as finanças públicas, à medida que os Estados reivindicassem a senhoriagem (a diferença entre o valor nominal do dinheiro e o custo para produzi-lo) e parassem de tomar empréstimos de bancos privados para financiar gastos públicos. Isso também daria maior vantagem ao Estado para estimular formas desejadas de consumo e suprimir outras, por exemplo o consumo explorador ou prejudicial ao ambiente. Um sistema de dinheiro público poderia incluir uma hierarquia de moedas, incluindo moedas supranacionais/nacionais, bem como regionais e locais. Instituições de crédito mais conservadoras, como cooperativas ou bancos éticos, cujos empréstimos não são orientados por considerações de lucro e que já tendem a apresentar balanços de depósitos e empréstimos mais equilibrados, estariam em melhor posição para se beneficiar dessas mudanças.

Por fim, além da redistribuição é necessário assegurar que certo mínimo ambiental seja respeitado, estabelecendo-se limites que, caso ultrapassados, ameaçam produzir resultados coevolutivos catastróficos. Entre esse mínimo poderia estar a reserva de terras e recursos que seriam mantidos fora da produção; abandonar o petróleo subterrâneo é um imperativo, porque todos sabem que se as reservas de petróleo forem extraídas a mudança climática global será desastrosa. Observe-se que uma estratégia de usar recursos de modo mais eficaz nunca será suficiente por si mesma, na medida em que o uso mais eficiente reduz o custo dos recursos e aumenta a demanda. A eficiência amplia a escala de utilização dos recursos. Um teto para a escala, em vez disso, pode garantir que ganhos de eficiência liberem recursos que não sejam direcionados para aumentar o crescimento (visto que esse tipo de crescimento terá um teto).

Um princípio ambiental chave é um limite absoluto e regressivo de emissões totais de $CO_2$, incluindo emissões e materiais embutidos em produtos importados. O problema é que nenhum país isolado pode tomar a frente e limitar suas emissões e seu crescimento. Não só porque ele perderia a competitividade relativa, mas também porque os ganhos da redução localizada de uso de recursos serão neutralizados por aumentos de uso em outra parte, pois o custo relativo do recurso cairá. É por isso que um acordo global sobre o clima é indispensável. O Acordo de Paris foi o melhor possível, mas nem de longe impõe uma redução obrigatória das emissões de carbono.

Da perspectiva da ciência econômica convencional, essas seis propostas não são desejáveis. Elas são intervencionistas e interferem no funcionamento dos mercados. Os economistas logo irão argumentar que elas aumentam o custo dos fatores de produção, contendo o crescimento e reduzindo o emprego. Do ponto de vista do paradigma da nova economia, isso não é um problema. A economia é política, e o Estado é um ator central, que pode decidir como direcionar os fluxos econômicos de maneira a redistribuir custos e benefícios e alcançar metas democraticamente decididas. As políticas mencionadas acima redistribuem dos ricos para os pobres, do capital para o trabalho, dos bancos para os tomadores de empréstimo, dos trabalhadores remunerados para os não remunerados e dos seres humanos para os ecossistemas. Não há leis "imutáveis" a serem obedecidas e não há "mercado perfeito" que convulsione essas intervenções. E o crescimento reduzido não é ruim, se considerarmos a mudança ambiental global. Crescimento reduzido não precisa significar menos empregos, se o trabalho for compartilhado.

Claro, o "mercado perfeito" pode ser uma fantasia, mas é uma fantasia que faz sentido num mundo de livres fluxos de capitais. Uma questão válida diz respeito à plausibilidade das mudanças institucionais aqui descritas num mundo globalizado, em que a fuga de capital pode minar intervenções ou tentativas soberanas até mais moderadas para conter a acumulação desregulamentada. Como a Grécia e a Argentina descobriram, o espaço para a inovação nas políticas é muito pequeno no interior de zonas de moeda comum ou acordos restritivos de zonas de livre comércio. Politicamente falando, as mudanças, se tiverem de acontecer, deveriam começar nas nações centrais da economia global, aquelas com poder de mudar as instituições internacionais.

De onde viria a demanda por tais mudanças? O conflito redistributivo é predominante como resultado da crise e do possível fim do crescimento. Porém, é possível surgirem alternativas? A análise político-econômica feita aqui deve se pautar no modelo coevolutivo. As mudanças nos arranjos institucionais e administrativos debatidas *não podem* surgir sozinhas e num vácuo, sem mudanças mutuamente constitutivas em outras esferas. As práticas econômicas alternativas significam a existência de novas variantes nas esferas dos "processos de produção e trabalho", "relações com a natureza", "reprodução da vida cotidiana" e "sistemas culturais e de crenças". Trata-se de variantes que podem ser mutuamente reforçadoras em sua relação com as instituições redistributivas. As políticas liberam tempo e desviam recursos para a economia alternativa. No sentido inverso, as práticas precisarão desenvolver um movimento que exija esses novos "*new deals*", sendo os movimentos dos Indignados um exemplo dessas ligações incipientes.[78]

Por enquanto, porém, a ciência econômica alternativa só ocupa nichos muito pequenos (apenas com redes incipientes) e não há ímpeto político à vista para mudanças institucionais como as aqui propostas, com algumas exceções locais, claro. A questão em aberto diz respeito às condições sob as quais se possa demarcar a evolução de uma economia alternativa, bem como às dificuldades enfrentadas por evoluções divergentes num mundo globalizado, em que as distâncias foram aniquiladas e as divergências são punidas com o isolamento. Com efeito, a busca de prosperidade sem crescimento deve ser pensada como um problema de ação coletiva global, um caminho que deixaria todos em melhor situação, mas aqueles que tomarem a frente provavelmente vão perder alguma coisa, pois o sistema é ajustado para ou se expandir, ou entrar em colapso.

## Conclusão

A nova economia do decrescimento reconceitualiza e reinventa "a economia". Essa reinvenção é um ato político, tanto por expressar uma visão política diferente, segundo a qual a economia deve servir às necessidades sociais, quanto por requerer força política para ser implementada. O novo modelo vê a economia como diversa, material e definida pelo modo como o excedente é distribuído entre capital, trabalho remunerado, trabalho de cuidar e voluntário, "trabalho" do ecossistema, ócio e felicidade.

A crise marca a disjunção entre a economia das finanças e as economias de produção, reprodução e ecossistemas. Uma vez que o crescimento da economia atingiu seus limites, e que o capitalismo não pode operar sem crescimento, as finanças e o crédito decolaram, distribuindo-se em favor daqueles que os controlam. Como o bolo parou de crescer, intensificou-se a exploração de trabalhadores, cuidadores e ecossistemas. Consequentemente, a crise financeira veio junto com uma crise social, uma crise ambiental e uma "crise dos cuidados".

As respostas aqui debatidas, tais como compartilhamento do trabalho, renda básica ou imposto verde e imposto sobre fortunas, visam a inverter politicamente a distribuição e criar condições para uma prosperidade compartilhada sem crescimento. A compreensão coevolutiva da mudança (econômica) sugere que uma transformação institucional desse tipo requer uma adaptação mútua de sistemas tecnológicos, de crenças, produtivos ou de consumo. Eu argumentei que as sementes de tais mudanças incipientes podem ser observadas e investigadas nos nichos das chamadas "economias alternativas", mas que a escala dessas redes está longe da dimensão necessária para uma mudança sistêmica. Variantes, contudo, são importantes em si e por si, visto que as mudanças acontecem através de experiências específicas em períodos de conflito e crise, nos quais o que antes parecia nichos pequenos e estagnantes encontra oportunidade para se expandir rapidamente.

# 3. Análise de economias comunitárias mundiais em defesa do desenvolvimento sustentável local

Sviatlana Hlebik

## Introdução

Há algumas formas contemporâneas de economias sociais e baseadas em solidariedade, uma área prática em crescimento muito relevante para os estudos sobre consumo sustentável. Este artigo apresenta uma análise de economias comunitárias espalhadas pelo mundo todo, voltadas para o desenvolvimento sustentável local, as quais, por um lado, podem beneficiar os negócios e, por outro, promover serviços locais de bem-estar, influenciando a governança e os grupos sociais. Realizamos uma análise empírica a fim de avaliar a possível relação entre os sistemas de moeda social e os níveis de desenvolvimento social e econômico dos países, bem como entre indicadores monetários e aspectos macroeconômicos, ambientais e financeiros.

O número crescente de comunidades que desenvolvem e utilizam moedas alternativas como uma forma de troca monetária com seus próprios meios de pagamento explica o aumento do interesse para a pesquisa e de atenção em termos de políticas públicas. Estas irão empoderar as comunidades locais, ajudando-as a aumentar sua autossuficiência econômica e a fomentar sua autonomia financeira. Jérôme Blanc[1] demonstrou que uma moeda local se concentra em atividades e atores territoriais, sobretudo a fim de fortalecer e construir resiliência local num território específico. A moeda social, ou moeda comunitária, propicia isso ao desenvolver as trocas e reciprocidades sociais numa comunidade específica. Segundo Blanc, a moeda complementar, portanto, é governada por princípios de troca dos mercados, e seu objetivo é desenvolver atividades econômicas.[2]

Este artigo apresenta, primeiramente, alguns fundamentos científicos já operantes, explicando por que a variedade de modelos de negócio e de ferramentas econômicas aqui debatidos pode tornar a economia mais sustentável. Considerando a multiplicidade de economias comunitárias, é importante examinar várias classificações. Há duas diferentes abordagens propostas. A primeira descreve sua evolução e seu desenvolvimento históricos, a segunda enfoca a tipologia das moedas, suas finalidades e funções.

Como os instrumentos aqui analisados diferem do nosso arcabouço mental, alguns exemplos de ferramentas econômicas complementares foram incluídos para que se possa compreender melhor sua funcionalidade.

Há muitos tipos de moedas comunitárias (MCs), e entre eles está o modelo de Circuito de Crédito Comercial (C3), uma moeda complementar negócio-para-negócio (B2B, de *business-to-business*) baseada no modelo do sistema WIR, explicado adiante. Essa moeda foi efetivamente operacional na Suíça, envolvendo um quarto de todas as unidades de negócio daquele país. Análise econométrica formal e outros métodos de pesquisa provaram que o WIR atua como um elemento estabilizador anticíclico significativo que explica a proverbial estabilidade duradoura da economia suíça.

Considerações correntes acerca dos objetivos e tipos de MCs descobriram que elas vão além das formas comuns de escambo, ao repensarem o papel do dinheiro e implementarem instrumentos para promover valores sociais e o desenvolvimento local sustentável. Como observou Philippe Derudder: "As motivações comuns e os objetivos centrais dessas iniciativas giram em torno de reforçar a solidariedade e o compartilhamento nas comunidades, desenvolvendo o emprego local e estimulando a economia."[3]

Este artigo se organiza da seguinte maneira: a Parte 1 apresenta um arcabouço conceitual sobre como a operação de modelos de negócio e de ferramentas econômicas de diversos tipos possibilita o desenvolvimento de benefícios estruturais, tornando a economia mais sustentável. A Parte 2.1 introduz classificações acerca da tipologia das moedas e a evolução histórica das gerações de moedas sociais. Alguns exemplos apresentados na Parte 2.2 permitem compreender melhor os seus mecanismos e funcionamento. A Parte 2.3 apresenta evidências estatísticas sobre o sistema de distribuição mundial em termos de tipo, finalidade e meio de troca; os dados foram coletados pelo Complementary Currency Resource Center. Por fim, a Parte 3 é dedicada à análise empírica de como essas ferramentas econômicas espalhadas por todo o mundo se relacionam com fatores econômicos, sociais e ambientais em um país, e também com diferentes aspectos do setor financeiro e do dinheiro.

## Parte 1 – Arcabouço conceitual

Ian Kash e outros demonstraram como é possível inferir características de agentes num sistema a partir do equilíbrio da distribuição do dinheiro. Os autores produziram análises para otimizar sistemas de moedas alternativas e ferramentas para "computações de equilíbrio, mostrando que o modelo exibe complementaridades estratégicas, as quais implicam equilíbrios de estratégia pura que podem ser computados de modo eficiente".[4]

Sally Goerner e outros produziram uma base empírica/matemática sólida para a medição quantitativa da sustentabilidade em um sistema complexo.[5] Segundo alguns economistas dedicados à análise ecológica (por exemplo, Herman Edward Daly, Robert E. Ulanowicz), a sustentabilidade de longo prazo de um sistema de fluxo depende de equilíbrio razoável, tamanho e estrutura interna (desenvolvimento). Nos ecossistemas, assim como nas economias, o tamanho é medido como volume total de produto do sistema: por exemplo o PIB nas economias. Consequentemente, a sustentabilidade da rede de fluxo pode ser razoavelmente definida como o equilíbrio ótimo de eficiência e resiliência conforme determinado pela natureza.

A *eficiência* pode ser definida como "a capacidade de a rede operar de maneira organizada e eficiente o bastante para manter sua integridade ao longo do tempo",[6] enquanto a *resiliência* é definida como uma "reserva de posições alternativas flexíveis e uma diversidade de ações que possam ser usadas para atender às exigências de novas perturbações e à inovação necessária para o desenvolvimento e a evolução em curso".[7] Os dois conceitos se relacionam aos níveis de diversidade e conectividade encontrados em uma rede, mas em direções opostas. Uma multiplicidade de conexões e variedade têm um papel positivo na resiliência. Representar economias como sistemas de fluxo de recursos está diretamente vinculado à função primária do dinheiro como meio de troca.

Segundo Bernard Lietaer e outros, "em economia, como nos organismos vivos, a saúde do todo depende pesadamente da estrutura por meio da qual o instrumento catalisador, neste caso o dinheiro, circula entre empresas e indivíduos. O dinheiro deve continuar a circular de maneira suficiente para todos os cantos, pois uma circulação escassa estrangulará o lado da oferta ou o lado da demanda da economia, ou ambos".[8]

Ao aplicar o arcabouço de fluxo complexo a sistemas financeiros e monetários, é possível "prognosticar que um foco excessivo na eficiência tenderia a criar exatamente o tipo de economia de bolha que observamos repetidamente em todo o ciclo de expansão e retração da história".[9]

Impor o monopólio de uma moeda única, que seja mantida e estritamente regulada no interior das fronteiras de cada país, melhora a eficiência da formação de preços e das trocas em mercados nacionais. A fundamentação matemática diz que existe um único ponto de máximo para cada sistema em rede determinado. É curioso observar que a sustentabilidade ótima é situada ligeiramente para o lado da resiliência, sugerindo que ela desempenha um papel mais acentuado na sustentabilidade ótima do que a eficiência.

A Figura 3.1 ilustra a "Janela de viabilidade" de Alexander Zorach e Robert Ulanowicz,[10] em que todos os sistemas sustentáveis operam dentro de uma faixa bastante estreita de robustez, situada em torno do pico de sustentabilidade que delimita a viabilidade de longo prazo dos sistemas.

Muitos pesquisadores, como Bradford de Long e colaboradores ou como Werner de Bondt e Richard Thaler etc.,[11] observaram anomalias de mercado que não são explicadas por argumentos oriundos da hipótese de mercados eficientes. Entretanto, essa hipótese ainda é o paradigma dominante para organizar e administrar os mercados.

O sistema monetário global está ficando mais frágil porque prevalece uma crença geral de que toda melhoria deve prosseguir na mesma direção (seta grossa descendente na Figura 3.2), a de aumentar o crescimento

Figura 3.1. **Janela de viabilidade**

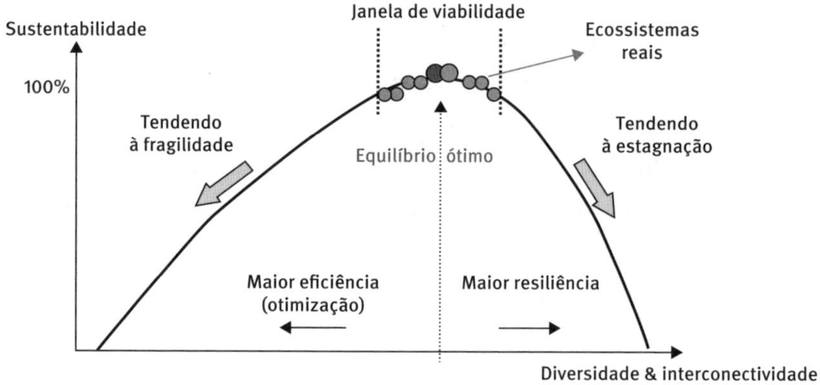


Fonte: Lietaer et al., 2010.

Figura 3.2. **Ecossistema monetário**

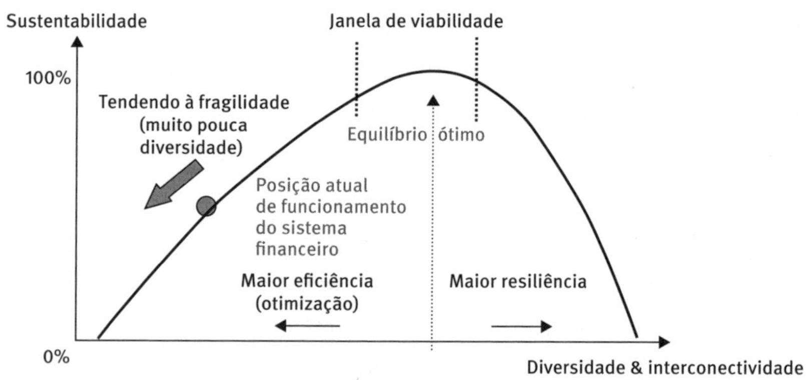


Fonte: Lietaer et al., 2010.

e a eficiência. Baseada na eficiência da formação de preços e das trocas, a monocultura global de moeda bancária (*bank-debt money*) e de taxas de câmbio flutuantes era justificada por ser "mais eficaz".

A Figura 3.3 mostra que, porquanto a eficiência seja o critério considerado mais relevante, um sistema excessivamente eficiente pode levar a quebras e colapsos. A ideia principal é que o dinheiro circula na nossa

Figura 3.3. **Colapso financeiro sistêmico**

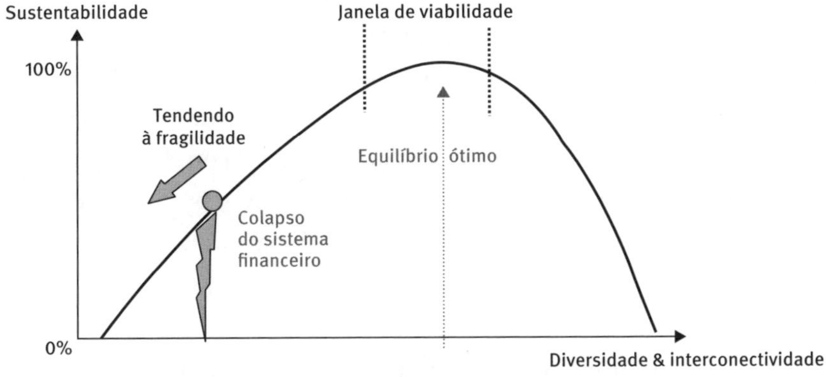


Fonte: Lietaer et al., 2010.

Figura 3.4. **O efeito de diversas moedas complementares**

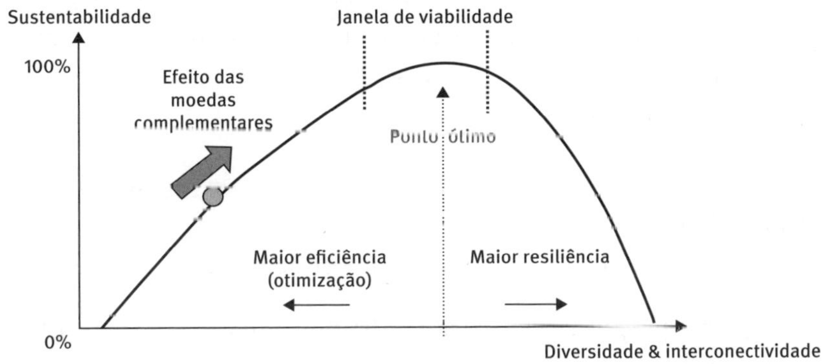


Fonte: Lietaer et al., 2010.

rede econômica global e é mantido como monopólio de um tipo único de moeda – moeda bancária, criada com juros.

Diferentes tipos de modelos de negócio, instrumentos que possam ser usados e aceitos como meios de troca, facilitam a venda, compra ou comércio de bens entre as partes. Muitos autores da bibliografia econômica usam o termo "moedas" com referência a "meios de troca", porque a implementação desse tipo de ferramenta permite que uma variedade de "moedas" circule entre pessoas e empresas privadas para facilitar suas trocas.

A seta grossa ascendente na Figura 3.4 mostra como a operação de moedas complementares de diversos tipos propicia eficiência reduzida e resiliência estrutural crescente, levando a economia de volta ao rumo da sustentabilidade. Essa forma múltipla de "moedas" com frequência é chamada de moeda comunitária complementar (MCC), porque opera como complemento das moedas nacionais convencionais.

## Parte 2.1 – Um panorama de tipologias e classificações

Existe uma ampla gama de ferramentas socioeconômicas abarcando as dimensões econômica, social e ambiental; e diferentes classificações ou tipologias só foram introduzidas bem recentemente.[12]

Algumas dessas classificações se concentram mais nas características técnicas e operacionais do projeto, enquanto outras também abarcam seus diferentes objetivos, propósitos e visões.[13]

Vamos resumir aqui dois esquemas:

- a abordagem da evolução histórica das gerações de moedas sociais, de Jérôme Blanc;
- a tipologia de moedas segundo Margrit Kennedy e Bernard Lietaer.[14]

O esquema proposto na Figura 3.5 distingue quatro gerações. Elas são caracterizadas por uma "organização monetária específica e por relações específicas com o mundo socioeconômico, assim como com os governos (locais ou centrais)".[15]

Uma primeira geração de esquemas de MC se refere ao LETSystem (ver a Figura 3.6 para sistemas LET globais). O Lets, ou o modelo Lets, é um sistema de troca e comércio local:

> O Sistema de Emprego e Comércio Locais ou Sistema de Transferência de Energia Local [ambos resultando na sigla "Lets", em inglês] é um empreendimento comunitário iniciado em nível local, democraticamente organizado

Figura 3.5. Evolução histórica das gerações de moedas comunitárias

| Denominação e Tipo de esquema de moeda | Natureza dos projetos e Espaço considerado | Propósito e Princípio orientador | Geração e Caso significativo | Resumo do conteúdo |
|---|---|---|---|---|
| **Moeda comunitária social** | Natureza comunitária e Espaço social (comunidade preexistente ou *ad hoc*) | Definir, proteger e fortalecer uma comunidade e Primazia da reciprocidade, distância variável em relação ao mercado | G1 e Lets, Trueke, CES | Esquemas inconversíveis; abertura bem pequena a atividades econômicas externas |
| | | Definir, proteger e fortalecer uma comunidade e Primazia da reciprocidade, distância variável em relação aos governos locais | G2 e Bancos de tempo, *Accorderie* | Esquemas inconversíveis com "moedas de tempo", parcerias frequentes, especialmente com governos locais |
| **Moeda local** | Natureza territorial e Espaço geopolítico (território politicamente definido) | Definir, proteger e fortalecer um território e Redistribuição ou controle político. Primazia do mercado, em geral distante de governos locais | G3 e Ithaca Hours, Regio, Palmas, BerkShares | Esquemas conversíveis; negócios locais incluídos; parcerias de interesse mútuo com governos locais |
| **Moeda complementar** | Natureza econômica e Espaço econômico (produção e troca) | Proteger, estimular ou orientar a economia e Primazia do mercado, com vínculos com governos e reciprocidade | G4 e NU, SOL | Esquemas complexos orientados para a responsabilidade do consumidor e/ou reorientação de atividades econômicas e outros propósitos; parcerias são necessárias |
| **Moeda nacional** | Natureza territorial e Espaço soberano | Soberania e Redistribuição ou controle político | – | – |
| **Moeda com fins lucrativos** | Natureza econômica e Clientes de uma organização com fins lucrativos | Lucro e Captura do poder de compra | – | – |

Fonte: Blanc, 2011.

> e sem fins lucrativos que fornece serviço comunitário de informação e registra transações de integrantes que trocam bens e serviços usando moeda de créditos Lets, criada localmente.[16]

O programa Lets foi fundado por Michael Linton no começo dos anos 1980, na ilha de Vancouver, Canadá, e foi reproduzido e intensificado em vários países, criando grandes redes, sobretudo a partir da metade dos anos 1990. As redes Lets usaram crédito local sem juros que deu a seus membros o poder de lançar sua própria linha de crédito na ponta de compra, criando um mecanismo autorregulador.

A segunda geração surge com os esquemas tempo-dólar, no final dos anos 1980, nos Estados Unidos, sendo desde então exportados para vários países. O tempo-dólar é uma unidade de troca num banco de tempo. Esse tipo de ferramenta é um modelo de troca recíproca de serviços baseado em confiança e cooperação. À diferença dos bancos de tempo tradicionais, em que a unidade de troca é a hora-pessoa, os esquemas tempo-dólar são adquiridos quando se fornecem serviços, e são gastos ao receber serviços. Como sistemas que "oferecem ajuda a pessoas sob proteção de programas sociais, eles frequentemente desenvolvem parcerias com governos locais e fundações voltadas para o social".[17]

Os esquemas da terceira geração derivam do modelo Lets, em geral implementados por organizações sem fins lucrativos e às vezes com a participação de um banco comunitário ou de uma cooperativa local. Essa categoria com propósito econômico aumentou significativamente nos anos 2000 e é representada pelos esquemas Regio alemães, bancos comunitários brasileiros e BerkShares norte-americanos. "Eles objetivam dinamizar a atividade econômica local, trazendo de volta para o nível local uma série de despesas de consumo cotidianos. O sucesso desses esquemas requer, por isso, a inclusão de pequenas empresas e lojas locais, e às vezes empresas e lojas maiores."[18]

A quarta geração é uma nova geração representada por projetos multiplex nos quais os governos locais desempenham um papel fundamental. A implantação requer a combinação de múltiplos objetivos, com foco particular em questões ambientais. Esse tipo de projeto visa ao estímulo

Figura 3.6. **Mapa-múndi dos sistemas Lets**

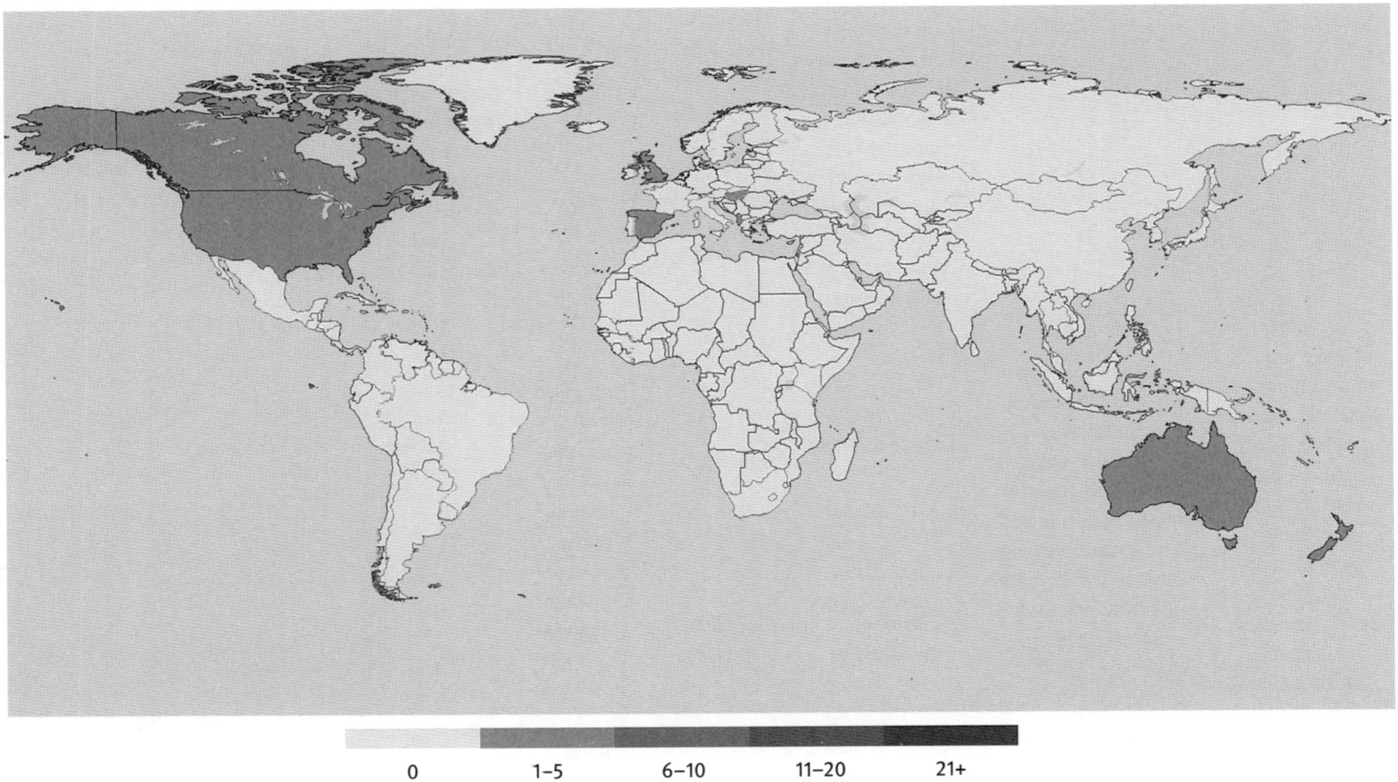


Fonte: Worldwide Database of Complementary Currencies Systems. http://www.complementarycurrency.org.

Figura 3.7. Tipologia de moedas segundo Kennedy e Lietaer (2004)

<table>
<tr><th>Classificação principal</th><th colspan="2">Propósito</th><th>Meio</th><th colspan="2">Função</th><th>Processo de criação de dinheiro</th><th>Recuperação de custo</th></tr>
<tr><td rowspan="2">Especificação</td><td colspan="2">Curso legal</td><td rowspan="2">Dinheiro mercadoria, Moedas, Papel moeda, Dinheiro eletrônico, Formas híbridas</td><td>Meio de pagamento</td><td>Instrumento de troca</td><td rowspan="2">Garantias reais, Empréstimos com garantias, Empréstimos sem garantias, Voucher reembolsável, Voucher corporativo, Moeda de fidelidade do cliente. Formas híbridas emitidas por Central de Crédito Mútuo</td><td rowspan="2">Sem recuperação de custo adicional. Taxas fixas, Taxas de transação, Cobrança de juros, Encargos de inadimplência (demurrage) e outros. Encargos dependentes de tempo, Formas híbridas</td></tr>
<tr><td>Comercial</td><td>Social</td><td>Medida de valor</td><td>Estoque de valor</td></tr>
<tr><td>Gradações mais apuradas</td><td>B2B (negócio-para-negócio), B2C (negócio-para-cliente), C2C (cliente-para-cliente), C2B (cliente-para-negócio)</td><td>Cuidado com idosos, Pensionistas, Desempregados, Educação, Serviço de babá, Contato social, Identidade cultural, Ecologia, Outros objetivos sociais, Formas híbridas</td><td>–</td><td>Pagamento em moeda convencional. Pagamento em unidades de tempo, Pagamento com objetos concretos</td><td>Moedas com juros, Moedas sem juros, Moedas com taxa de usuário, Moedas com valor específico em unidades de tempo, Moedas com data de validade, Formas híbridas</td><td>–</td><td>–</td></tr>
</table>

Fonte: Martignoni, 2012.

de comportamentos sustentáveis, por exemplo o consumo de produtos locais ou orgânicos, o comércio justo e a reciclagem de lixo do cartão NU de Roterdã (2002-3); e o programa francês SOL, que associa um cartão de fidelidade por consumo sustentável a esquemas de fidelidade comercial.

A Figura 3.7 ilustra a classificação feita por Margrit Kennedy e Bernard Lietaer,[19] que nos permite compreender melhor a grande variedade de moedas, distinguindo seus conceitos, propósitos e funções. Essa tipologia visa a estabelecer um esquema para classificar todas as formas de moeda, diferenciadas como moeda de curso legal ("comercial" ou para "propósitos sociais"), meio de troca, meios de pagamentos, recuperação de custo etc.

## Parte 2.2 – Como isso funciona (alguns exemplos)

Nesta seção apresentaremos alguns exemplos de ferramentas econômicas (monetárias) complementares criadas para circular dentro de uma zona específica, trazendo riqueza para as pessoas da comunidade, aumentando a liquidez e, consequentemente, o poder de compra local.

Começamos com uma das mais antigas e importantes moedas complementares atualmente em circulação: o Banco WIR (Wirtschaftsring-Genossenschaft), outrora conhecido como Círculo Econômico Suíço. A associação de compensação de crédito (*credit clearing association*) WIR foi fundada em 1934 pelos empresários Werner Zimmermann e Paul Enz, em resposta direta à Grande Depressão. Ela vem operando na Suíça há oitenta anos, e hoje se chama WIR Bank, prestando serviços bancários convencionais. Seu estatuto declara:

> A Cooperativa WIR é uma organização de autoajuda composta de companhias de comércio, produção e prestadoras de serviços. Seu propósito é estimular os participantes a colocar seu poder de compra à disposição um do outro e manter esse poder de compra circulando entre eles, facultando assim aos integrantes um volume adicional de vendas.[20]

O sistema funciona da seguinte maneira: um empresário que queira juntar-se ao WIR como participante declara sua intenção de aceitar ordens de serviço como pagamento total ou parcial em qualquer transação com os outros participantes. Um representante do WIR faz um exame preliminar da visão de negócios e da reputação da empresa, subscreve a um bureau de crédito e submete a candidatura a um comitê de admissões formado por três membros:

> Cada participante tem um conjunto de formulários de ordens de serviço semelhantes a cheques bancários convencionais, com nome, endereço e número de conta impressos. Ao adquirir algo de outro membro participante, o comprador dará ao vendedor uma dessas ordens de serviço, depois de ter acrescentado o montante que o vendedor se comprometeu a aceitar.[21]

Esse mecanismo estimula a circulação rápida de dinheiro a fim de gerar aumento de vendas entre os membros, estimulando-os a gastar rapidamente os saldos de suas contas. Uma característica principal é que nenhuma taxa de juros é paga aos saldos em conta, de modo que o dinheiro é isento de juros.

Segundo Thomas Greco, o WIR é um exemplo importante para reformadores da moeda e defensores do livre intercâmbio: "Embora possa haver algumas deficiências em suas políticas operacionais, o WIR demonstrou, ao longo de um extenso período, a eficácia da compensação direta de créditos entre compradores e vendedores como alternativa ao dinheiro convencional, criado a partir de dívidas pelos bancos."[22]

Observemos outro exemplo de ferramentas econômicas (monetárias) complementares: redes de liquidez como sistemas de comércio local usando esquemas de moeda eletrônica sem dívida. Visto que a rede de liquidez busca cumprir uma das mais importantes funções entre muitas – ela atua como um meio de troca –, esse tipo de ferramenta lida com a restrição de liquidez que afeta a capacidade dos agentes econômicos de trocar seus ativos e a riqueza existente por bens e serviços.

A Liquidity Network foi projetada para a Irlanda, mas poderia ser aplicada a qualquer país durante o período de espiral econômica descendente, em que há desemprego crescente, alto endividamento nacional e deterioração da qualidade dos empréstimos induzida por restrições de crédito:

> O objetivo da Liquidity Network é lidar com o problema atual da liquidez: a desaceleração da atividade econômica desencadeada pelo arrocho do crédito. Hoje, virtualmente toda atividade econômica é alimentada por dívida baseada em crédito – indivíduos e empresas tomam emprestado para financiar suas atividades. Usando o crédito liberado por esses empréstimos, eles empregam ou fazem negócio com outros indivíduos/empresas, que, por sua vez, fazem negócios com seus fornecedores, e assim por diante. Quando o crédito "semente" dos bancos é interrompido, como na crise atual, o efeito multiplicador age no sentido contrário e rapidamente elimina a liquidez. A Liquidity Network objetiva lidar com esse problema criando um "fluxo de liquidez" alternativo que não é baseado em dívida.[23]

A Liquidity Network usa uma unidade chamada Quid (Q). Todo comércio é levado a cabo eletronicamente por telefone celular ou pela internet; ela não emprega notas nem moedas. O mecanismo foi imaginado por Richard Douthwaite e implantado na Foundation for Economics Sustainability (Feasta). Ele funciona da seguinte maneira: empresas e todos os cidadãos com um número nacional de previdência social podem se inscrever para ter uma conta na qual serão alocados Q1.000, que grosso modo correspondem a €1.000. Todo titular de conta pode desempenhar operações de compra/venda trocando Qs; entretanto, as contas devem se manter aproximadamente equilibradas, e o sistema não permite que elas entrem em déficit. Negócios que experimentem movimento alto e equilíbrio nas trocas compra/venda receberão alocação extra de Qs. Dessa forma, o sistema fornece liquidez automaticamente.

## Parte 2.3 – Panorama estatístico

Esta seção apresenta algumas evidências estatísticas coletadas pelo Complementary Currency Resource Center – ccDatabase. A representação gráfica nos permite compreender com muito mais clareza o crescimento anual de diferentes tipos de sistema e as distribuições regionais de moedas comunitárias complementares (MCCs) em todo o mundo. A maioria das moedas complementares tem múltiplos propósitos e/ou é planejada para lidar com múltiplas questões.

A Figura 3.8 representa a distribuição mundial de sistemas de moeda comunitária (MC), mostrando que Europa, América do Norte e Ásia/Pacífico são as regiões com maior experiência em moedas comunitárias.

É curioso que na Europa o Lets seja o mais popular, seguido pelo Sistema de Crédito Mútuo, depois pelo Sistema de Troca Comercial,[24] enquanto na América do Norte prevalecem o Sistema de Crédito Mútuo e o Sistema de Banco de Tempo e, na região Ásia/Pacífico, a rede de comércio Community Exchange System (CES), com base na internet.

A distribuição relativa destaca a prevalência do Lets em 17%, seguido pelo Sistema de Crédito Mútuo, com 10,7%, e pelo CES, com 14%. Em termos de frequência, prevalecem o Lets na Europa e o CES na Europa e na América do Norte. Quanto à América do Sul, o "Sistema de Trueke", na Venezuela, é muito popular.

A maioria das moedas complementares tem propósitos múltiplos, ainda que seja interessante examinar alguns tipos de padrão. As regiões da América do Norte e da Ásia/Pacífico são amiúde orientadas por metas de "desenvolvimento comunitário", ao passo que a Europa se mostra mais sensível a objetivos de "contribuir para uma sociedade sustentável", "aumentar a qualidade de vida de seus integrantes", "ativar mercados locais" e também ampliar a importância da missão de "desenvolvimento de micros/pequenas/médias empresas". Os dados mostram o crescimento das moedas complementares em todo o mundo. Podemos observar que os sistemas de moedas complementares proliferaram consideravelmente, em particular desde 2008 (ver detalhes no Apêndice 1).

Moedas alternativas estimulam os consumidores a comprar dentro de suas comunidades, e não em outros lugares do país ou no estrangeiro. "Comprar localmente" faz circular a riqueza na região, reduz importações desnecessárias e ajuda a evitar níveis mais altos de desemprego, segundo os apoiadores desses projetos.

Figura 3.8. **Mapa-múndi de sistemas de moedas complementares**

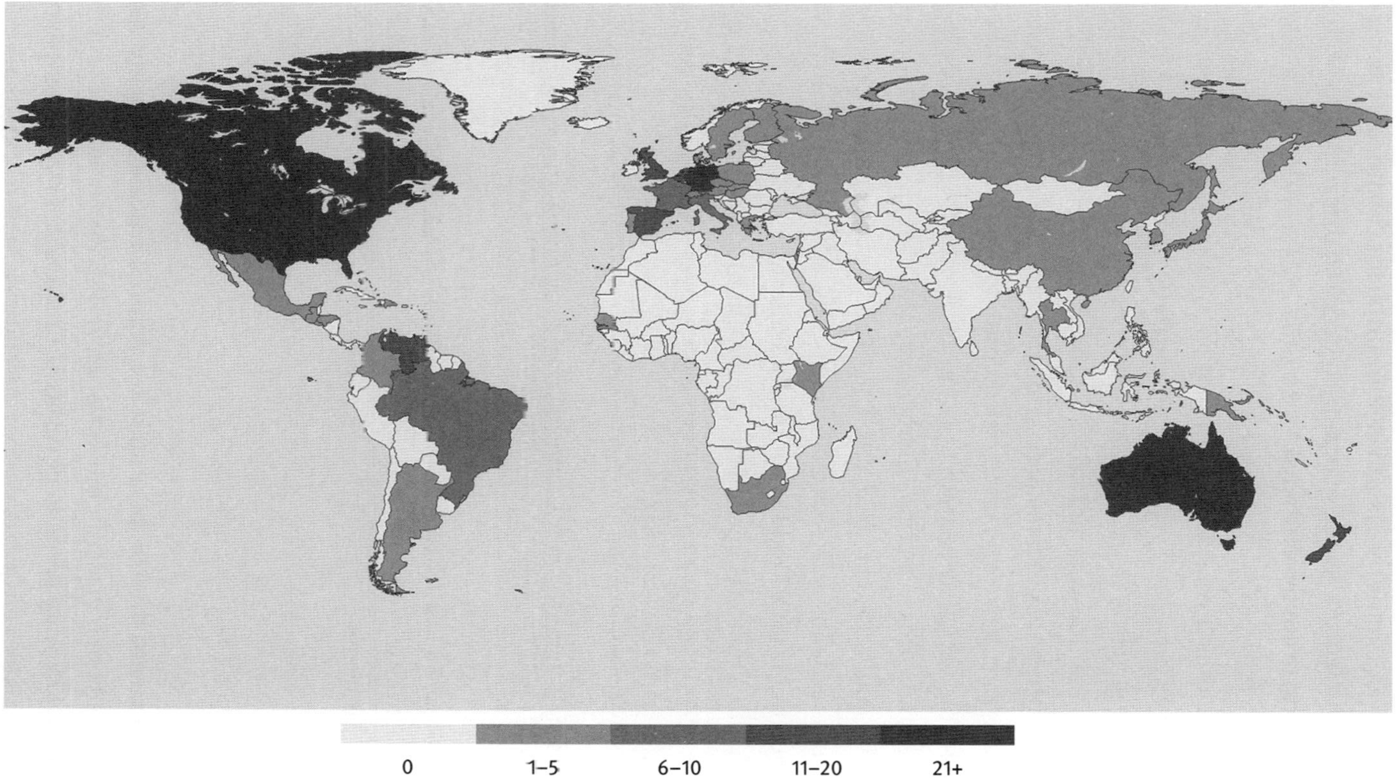


Fonte: Worldwide Database of Complementary Currencies Systems http://www.complementarycurrency.org.

## Parte 3 – Relação entre sistemas comunitários de moeda e nível de desenvolvimento social e econômico do país; diferentes aspectos do setor financeiro e do dinheiro

Para analisar essa relação, recorremos ao Worldwide Database of Complementary Currency Systems. Esse banco de dados, que contém todos os tipos de sistemas de moedas complementares em uso hoje no mundo, nos permite ter informações sobre o número de sistemas comunitários de moeda por país e ano; mais precisamente, ele cobre o período de 2006 a 2012 em 35 países de diversas partes do mundo. Também coletamos mais de duzentas variáveis de inúmeras fontes. A informação sobre séries de dados econômicos e serviços financeiros foi obtida do Fundo Monetário Internacional, no banco de dados The World Economic Outlook (WEO), enquanto os dados relativos a fatores sociais, ambientais e educacionais foram colhidos no World Development Indicators.

Quanto à metodologia, empregamos um modelo linear generalizado (MLG) (ver Apêndice 2 e Apêndice 3 para detalhes sobre o modelo estatístico e descrição dos dados).[25]

## Principais resultados empíricos

Descrevemos a seguir os resultados "altamente significativos" obtidos a partir da análise empírica. Para fins de clareza, eles foram agrupados em campos diferentes.

### *Características macroeconômicas*

(–) **Crescimento do PIB (% anual)** *T*-1. A MCC é negativamente correlacionada com o crescimento defasado do PIB (% anual).

(+) **Log dívida bruta geral do governo.** O número de práticas complementares é mais alto em países e anos com endividamento bruto mais elevado.

(+) **Prêmio de risco dos empréstimos** (taxa de empréstimo menos taxa de letra do tesouro, %). Sistemas de moedas comunitárias são positivamente correlacionados com o prêmio de risco dos empréstimos.

(+) **Despesa total do governo como % do PIB.** As ferramentas comunitárias são mais usadas em países e anos nos quais a despesa total do governo é alta como % do PIB.

Essas descobertas são cruciais na medida em que sancionam afirmações e convicções de fundadores e membros comunitários de que as MCCs são vitalmente úteis e florescem durante os períodos de recessão econômica.

*Finanças*

(–) **Crédito doméstico para o setor privado (% do PIB).** Trata-se de um indicador do movimento do crédito doméstico para o setor privado em comparação com o desenvolvimento de MCC. Esse resultado é plenamente coerente com as evidências aqui debatidas. Há múltiplos tipos de MCs baseadas em sistema de crédito mútuo que são ativadas especialmente durante períodos de restrições do crédito. As redes Lets usaram crédito local sem juros, em que os participantes emitiam suas próprias linhas de crédito, mas também há formas mais evoluídas baseadas no modelo bem-sucedido do sistema WIR.

(–) **Empréstimos inadimplentes em relação ao total bruto de empréstimos (%)** *T*-**1.** Moedas complementares têm relação inversa com a parcela de empréstimos inadimplentes. Um empréstimo de má qualidade tem maior probabilidade de se tornar inadimplente, sem nenhum retorno. Esse resultado confirma a função complementar das moedas comunitárias, porque significa que um baixo nível deste indicador (o que mostra a boa qualidade da carteira bancária) tem uma relação positiva com o desenvolvimento das MCCs.

*Características sociodemográficas: população, educação, gênero*

(+) **Log população (total).** Encontramos uma relação positiva com a MCC. Em países com população grande, é mais provável encontrar pessoas propensas a experimentar e implantar ferramentas comunitárias complementares, seja por proatividade, sensibilidade ideológica ou necessidades econômicas.

(+) **Educação superior, professores (% de mulheres).** A relação positiva com a parcela feminina do quadro docente na educação superior evidencia uma influência positiva para a difusão de MCC.

(–) **Contribuições sociais (% da renda).** Esse indicador é negativamente correlacionado com as MCCs. Contribuições sociais incluem contribuições para a previdência social de empregados, empregadores e autônomos, bem como contribuições para esquemas de assistência social operados pelos governos. Consequentemente, esse resultado é uma explicação totalmente lógica para o fato de as ferramentas que estamos analisando serem mais estimulantes onde há menos benefícios de assistência social.

*Indicadores monetários*

(+) **Moeda e quase moeda (M2) como % do PIB.** Moeda e quase moeda abrangem a soma de moeda em circulação fora dos bancos, contas correntes que não sejam do governo central e depósitos a prazo, de poupanças e em moedas estrangeiras de setores residentes que não sejam do governo central. Essa evidência é coerente com a afirmação de que as MCCs não têm função de substituir as moedas correntes nacionais e não são projetadas como alternativas a elas, e sim lhes são complementares.

*Internet e comunicação*

(+) **Servidores seguros de internet.** Como as transações eletrônicas são um meio dominante de troca em MCC, é óbvio que deve haver uma relação positiva com as tecnologias de internet (ver Apêndice 1).

*Empreendedorismo*

(+) **Densidade de novas empresas (novos registros por mil pessoas com idade entre 15 e 64 anos).** Os indicadores de novas empresas e negócios apresentaram correlação positiva com as experiências de MCC. Decorre que, em países onde há pessoas de mentalidade empreendedora e com desejo de trabalhar, mas acima de tudo onde vigora uma atmosfera de negócios mais favorável (isto é, menos burocracia, impostos mais baixos etc.), também há um ambiente propício ao desenvolvimento de MCCs.

*Clima e meio ambiente*

(+) **Emissões de $CO_2$ (toneladas métricas *per capita*).** As relações positivas com emissões de dióxido de carbono são aquelas oriundas da queima de combustíveis fósseis e da fabricação de cimento. Conforme ilustrado no Apêndice 1, um dos propósitos do sistema é a conservação ambiental. As moedas comunitárias podem desempenhar uma função na valoração de recursos ambientais (por exemplo o e Portemonnee belga, que estimula negócios que adotam práticas ambientalmente mais saudáveis). O aumento de emissões de $CO_2$ é considerado responsável pela mudança climática global. Os resultados positivos e otimistas da análise mostraram que há uma sensibilidade maior no sentido de incentivar comportamentos mais sustentáveis onde as emissões de $CO_2$ são elevadas.

## Conclusão

O sistema monetário global está se tornando mais frágil por causa do crescimento e da eficiência cada vez maiores. Diferentes tipos de modelo de negócio, ferramentas que podem ser usadas e aceitas como meio de troca, facilitam a venda, a compra ou o comércio de bens entre as partes.

Portanto, como existe uma ampla gama de instrumentos socioeconômicos, que cobrem as dimensões econômica, social e ambiental, acreditamos ser útil resumir as classificações segundo duas abordagens. A primeira nos ajuda a compreender a evolução histórica, isto é, como esses instrumentos foram desenvolvidos. A segunda enfoca a tipologia das moedas, seus propósitos e funções.

Antes de passar à análise empírica, com o objetivo de mostrar como diferentes tipos de sistema estão distribuídos em diferentes regiões do mundo, que tipo de sistema de troca e de propósito de sistema prevalece e quais entre eles são os menos comuns, apresentamos alguns dados e um gráfico estatístico resumido (os principais resultados dessa descrição são apresentados no Apêndice 1). Finalmente, usando dados do Worldwide Database of Complementary Currency Systems, desenvolvemos uma análise estatística para determinar:

- se as crenças teóricas, que às vezes são a base do debate, são coerentes com a abordagem quantitativa;
- e, considerando o crescimento constante das MCCs, se há uma relação possível entre Sistemas de Moedas Comunitárias e fatores econômicos, sociais e ambientais no âmbito do país, assim como diferentes aspectos do setor financeiro e do dinheiro.

O resultado dessa análise é coerente com a afirmação de que as moedas complementares são particularmente úteis e de grande ajuda para pessoas e negócios em tempos de crise. Na verdade, muitas comunidades estão implantando suas próprias moedas "complementares" na crise econômica atual, na tentativa de manter a riqueza em suas áreas.

Nos últimos anos, com o colapso da economia global, houve um ressurgimento do interesse por economias locais e bens produzidos localmente, particularmente nos Estados Unidos e no Reino Unido – por exemplo com o Berkshire Bank.* Isso também é verdade para muitos países europeus:

---

* O segredo por trás do sucesso do Berkshire: "Um sistema baseado em confiança pode ser mais eficiente que um sistema baseado em obediência, mas só se o grau do com-

moedas alternativas estão em ascensão à medida que a crise da zona do euro se torna mais grave. O uso de ferramentas alternativas aumentou – por exemplo na Grécia, onde o aprofundamento da crise financeira deu lugar ao nascimento de mecanismos alternativos de comércio e levou a uma situação na qual vários instrumentos podem se tornar cada vez mais populares.

Os economistas têm observado o WIR, a moeda complementar suíça, desde que ela entrou em vigor, em 1934. Quando há uma curva ascendente na economia, a circulação de WIR cai; quando empresários e negociantes não conseguem vender seus bens em francos suíços, eles recorrem ao WIR. Na presente atmosfera econômica, as pessoas estão muito mais interessadas em soluções desse tipo. Projetos semelhantes comparáveis ao WIR estão em curso na Alemanha, na França e em outros países.

Quanto às características sociodemográficas, a análise empírica mostra que as MCCs tendem a prevalecer em países com populações grandes e sistema de bem-estar social deficiente. Em países de alta densidade populacional, é mais provável que elas sejam adotadas por razões de proatividade, sensibilidade ideológica ou necessidades econômicas que inclinam a experimentar e implementar ferramentas comunitárias complementares. Além disso, países maiores têm mais necessidades, o que significa mais empresas e negócios, mais consultas, mais transações, mais pessoas em busca de crédito etc. No que diz respeito aos seus resultados sobre o sistema de bem-estar social, é totalmente lógico que essas ferramentas sejam mais estimulantes nos lugares onde há menos benefícios oriundos da seguridade social.

Os indicadores de novas empresas e negócios apresentaram correlação positiva com experiências com MCCs. Decorre que a relação positiva de MCCs com indicadores de densidade de novas empresas e negócios mostra que fatores de estímulo do ambiente de negócios (isto é, menos burocracia, impostos mais baixos etc.) promovem o desenvolvimento das MCCs.

Moedas comunitárias também podem desempenhar um papel na melhor avaliação dos recursos ambientais (por exemplo o e-Portemonnee

---

portamento orientado pelo interesse próprio for baixo entre empregados e executivos" (Larcker e Tayan, 2014).

belga, que encoraja empresas e negócios o adotarem práticas ambientalmente mais amigáveis). Emissões crescentes de $CO_2$ são consideradas responsáveis pela mudança climática global; os resultados positivos e otimistas da análise mostraram que há mais incentivo para criar algo que estimule comportamentos sustentáveis onde há emissões de $CO_2$.

O Apêndice 1 mostra que as transações eletrônicas são um meio de troca dominante em MCC, e o resultado positivo esperado da relação de tecnologias de internet com as MCCs é confirmado pela análise empírica.

Resultados interessantes também foram obtidos em referência a indicadores monetários e finanças: o indicador de crédito doméstico para o setor privado se move em contraste com o desenvolvimento dos sistemas MCC. Esse resultado é plenamente coerente com a evidência aqui apresentada. Há múltiplos tipos de MCCs baseadas em sistemas de crédito mútuo que são ativados especialmente durante restrições de crédito. Exemplo de um sistema negócio-para-negócio (B2B) é a rede Circuito de Crédito Comercial (C3). Trata-se de uma tecnologia que fornece substancial liquidez a custo muito baixo para toda a rede de pequenas e médias empresas (PME). Desse modo, o modelo propicia a transmissão dentro de redes de clientes para fornecedores, e as empresas e negócios aumentam seu acesso a créditos de curto prazo, necessários para melhorar seu capital de giro e manter sua capacidade produtiva. Considerando que liquidez, dinheiro em caixa e capital de giro são a chave para a sobrevivência e o crescimento de qualquer empresa, é essencial que os fornecedores sejam pagos imediatamente, injetando um montante considerável de liquidez a custo muito baixo na rede de PME.

Por fim, a evidência sobre os indicadores monetários, coerente com a estrutura conceitual descrita na Parte 1, confirma que essas ferramentas são "complementares", pois operam como alternativas para as moedas nacionais convencionais.

A globalização financeira sugere que, em tempos sem crise, é mais conveniente para os participantes do mercado usar o dinheiro convencional que os meios alternativos. Entretanto, as ferramentas comunitárias são um excelente remédio durante as recessões econômicas. Elas sustentam os ciclos de negócios locais e criam riqueza social.

## Apêndice 1

O projeto inicial era uma troca local sem dinheiro e sem fins lucrativos, similar ao Lets, que evoluiu para uma rede de comércio global mais complexa baseada na internet, dando a seus promotores condições de ampliar o sistema para outras regiões/continentes. Na verdade, o CES é uma das principais tipologias presentes na África do Sul, na Austrália, na Nova Zelândia e na Polônia.

"Os sistemas de escambo na Venezuela são únicos entre as MCCs contemporâneas, no sentido de que sua criação foi assumida no plano político

Figura 3.9 **Tipo de sistema de troca (distribuição relativa)**

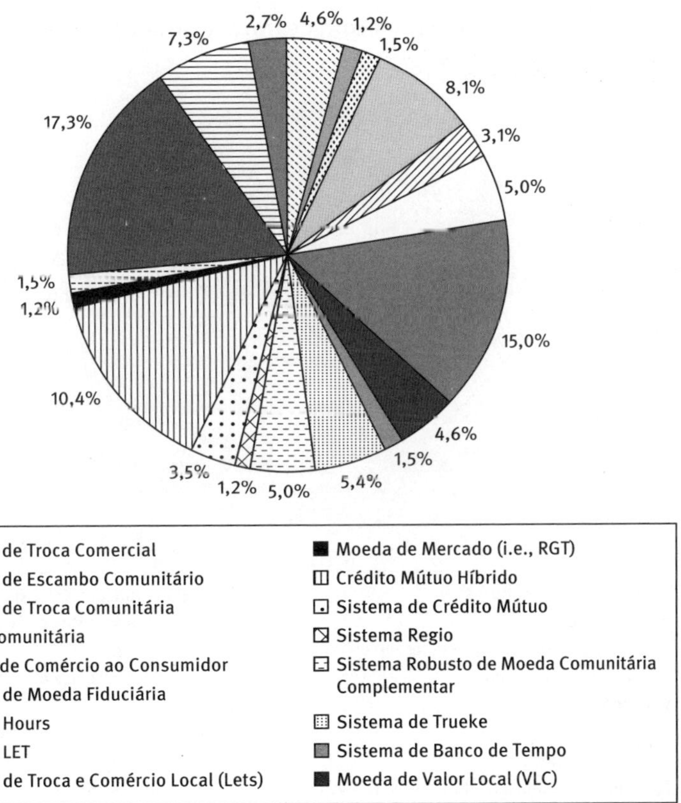


Fonte: Worldwide Database of Complementary Currencies Systems, http://www.complementarycurrency.org.

mais alto pelo próprio presidente Chávez", observou Kristofer Dittmer.[26] Em 2005, Chávez disse: "[Moedas de escambo] vão estar nas mãos e na alma do povo, com o seu bom discernimento; elas serão o sistema, as comunidades."[27]

Observando a distribuição dos meios de trocas, podemos notar que as comunidades usam as vantagens das novas tecnologias da informação, dando preferência a "transações eletrônicas" (ver Figura 3.9). Isso é mais evidente nos Estados Unidos, no Canadá, na Bélgica e na Austrália, e, inversamente, na Alemanha, onde cédulas/notas são o meio de troca mais frequente.

A Figura 3.10 mostra que, em termos relativos, o "instrumento de troca" tem a seguinte distribuição: transação eletrônica, 19,5%; papéis/cédulas,

Figura 3.10 **Instrumento de troca (distribuição relativa)**

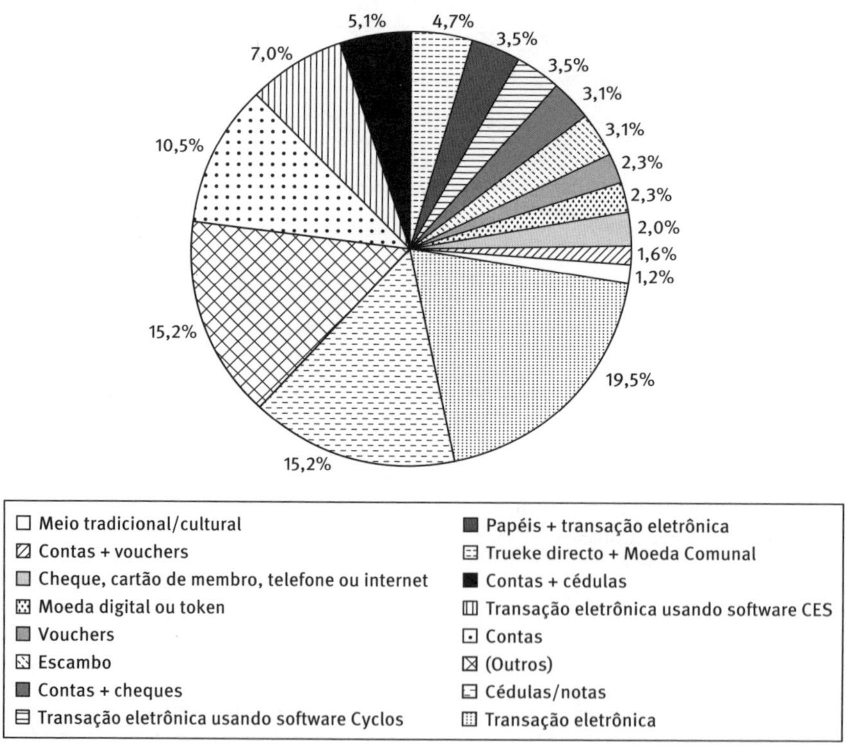


Fonte: Worldwide Database of Complementary Currencies Systems, http://www.complementarycurrency.org.

15,2%; contas, 10,5%; transação eletrônica usando software CES, 7%; contas + cédulas, 5,1%.

Quanto à variedade de propósitos e à distribuição mundial relativa dos mais importantes deles – cooperação, mitigação da pobreza, conservação ambiental, promoção de uma economia estável e sustentável, justiça econômica, criação de um novo mercado etc. –, a categoria múltipla "Todas as razões" constitui 49,4%; "Contribuir para uma sociedade sustentável", 12%; "Desenvolvimento comunitário", 8%; e "Ativar o mercado local", 5,6%.

## Apêndice 2 – Metodologia

O modelo linear generalizado (MLG) estende o arcabouço de modelagem linear para variáveis que não são normalmente distribuídas. A regressão de Poisson é usada com frequência para modelar os chamados dados de contagem. O MLG generaliza a regressão linear e permite que o modelo linear seja relacionado com a variável de resposta via uma função de ligação. A função de ligação logarítmica é aplicada para a regressão de Poisson. O modelo é:

$$\log(\mu) = \beta_0 + \beta_1 x_1 + \ldots \beta_p x_p,$$

em que $\mu$ é a contagem e log( ) define a função de ligação. Esse modelo também permite que a magnitude da variância de cada medida seja uma função de seu valor previsto. O Apêndice 3 tem informações estatísticas mais detalhadas. Lá será possível consultar uma lista de estatísticas de qualidade de ajuste do modelo, coeficientes da regressão de Poisson para cada uma das variáveis, juntamente com erros-padrão, estatística e intervalos do teste de Wald $\chi^2$ e $p$–valores dos coeficientes etc. Além disso, segundo um teste que fornecemos para averiguar se a forma do modelo Poisson se ajusta a nossos dados, demonstramos que o modelo se ajusta razoavelmente bem aos dados.

## *Descrição dos dados*

Depois de realizar uma análise, descobrimos variáveis significativas muito interessantes. As Tabelas 3.1 e 3.2 mostram estatísticas de síntese (média, desvio-padrão, soma, mínimo, máximo).

As variáveis foram agrupadas porque devem ser vistas em conjunto. Quando os níveis de endividamento aumentam, os prêmios de risco sobem acentuadamente, diante de governos altamente endividados. Como destacam Carmen Reinhart e Kenneth Rogoff,[28] os países que optam por confiar demais em empréstimos de curto prazo para financiar níveis de endividamento crescentes são particularmente vulneráveis a crises.

Tabela 3.1. **Resumo das estatísticas (1)**

| Variável | N | Média | Desvio-padrão | Soma | Mínimo | Máximo |
|---|---|---|---|---|---|---|
| w_25 | 270 | 104,60879 | 57,46501 | 28244 | 22,56075 | 241,17990 |
| w_38 | 270 | 106,69313 | 59,40280 | 28807 | 11,66688 | 223,87316 |
| w_141 | 158 | 40,54356 | 6,72466 | 6406 | 17,90211 | 68,68251 |
| w_49 | 239 | 3,48537 | 4,03519 | 833,00406 | 0,16453 | 25,06939 |
| lag1_w77 | 245 | 2,55172 | 3,70704 | 625,17234 | −14,80000 | 14,20000 |
| logx_41 | 264 | 3,89333 | 0,57420 | 1028 | 2,26975 | 5,46951 |
| lag1_w11 | 218 | 5,15960 | 8,72002 | 1125 | 0,10000 | 61,80000 |
| w_67 | 278 | 39,22036 | 19,91704 | 10903 | 10,00657 | 93,99816 |
| logW_74 | 280 | 17,14665 | 1,30690 | 4801 | 15,23473 | 21,02389 |

| Variável | Definição |
|---|---|
| w_25 | Moeda e quase moeda (M2) como % do PIB |
| w_38 | Crédito doméstico ao setor privado (% do PIB) |
| w_141 | Educação superior, professores (% de mulheres) |
| w_49 | Densidade de novas empresas (novos registros por mil pessoas com idade 15-64) |
| lag1_w77 | Log do crescimento do PIB (% anual) *T*–1 |
| logx_41 | Log dívida bruta geral do governo |
| lag1_w11 | Empréstimos inadimplentes em relação ao total bruto de empréstimos (%) *T*–1 |
| w_67 | Exportação de bens e serviços (% do PIB) |
| logW_74 | Log da População (Total) |

Tabela 3.2. **Resumo das estatísticas (2)**

| Variável | N | Média | Desvio-padrão | Soma | Mínimo | Máximo |
|---|---|---|---|---|---|---|
| w_36 | 107 | 4,70378 | 8,22961 | 503,30499 | −0,00231 | 36,62375 |
| w_118 | 210 | 7,22287 | 4,20266 | 1517 | 0,41346 | 19,71596 |
| w_131 | 227 | 26,89919 | 15,25939 | 6106 | 0,15336 | 58,92924 |
| w_64 | 279 | 22189 | 65138 | 6190680 | 3,00000 | 487069 |
| x_31 | 264 | 38,38237 | 10,42475 | 10133 | 18,02800 | 59,20300 |
| x_33 | 264 | −3,05801 | 3,64759 | −807,31500 | −16,60100 | 5,04200 |

| Variável | Definição |
|---|---|
| w_36 | Prêmio de risco de empréstimos (taxa de empréstimo menos taxa de Letra do Tesouro, %) |
| w_118 | Emissões de $CO_2$ (toneladas métricas *per capita*) |
| w_131 | Contribuições sociais (% da renda) |
| w_64 | Servidores seguros de internet |
| x_31 | Despesa total do governo como % do PIB |
| x_33 | Resultado líquido do governo |

## Apêndice 3 – Análise estatística

Neste artigo, o MLG foi aplicado. As distribuições de Poisson são da família de distribuições discretas com uma função de probabilidade indexada pelo parâmetro $\mu > 0$ se tiverem valores inteiros y = 0, 1, 2,... y! O valor esperado e a variância de uma variável aleatória de Poisson é igual a $\mu$. A distribuição de Poisson é útil para modelar dados de contagem. À medida que $\mu$ aumenta, a distribuição de Poisson cresce de forma simétrica e por fim se aproxima de uma distribuição normal.

Sobre a declaração de classe, nós temos duas variáveis categóricas: ano e país (COD_CHV ano). Nós usamos a opção Tipo3 na definição do modelo, tal como empregada para listar o teste com múltiplos graus de liberdade das variáveis categóricas listadas.

Para ajudar a avaliar o ajuste do modelo, usamos o teste de qualidade de ajuste qui-quadrado ($\chi^2$). Este presume que o desvio segue uma distribuição $\chi^2$ com graus de liberdade iguais ao do modelo residual. Desde a primeira linha do resultado do nosso teste de qualidade de ajuste, podemos observar que esses valores são 54,9486 e 55:

$\rho$–valor = 1 – probchi($\chi^2$, d.f.); d.f. = 55; $\chi^2$ = 54,9486;
p–valor = 0,47659

Trata-se de um teste da forma do modelo: o modelo de Poisson ajusta-se aos nossos dados?

*Concluímos que o modelo se ajusta razoavelmente bem* porque o teste de qualidade de ajuste $\chi^2$ não é estatisticamente significativo. Se o teste tivesse sido estatisticamente significativo, isso indicaria que o modelo não se ajustava bem. Nessa circunstância, podemos tentar determinar se há variáveis independentes omitidas, se nossa hipótese de linearidade é válida, e/ou se há um problema de sobredispersão.

# 4. Sonhos com a blockchain: imaginando alternativas tecnoeconômicas depois do bitcoin

Lana Swartz

## Introdução

Segundo seus defensores, a blockchain – o sistema de registros distribuídos (*distributed ledger*) que dá suporte ao bitcoin – está pronto para transformar radicalmente a sociedade. Com efeito, é muito difícil exagerar as afirmações feitas por alguns entusiastas da blockchain. Um manual de introdução a essa tecnologia, *Blockchain: Blueprint for a New Economy* (publicado pela O'Reilly em 2015) começa assim: "Vivemos talvez o despertar de uma nova revolução." E segue adiante assegurando que "os benefícios para os sistemas econômico, político, humanitário e legal" deixam claro que a blockchain é uma "tecnologia extremamente disruptiva, que teria capacidade de reconfigurar todos os aspectos da sociedade e de suas operações".[1] Prognósticos semelhantes são feitos num sem-número de conferências TED, reuniões, palestras nas conferências da indústria, postagens em blogs, relatórios que esboçam novos métodos técnicos e "manifestos" de lançamento de startups.*

As visões evocadas pelos sonhadores da blockchain são ambiciosas e sedutoras. Equipados com essa tecnologia, como disse um entusiasta, "jovens empreendedores compreenderam que as possibilidades só são atrapalhadas por sua própria imaginação".[2] Os projetos de blockchain, contudo,

* Observação metodológica: esse é o terreno de discurso no qual esta pesquisa se inspira. Além dessas fontes documentais, fiz parte de uma etnografia multissituada ([um conceito de]Marcus, 1995) do trabalho de campo em rede (Burrell, 2009) dos sistemas bitcoin e blockchain e das comunidades que os cercam desde 2011. O trabalho incluiu entrevistas com participantes e observação participante tanto como observadora quanto como estudiosa ou crítica especialista em eventos pertinentes em São Francisco, Nova York, Los Angeles, Boston, Barcelona, Londres, Dublin, Amsterdam e Sydney.

são hoje uma forma de ficção científica utópica: sem dúvida delineiam uma realidade próxima, mas por enquanto são visões especulativas. Se os que sonham com a blockchain desejam um futuro condizente com sua imaginação, que tipo de futuro estão imaginando?

Este artigo investiga o futuro tecnoeconômico alternativo oferecido por esses sonhos com a blockchain. Mesmo que esses projetos não deem em nada, a blockchain é significativa como inventário de desejos. É um motor de alteridade: uma oportunidade para imaginar tanto um mundo diferente quanto a mecânica de como esse mundo diferente poderia funcionar. Embutida nesses sonhos encontra-se outra questão: como se fará esse futuro acontecer? Qual é a ligação entre a visão de hoje e a realidade de amanhã?

Em primeiro lugar, apresentamos uma breve introdução tecnossocial à blockchain, incluindo seu surgimento a partir do bitcoin. Em seguida, mapeamos as insatisfações e aspirações expressas nos sonhos com a blockchain, o futuro mundo alternativo que talvez seja possível. Depois, comparamos essas propostas radicais com visões incorporadoras da blockchain no interior da indústria financeira. Finalmente, extraímos de abordagens aos estudos de ciência e tecnologia um conhecimento econômico alternativo, para interrogar o que o sonho radical com a blockchain pode aprender com esses projetos menos ambiciosos.

## A blockchain do bitcoin

Dito da forma mais simples, a blockchain é um livro de registros compartilhado. Essa definição concisa capta a essência do conceito e ao mesmo tempo permite a flexibilidade ampla com a qual ele é usado. Mesmo na mais livre das aplicações do conceito, uma blockchain é, em primeiro lugar, um livro de registros irrasurável (*write-only*): uma lista de entradas registradas que só pode ser acrescida, não apagada nem modificada retroativamente. Em segundo lugar, a blockchain é compartilhada: ela é mantida e acessada por certo número de partes sem um host central. Cada "bloco" é um conjunto de entradas no livro de registros. Todas as partes podem acrescentar e podem ver quando os blocos são acrescentados, de modo que a blockchain é, como seu nome diz, uma cadeia de blocos.

O conceito de blockchain foi desenvolvido, claro, não como um livro de registros genérico e com propósitos múltiplos, mas com a finalidade de atribuir e transferir propriedade de uma nova forma de dinheiro digital, o bitcoin. O conceito foi formalmente descrito por Satoshi Nakamoto, um pseudônimo, em "Bitcoin: A peer-to-peer electronic cash system", ou, como é mais comumente denominado, "o relatório do bitcoin". O termo "blockchain" não aparece no artigo, mas Nakamoto efetivamente descreve o bitcoin em termos de "blocos" e "cadeias".[3] A blockchain antevista nesse texto propicia um livro descentralizado de registros contábeis da propriedade de todos os bitcoins existentes. A blockchain do bitcoin é um registro único – compartilhado e aceito por todos os nós (ou nodos) da cadeia – da propriedade, passada e presente, de todos os bitcoins. Assim, Nakamoto define essas "coins" [moedas] como moedas que só existem enquanto uma "cadeia de assinaturas digitais".[4]

Livros de registro são uma característica comum da maioria dos sistemas de pagamento. Numa versão altamente simplificada dos sistemas de pagamento tradicionais, uma instituição centralizada, como um banco, mantém registro de quem pagou o que para quem, correspondentemente creditando e debitando nas contas. Em contraste, com o bitcoin não há nenhum banco mantendo o registro de créditos e débitos: em vez disso, todos os computadores-nós mantêm o livro-razão da propriedade de cada bitcoin. Para fazer uma transação, o proprietário transmite para todos os nós a transferência de uma moeda. A transação é armazenada num "bloco", o qual é "encadeado" a todos os blocos gerados anteriormente a fim de formar o livro de registro hospedado em todos os nós. Novos bitcoins são gerados para os nós como recompensa por verificarem os blocos e acrescentá-los à cadeia. O sistema se protege contra duplicações ou falsificações de moedas verificando todos os blocos e garantindo que todos os nós estão em concordância. Por sua vez, cada bitcoin é apenas, de fato, uma entrada no livro de registros. O que se negocia são os direitos de reivindicar a propriedade desse bitcoin.

A blockchain do bitcoin pode ser compreendida em termos da sua arquitetura social, bem como de suas características técnicas; ela é produzida mediante um conjunto de sistemas ideológicos sobrepostos, às vezes inconsistentes.

Primeiro, a blockchain do bitcoin oferece o que Nakamoto chama de um "novo modelo de privacidade".[5] Nela, os proprietários e recebedores de cada bitcoin são pseudônimos, identificados por chaves criptográficas que funcionam como endereços. As transações são públicas, por serem mantidas no livro de resgistros da blockchain, mas as identidades das partes da transação são confidenciais, potencialmente até umas para as outras. O caráter público/aberto das transações em bitcoins contrasta com o modelo de pagamento tradicional, no qual os bancos mantêm a confidencialidade de identidades e transações.

Em artigo anterior, meus colaboradores e eu descrevemos os valores políticos que motivaram o desenho do bitcoin como "metalismo digital".[6] Não há nenhuma autoridade central, como um governo, que emita bitcoins; em vez disso, eles são "garimpados" segundo um algoritmo que é pensado para imitar uma mercadoria natural escassa como o ouro. Só existe um número limitado de bitcoins, que se tornam mais difíceis de serem garimpados a uma razão constantemente crescente. O valor do bitcoin é "descentralizado", permitindo aos usuários negociar sem referência a uma autoridade central que subscreva os termos da transação. No metalismo, essas transações autônomas de mercado produzem uma sociabilidade mais ampla e plena da soberania individual e da paridade.

Mais recentemente desenvolvi a teoria do dinheiro e sociedade implícita no bitcoin visando incluir o conceito de "mutualismo infraestrutural", que descreve o modo como alguns entusiastas valorizam a capacidade de construir e apoiar mutuamente uma plataforma colaborativa sobre a qual transacionar, livres do olhar de curiosos e da influência de intermediários corporativos.[7] O mutualismo infraestrutural está ligado à longa história de criação coletiva, como os softwares livres, a produção entre pares e as práticas de *commoning*.[8]

Metalistas digitais e mutualistas infraestruturais compartilham um investimento em descentralização e autonomia. Entretanto, para os metalistas digitais, a característica principal do bitcoin é a "moeda", uma entidade portadora de valor à maneira do ouro, a qual faculta um valor descentralizado e autônomo e, consequentemente, relações de mercado descentralizadas e autônomas. Para os mutualistas infraestruturais, o principal é a blockchain, uma infraestrutura descentralizada e autônoma, com utilidade compartilhada produzida e mantida por todos os participantes.

## A blockchain depois do bitcoin

A partir do final de 2013, a atenção pública pareceu deslocar-se do bitcoin como moeda corrente para a blockchain, que lhe dá suporte, e outras potenciais aplicações para ela. Em 2015, o burburinho em torno da blockchain parecia ter absorvido completamente aquele que envolvera o bitcoin. A capa da *Bloomberg Markets* estampava a manchete "O que importa é a blockchain".[9] Um observador escreveu: "Aos olhos de muitos, a blockchain é vista como a tecnologia subversiva, ao passo que o bitcoin é retratado como um experimento tal como o Napster."[10] Erik Voorhees, conhecido empresário no ramo do bitcoin, escreveu em seu blog: "2015 foi o ano em que a narrativa mudou. Sai o bitcoin, entra a blockchain."

Uma parte desse interesse centrou-se nos chamados projetos "Bitcoin 2.0", isto é, métodos para ampliar a blockchain do bitcoin. Por exemplo, houve esforços no sentido de usá-la para armazenar em seu imutável livro de registro informações de todos os tipos – de certidões de casamento e registros de propriedade a informações sensíveis vazadas por delatores. Outros projetos de blockchain envolviam sistemas inteiramente novos, funcionalmente independentes do bitcoin. A Ethereum, talvez o principal e mais ambicioso dos mais novos projetos de blockchain, é um esforço em curso para desenvolver uma cadeia de blocos multiuso e inteiramente programável. Como ele é muitas vezes explicado: "Enquanto o projeto do bitcoin poderia ser descrito de forma simplista como uma 'planilha global', a Ethereum pode ser descrita como uma 'planilha global com macros'", em referência aos códigos que podem ser incorporados para automatizar processos em programas como o Microsoft Excel.[11]

Muitos projetos de blockchain estão orientados para mudanças sociais, econômicas e políticas revolucionárias. Eu os chamo de "radicais" porque tentam usar a blockchain para dar origem a uma nova ordem tecnoeconômica. A maioria dessas iniciativas está alinhada a temas políticos atinentes ao bitcoin: descentralização, autonomia e privacidade. Alguns são reformulações simples e mais inteligentes da proposta da blockchain. Por exemplo, há o Namecoin, que propõe uma blockchain para operar um sistema de nome de domínio descentralizado para websites fora da governança da Icann (sigla em inglês para Corporação da Internet para Atribuição de Nomes e Números).[12] Outros projetos radicais são mais ambiciosos, objetivando produzir sistemas holísticos de autogovernança descentralizada não hierárquica. Uma startup, a Backfeed, por exemplo, propõe produzir um "sistema distribuído de governança para aplicações baseadas em blockchain que permitam a criação e distribuição colaborativa de valor em redes entre pares que estão surgindo espontaneamente", bem como "ferramentas que capacitem a cooperação em larga escala, gratuita e sistemática entre milhares de pessoas, sem coordenação de nenhuma autoridade central".[13]

O espectro de compromissos ideológicos nesses projetos repercute valores que foram apresentados no bitcoin desde os primeiros dias: metalismo digital e mutualismo infraestrutural. No modo digital metalista, a blockchain produz o mecanismo perfeito de mercado, que pode comerciar em qualquer forma de valor e existe para além do domínio de governos e do sistema financeiro vigente. No modo mutualista infraestrutural, a meta é produzir sistemas de informação ponto-a-ponto que distribuam recursos e organizem uma nova rede de bens comuns.

Além desses projetos radicais de blockchain, também há esforços para usar a tecnologia da blockchain inovando nos sistemas financeiros existentes. Um projeto é a Distributive Ledger Initiative, lançado em 2015 pela empresa de inovação R3CEV, apoiada por grandes bancos, inclusive Bank of America, Barclays, Citi, Deutsche Bank, J.P. Morgan, Goldman Sachs e HSBC.[14] Essas iniciativas desafiam o modo como a tecnologia financeira é hoje implementada e propõem refazer a infraestrutura de retaguarda da atividade bancária. Eu as denomino "incorporadoras", pois não buscam necessariamente mudar o sistema financeiro subjacente de um ponto de vista político ou social; em vez disso, procuram incorporar a blockchain ao sistema existente, para torná-lo mais eficiente.

Aplicações incorporadoras da blockchain se beneficiam da aura "revolucionária" dos projetos radicais. Contudo, para os defensores da blockchain que têm ambições mais radicais, esses projetos são vistos como algo muito distante dos objetivos originais do bitcoin. Quando todos os "pares" numa rede são instituições financeiras tradicionais, a rede pode ser realmente considerada uma rede "entre pares"? Como apontou Erik Voorhees: "Ir de uma rede financeira permissionária entre bancos para uma rede financeira permissionária do conjunto de bancos não é um grande passo para a humanidade."[15] Porém, talvez ironicamente, nenhuma indústria está tão interessada nem apoia tanto o blockchain quanto a bancária, justo aquela que o bitcoin foi desenhado para contornar.

O interesse pelo blockchain incorporadora emerge de um meio – o momento "Fintech" (finanças e tecnologia) – em que a fronteira entre as indústrias financeira e de tecnologia se dissipa. Muitos desses projetos existem como "startups", "aceleradores" e "laboratórios de inovação" dentro de ou intimamente relacionados a grandes instituições financeiras. Por trás de alguns deles está o que um engenheiro descreveu num seminário como a síndrome da "C-Suite Fomo" – a ideia de que o séquito de altos executivos pode sofrer do "Medo de Estar Perdendo Algo" [Fomo, na sigla em inglês] no grande lance por vir. Numa época em que os analistas da indústria sugerem que Wall Street está perdendo os melhores e mais brilhantes cérebros para o Vale do Silício,[16] a blockchain oferece um desafio divertido e fascinante como chamariz para atrair jovens talentos de volta ao distrito financeiro de Nova York. Os bancos, ávidos por evitar "disrupções", mobilizaram seus abundantes recursos direcionando-os para a inovação da blockchain. Além disso, há uma profusão de aficionados radicais do bitcoin e da blockchain que profissionalizaram sua especialidade e se tornaram consultores entusiastas das fintechs.

A distinção entre projetos de blockchain radicais e projetos de blockchain incorporadores não é claramente definida, e na prática há uma continuidade entre os dois modos ideológicos. Em função de sua origem e de sua relação continuada com a criptomoeda, uma blockchain é muito adequada para manter o registro de uma moeda móvel. Não é difícil imaginar que os líderes de projetos libertários radicais de blockchain achem que estão cuidando do seu interesse racional (ainda que em curto prazo) ao dar assistência a um banco na atividade do mais trivial capitalismo.

De modo semelhante, embora algumas iniciativas radicais de blockchain venham de organizações sem fins lucrativos ou projetos de softwares gratuitos ou de código aberto, várias são startups, e diversas delas recebem apoio de muitos dos mesmos financiadores e programas aceleradores que apoiam startups de blockchain incorporadora. Assim como a "economia do compartilhamento" antes disso, que começou com uma perspectiva de comércio entre pares e logo se transformou em plataforma de serviços sob demanda, é fácil ver como startups com visões utópicas podem "pivotar" (no jargão do ramo) para modelos de negócio diferentes ou mesmo opostos aos seus objetivos originais.

Os projetos radicais e incorporadores de blockchain representam sonhos diferentes sobre o futuro dos valores e da sociedade. Defensores de projetos radicais de blockchain sonham com um futuro no qual as instituições serão desagregadas em milhões de obrigações microssociais suportadas por contratos computadorizados. Eles raramente ressaltam os passos intermediários pelos quais esse futuro será engendrado. Como os sonhos dos defensores da blockchain incorporadora carecem da visão de longo prazo de seus pares radicais, eles focam seus desafios na implementação em curto prazo. Preocupados com as restrições materiais do presente, os sonhadores da blockchain incorporadora propõem uma visão de transformação das instituições, e não sua destruição.

## Sonhos radicais com a blockchain

Em uma das mais claras descrições do sonho radical com a blockchain, Noah Thorp, cofundador da startup de blockchain Citizen Code, escreve:

> Povo da internet livre, nós agora temos a oportunidade de criar um mundo em que escolhemos trabalhar uma jornada de quatro horas por semana ao nosso bel-prazer, colaborando globalmente com quem quisermos, escolhendo livremente a remuneração em moeda corrente ou participação acionária, brincando em nossos grupos fractais de trabalho, fluidos e auto-organizados, protegidos do risco catastrófico por uma renda básica fornecida por nossos protocolos ponto-a-ponto. Nessa visão, a tragédia dos comuns é erradicada como a pólio por uma rede colaborativa de confiança implementada por um protocolo criptográfico baseado em consenso, que assegura nosso incentivo alinhado na direção de exprimir nossos propósitos pessoais e coletivos.[17]

Essa é a visão de uma sociedade alternativa possibilitada pela blockchain, uma infraestrutura tecnológica. Essa infraestrutura, como a sociedade que ela está destinada a impulsionar, é incipiente, uma visão poderosa que dá aos adeptos a impressão de que ela já existe. Ela advém subitamente e sem amarras, persiste sem amarras e propicia uma integridade também sem amarras às relações a que dá vida.

Eu caracterizo o sonho radical com a blockchain por três componentes, de que trato a seguir: futuridade; descentralização e desintermediação; e autonomia e automação.

### *Sonhos de futuridade*

Os sonhadores da blockchain têm pressa de realizar o futuro, que, no dizer do sociólogo Anthony Giddens,[18] está sempre sendo rapidamente "colonizado". Se eles não sonharem o futuro neste momento, outra pessoa há de fazê-lo. Agora "deixou de ser opcional", como disse o fundador de uma startup de blockchain, esperar passivamente o seu advento.[19] Tão logo uma proposta é apresentada – seja num relatório, num *slide deck* ou numa postagem num blog –, ela é tratada como se já existisse, está pronta para ser levada adiante. Na verdade, projetos de blockchain existem numa temporalidade particular e têm seu próprio sentido de passado e futuro, de mudança. Eles se inclinam performativamente para o futuro sempre logo ali, virando a esquina, e que pode igualmente já ter chegado.

A despeito dessas visões inebriantes, estritamente falando hoje há poucos projetos pós-blockchain, em termos funcionais plenos. Projetos de blockchain costumam ser descritos como inteiramente prontos para funcionar, mesmo que até aqui este decerto não seja o caso. Em um livro introdutório, Melanie Swan descreve a evolução da blockchain 1.0 para a blockchain 2.0 e 3.0, cada qual relacionada a um conjunto mais complexo de funções e a um conjunto mais abrangente de aplicações, mas só a blockchain 1.0, a blockchain do bitcoin, está atualmente implementada.[20] A seção intitulada "Bitcoin 1.0 em uso prático" tem apenas três parágrafos. O restante do livro segue descrevendo aplicações potenciais e teóricas, sempre de forma tácita, em tempo presente.

Isso é fetichismo tecnológico, com a implementação dessa tecnologia quase como um pós-escrito. Como disse um jornalista, "deixar-se ir tão vertiginosamente adiante da realidade pode ser uma exigência da revolução da blockchain".[21] Talvez seja esse o grau de crença audaciosa exigido para se introduzir uma nova ordem tecnoeconômica. A impaciência espelha a futura orientação geral da indústria tecnológica do Vale do Silício, amplificada. Mesmo ali, onde a tecnologia está sempre um passo atrás de suas promessas, os defensores da blockchain se mostram geralmente dispostos a operar como se o futuro especulado já tivesse chegado.

## *Sonhos de descentralização e de desintermediação*

Muitos sonhos radicais com a blockchain anteveem novas formações, tais como corporações autônomas descentralizadas (DACs, na sigla em inglês), organizações autônomas descentralizadas (DAOs, na sigla em inglês) e sociedades autônomas descentralizadas (DASs, na sigla em inglês). Na piada meio a sério de Vitalik Buterin, fundador da Ethereum e celebrado profeta da blockchain, "o DAOismo está bem a caminho de se tornar uma quase ciber-religião".[22] Que tipo de sociedade é descentralizada, autônoma? Ou pelo menos constituída de organizações e corporações autônomas descentralizadas?

Quase todos os fiéis da blockchain concordam que o problema-chave da nossa era é o papel dos "intermediários", em todas as áreas da sociedade. Segundo essa perspectiva, a internet atual é uma tremenda decepção. Ela é controlada por plataformas centralizadas, marcadas por modelos de negócio dependentes da coleta de dados pessoais e sociais, e cúmplice de agências do Estado como a National Security Agency (NSA) na vigilância e no fluxo de informação. Esses sistemas são gentilmente coercivos, e não existe internet fora deles. O indivíduo é simplesmente obrigado a entabular toda comunicação via essas "terceiras partes de confiança".

A blockchain, por outro lado, aboliria a necessidade dessa confiança. Ela seria uma infraestrutura "descentralizada e controlada por uma multidão de pessoas, numa vasta rede ponto-a-ponto", e, por isso, poderia "evitar inteiramente regulações e controles por parte do governo".[23] Como descreve Stephan Tual, da Ethereum: "Nós só queremos levar a internet a seu desfecho lógico: descentralização total."[24] A descentralização da blockchain é vista tanto como o próximo passo evolutivo quanto como um retorno à internet livre de intermediários e, portanto, mais livre em geral.

Uma característica-chave do sonho com a blockchain é, pois, uma rede ponto-a-ponto. Em vez da internet crescentemente centralizada, os entusiastas imaginam um "imenso número de dispositivos descentralizados, que trabalham juntos numa rede de malha distribuída... a descentralização turbinada".[25] A blockchain tem sido caracterizada como uma "infraestrutura radicalizante": em sua forma ideal, desapareceriam os "recursos monolíticos com barreiras proibitivas à entrada, o servidor quintessencial instalado na casa-grande de alguma propriedade industrial distante", em favor de "algo imaterial e disperso, ou gerenciado através de formas flexíveis e transitórias de propriedade".[26]

No sonho com a blockchain, os indivíduos deixariam de "pagar" com dados para usar intermediários ao trabalharem passivamente no que os estudiosos chamam de "a fábrica social".[27] Em vez disso, não haverá intermediários, porque nós todos seremos intermediários, produzindo mutuamente uma infraestrutura compartilhada que dispensa a confiança em terceiros, e incentivados a fazê-lo com criptomoedas como o bitcoin. Se todos os indivíduos se conectarem uns com os outros diretamente através da blockchain, os Googles, Facebooks e Amazons se tornarão obsoletos.

O sonho de descentralização da blockchain, porém, é mais amplo do que apenas uma ruptura com os modelos de negócio baseados em intermediários. Ele também é um sonho de desintermediação, um sonho de comunicação direta. No sonho radical com a blockchain, descentralização e desintermediação estão emaranhadas e são interdependentes. O fundador da Ethereum, Vitalik Buterin, dá um exemplo em relação à publicação de livros:

> Nos anos 1970, se você quisesse escrever um livro, havia um grande número de intermediários obscuros e centralizados pelos quais você precisaria passar antes que seu livro chegasse ao consumidor. Primeiro você precisaria de uma editora, a qual também cuidaria de edição e marketing e exerceria uma função de controle de qualidade para o consumidor. Segundo, o livro precisaria ser distribuído e, depois, finalmente, vendido nas livrarias. Cada parte da cadeia ficaria com uma comissão significativa, e no final você teria sorte se ficasse com mais que 10% da renda de cada volume, a título de direito autoral. Preste atenção no uso do termo "direito autoral", pois implica que você, o autor do livro, é só mais uma parte externa da cadeia a merecer uma pequena porcentagem como comissão, em vez de ser a pessoa mais importante, sem a qual, para começar, o livro não teria sequer existido.[28]

É difícil ver o que não é um intermediário para profetas da blockchain como Buterin. Os trabalhos de publicar, distribuir e vender o livro se tornam, cada qual, apenas um elo na cadeia de intermediários que recebem "comissões", acrescentando a ela um fator de atrito.

Assim como para publicar livros, quase todos os componentes dos sistemas de informação e economias existentes são vistos como decrépitos, inaptos, antiquados, bizantinos, kafkianos, para usar alguns dos termos que aparecem repetidamente. Eles são predatórios, incompetentes, ou ambos. Por conseguinte, estão maduros para a total disrupção, destruição e reconstrução a partir do zero com a blockchain. Existe quase um desdém moral pela mediação e pelas infraestruturas centralizadas que a possibilitam. E existe quase uma obrigação moral de descentralização e, presumivelmente, de desintermediação.

No coração do sonho com a blockchain, portanto, há um desejo ardente de uma comunicação sempre mais direta. A Ethereum toma seu nome do éter, a quintessência que preenche o Universo. Como o estudioso John Durham Peters ressalta,[29] a tradição cibernética de processamento de sinais e a tradição espiritualista de telepatia se encontram no sonho etéreo da comunicação perfeita. A Ethereum promete comunicação ponto-a-ponto situada para além do transtorno da comunicação imperfeita e, certamente, para além da faina e da dominação do trabalho imperfeito de comunicação.

No entanto, qual é o trabalho infraestrutural dos intermediários, que serviço eles prestam? Mediação, interface, interoperabilidade, facilitação de interações – tudo isso é trabalho em si mesmo. É exatamente o trabalho que o sonho com a blockchain está destinado a tornar desnecessário. Contudo, o sonho com caminhos diretos depende de um ecossistema de hardwares e softwares, cada um dos quais devendo ser produzido e mantido por alguém.

No único sistema baseado na blockchain existente em termos plenos – o bitcoin –, a descentralização continua a ser um desafio. Em vez de desenvolver a capacidade de os protocolos leves otimizados para computadores caseiros ou coletivos de pequena escala hospedarem a blockchain, a especulação metalista em bitcoin levou à centralização da infraestrutura. A hospedagem da blockchain se consolidou sob a forma de operações de "garimpo", com os dois *pools* mais importantes operando 57% da blockchain e cinco *pools* de mineração operando 80% delas.[30] Há uma suspeita comum de que alguns desses *pools* possam ser propriedade de um mesmo operador, o que significaria uma consolidação ainda maior.[31]

De modo semelhante, em vez de transacionar diretamente via blockchain, a maior parte das pessoas usa bitcoins através de uma nova classe de intermediários específicos para bitcoins: carteiras, bolsas de valores, cartões de débito, outros portais de pagamento. Eles fazem o trabalho que os intermediários financeiros sempre fizeram: compensação e liquidação intermediadas, equivalência entre taxas de câmbio, administração de riscos e fraudes. O que os empreendedores no ramo do bitcoin que construíram essas aplicações por cima da blockchain descobriram é que a comunicação financeira direta – como toda comunicação – não acontece por mágica. Eles acabaram reconstruindo inteiramente a maior parte do sistema de pagamento.

Ao desejar, ou pretender, fantasiosamente que o trabalho infraestrutural se tornasse fútil, o ecossistema do bitcoin ficou tão centralizado e mediado quanto os sistemas existentes. Não há razão para esperar que futuros projetos de blockchain venham a ser diferentes em algum aspecto.

## *Sonhos de autonomia e de automação*

A palavra "autônomo", tal como usada no sonho com a blockchain, é polissêmica e evocativa de sonhos passados de alteridade. Isso traz à memória a abordagem autonomista de teorias da esquerda antiautoritária e de ativistas que se situam na interseção entre socialismo e libertarianismo.[32] Ela também evoca a autonomia liminar encontrada em lugares como os acampamentos do Occupy e o festival Burning Man, vistos por alguns participantes como capazes de existir fora da sociedade presente como local prefigurativo de alteridade.[33] E, ainda, se refere ao bitcoin, que deveria funcionar de modo autônomo em relação a Estados ou bancos. Mas, no novo sonho com a blockchain, "autônomo" significa tanto algo a mais quanto algo diferente.

Embora o termo seja escorregadio e controverso, os entusiastas da blockchain convergem quanto à definição de "organização autônoma descentralizada" como algo semelhante a uma entidade baseada numa blockchain operada sem qualquer controle externo, guiada, em vez disso, por um conjunto incorruptível de regras e alimentada por "contratos inteligentes" (*smart contracts*), mercados de criptomoedas e agentes de inteligência artificial (IA). Investidores humanos criam "contratos inteligentes" e usam mercados para expressar suas preferências, e a IA impõe a execução desses contratos e as preferências do mercado. Portanto, o termo "autônomo" passa a significar não só autonomia em relação à autoridade, mas automação. No sonho com a blockchain, as duas noções são interconectadas, com a primeira dependendo da segunda.

Como observam Cameron e Tyler Winklevoss, cofundadores eclipsados do Facebook e empresários no ramo bitcoin e blockchain:

> Criptomoedas também possibilitarão as primeiras formas de *vida artificial*, introduzindo uma "Segunda Era das Máquinas". Embora computadores, máquinas e coisas (por exemplo geladeiras) hoje não possam abrir uma conta bancária, elas serão capazes de plugar um protocolo de bitcoin e se comportar como *atores econômicos racionais* no futuro. Esses computadores, conhecidos como *agentes autônomos* (por exemplo carros sem motoristas, drones), serão donos de si mesmos e, se for proveitoso, produzirão descendentes para criarem famílias de *corporações autônomas*. Ocorrerá uma *Singularidade Comercial* mediante a qual o comércio entre máquinas, computadores e coisas excederá o comércio entre seres humanos. Tarefas não criativas serão fundamentalmente automatizadas, fazendo com que bens e serviços se tornem muito mais baratos e os padrões de vida se elevem. (Grifos do original)[34]

A Fast Company descreve os empresários de blockchain que se interessam por DAOs como "humanos que sonham com empresas que não vão precisar de nós".[35]

De fato, o problema, ao que parece, são as pessoas. Conforme escreve um entusiasta: "Um contrato inteligente automatiza as regras, verifica as condições e, então, age sobre elas, minimizando o envolvimento humano."[36] Mais uma vez, intrínseca a esse sonho está a abolição da necessidade de confiar em terceiros. As DAOs tornam desnecessário confiar uns nos outros ou numa terceira parte centralizada porque automatizam todos os processos que poderiam ser pontos potenciais de maleficência ou inaptidão humanas. Como sugere Vitalik Buterin, "não é sequer possível que a 'mente' da organização trapaceie".[37]

Não há necessidade de tentar cooperar, somente de engajar-se em sistemas de consenso. Em vez de "elaborar, contestar ou executar um contrato tradicional", mesmo o mais complicado dos arranjos de negócio pode ser "codificado e empacotado como um contrato inteligente".[38] Alcança-se o consenso mediante coordenação via captura automática, quantificação e execução de sinais sociais. Noah Thorp, fundador de uma startup de blockchain, descreve:

> Na minha cabeça, os fluxos invisíveis de valor que logo serão representados por protocolos emergentes tornaram-se visíveis. Além de dólares e ienes, todo o espectro de moedas de reputação [*reputation currency*], moedas de aplicativo e "economia das máquinas" fluíram diante de meus olhos num arco-íris de moeda corrente, patrimônio e contas distribuídas.[39]

Essas "economias das máquina", esse "arco-íris" de tokens de valor criptográfico no estilo bitcoin se tornam um mercado perfeito para cuidar de tudo, de qualquer coisa. Isso significa confiar nos mercados como os principais impulsionadores da automação. Trata-se de algo que está muito além da confiança dos economistas convencionais nos mercados, a maioria dos quais reconhece, pelo menos implicitamente, que dispositivos de mercado são desenhados por pessoas tanto para realizar quanto para medir o mundo.[40] Está mais alinhado com o que alguns estão chamando de "comunismo de luxo totalmente automatizado", ou Falc (Fully Automated Luxury Communism).[41] No dizer de um importante proponente do Falc: "O capitalismo tende a automatizar o trabalho, a transformar coisas antes feitas por pessoas em funções automatizadas. Ao se reconhecer isso, a única demanda utópica possível é a automatização total de tudo e a propriedade comum daquilo que for automatizado."[42]

Quando o sonho com a blockchain for realizado, esses tokens circularão, e aqueles que contribuem de várias maneiras serão incentivados por um mercado desses tokens, o que se torna uma forma de participação acionária na própria sociedade.* Tudo será automatizado, autorregulado, livre de erros ou corrupção humana e, consequentemente, justo. Nesse ínterim, no entanto, esses tokens também podem ser comprados. Joel Dietz, fundador da startup de blockchain Swarm, diz: "À diferença de revoluções passadas, a esta não se deve aderir, e sim possuí-la."[43] Os investidores iniciais estão comprando ações nos próprios meios de participação da sociedade futura.

No sonho com a blockchain, a automação produz autonomia em relação a hierarquias e instituições. Essa visão se inspira simultaneamente no passado distante e no futuro distante, é uma espécie de tecnoprimitivismo. Ela é com frequência descrita em termos de "enxames", "fractais" e outros padrões naturalmente complexos. Como disse a estudiosa e "alquimista-chefe" da Backfeed, Primavera De Filippi, num TED em 2015:

> O reino animal tem numerosos exemplos de indivíduos cooperando uns com os outros para alcançar resultados impressionantes sem necessidade de planejamento, controle ou sequer comunicação direta entre agentes – abelhas, formigas e cardumes de peixes são exemplos disso. Os seres humanos, contudo, só foram capazes de alcançar metas cooperativamente através de imposições de hierarquias organizacionais, coordenação centralizada e regras. As tecnologias de blockchain oferecem uma nova abordagem, nos permitindo alcançar cooperação em larga escala e sistemática de uma maneira inteiramente distribuída e descentralizada.

Julian Feder elabora essa ideia no blog da Backfeed, explicando que a blockchain permite que "redes surjam espontaneamente", redes que "natu-

* A Ethereum começou com uma pré-venda de 42 dias de "ether", o "criptocombustível" em forma de moeda que "alimenta" a Ethereum (Buterin, 2014b). Nas primeiras doze horas, a pré-venda levantou 3.700 bitcoins, que, na época, valiam US$2,3 milhões (Tanzarian, 2014).

ralmente" levarão os participantes a cooperar, "exatamente como a simples resposta à troca de feromônios funciona para os insetos".[44] A blockchain deve supostamente fornecer à humanidade uma espécie de hipernatureza aumentada, a extensão tecnológica de uma capacidade inata, mas alienada, de se auto-organizar. Atingir esse futuro significará a descoberta de uma condição humana mais autêntica. Trata-se de uma visão da humanidade aperfeiçoada através tanto da tecnologia quanto do mercado.

Contudo, assim como o sonho da descentralização, o sonho da automação é esquivo. Sem que haja uma blockchain funcional para captar ideias e negociações complicadas, esses grupos têm de usar tecnologias de comunicação que de fato existam. A Swarm, que descreve a si mesma como pronta para criar uma "Civilização 2.0", usou um Google Doc para promover debate e elaboração públicos de seu plano de "governança 'fractal' distribuída".[45] Apesar de grandes promessas no tempo presente, a blockchain ainda não eliminou a intermediação do Google, muito menos os confusos e frustrantes processos de elaboração e debate coletivos.

O projeto bitcoin – a implementação mais plena da blockchain, repito – também está lutando para usar a blockchain para consenso automatizado. Em 2015, teve início uma disputa na comunidade do bitcoin a respeito de como torná-la capaz de processar mais transações com maior velocidade. Vários ajustes foram propostos, e acordou-se que o consenso seria alcançado pelo ajuste que fosse rodado por uma maioria de "garimpeiros" e, por conseguinte, "ganhasse". Um ponto crucial é que não se tratava de uma "votação", porque, como escreveu um líder do fórum: "Uma das grandes coisas do bitcoin é sua ausência de democracia."[46] Isto é, ninguém podia ser "democraticamente coagido" a usar uma versão ou outra do protocolo; em vez disso, eles tomariam a decisão econômica racional de rodar a versão do programa que a maioria estava rodando, ou não. Dois anos depois a questão ainda não fora resolvida. O bitcoin não ganhara escala suficiente para isso. Segundo um importante desenvolvedor do núcleo, Mike Hearn, que saiu na sequência da debacle, o episódio marcou "o encerramento do experimento bitcoin" como um "fracasso", pois demonstrou que "os mecanismos que deveriam ter evitado esse resultado falharam".[47] Não obstante, o sonho de um consenso de mercado automatizado sobre o difícil trabalho de cooperação persiste.

## Sonho incorporador com a blockchain?

Embora não tenha de modo algum objetivos revolucionários, a visão incorporadora da blockchain no interior da indústria financeira tem sua própria alteridade. Precisamente por seus objetivos e contextos serem tão diferentes, a orientação incorporadora das blockchains como "Fintechs" talvez possa propiciar um elemento comparativo útil. Na verdade, como sugere J.K. Gibson-Graham,[48] estudar a economia tal como ela é pode trazer à tona e apresentar práticas de uma economia diferente. O sonho incorporador com a blockchain nos dá algum discernimento sobre o que pode estar faltando no sonho radical com a blockchain.

Na verdade, o sonho incorporador com a blockchain não é absolutamente um sonho. Ele é enfadonho. Apesar do burburinho residual oriundo do sonho radical, os projetos incorporadores não buscam recriar holisticamente a sociedade. Em vez disso, eles oferecem uma "plataforma para remediar os pontos de estrangulamento na paisagem bancária atual", conforme explica a firma de consultoria Accenture Insights.[49] O relatório descreve aplicações potenciais, como "introduzir uma coesão sem precedentes nos processos internos de manutenção de registros; exibir um registro de consenso com trilha de auditoria criptográfica das transações; criar um processo de compensação quase em tempo real; fortalecer a administração de risco através de possibilidade de realizar auditorias mais robustas e ampliar o vínculo entre as contrapartes", assim como "compartilhamento de informações de identificação dos clientes e prevenção à lavagem de dinheiro, vigilância dos negócios, envio de informações aos reguladores, gerenciamento colateral, negociação, compensação e liquidação". Essa lista é típica das espécies de aplicação imaginadas para a blockchain incorporadora. Entretanto, trata-se de um chamado para a indústria de serviços financeiros, uma "oportunidade única de se reimaginar e modernizar sua infraestrutura para lidar com desafios operacionais de longa data".[50]

A blockchain incorporadora oferece uma visão diretamente oposta àquela da blockchain radical em termos de futuridade; de descentralização e desintermediação; e de autonomia e automação. Enquanto o sonho radical é marcado pela futuridade, o sonho incorporador se move devagar e é avesso ao risco. Enquanto o sonho radical valoriza descentralização e desintermediação, o sonho incorporador insiste em governança e traz à luz o trabalho de intermediários. Enquanto o sonho radical busca autonomia construída sobre automação, o sonho incorporador imagina a automação como ferramenta, e não como substituição, para o trabalho humano.

## Uma blockchain lenta?

À diferença dos sonhadores da blockchain radical, que saltam entusiasticamente para o futuro, as pessoas interessadas no uso incorporador da blockchain nas instituições financeiras se movem lenta e cautelosamente. Um relatório de 2015 da firma de consultoria McKinsey é representativo disso: "O potencial pleno da tecnologia de blockchain só vai se realizar através da cooperação entre participantes, reguladores e tecnólogos do mercado, e isso pode levar algum tempo." Um relatório de maio de 2016 do instituto Swift observa que muitos na indústria estavam preocupados com o fato de que a tecnologia da blockchain, ao mesmo tempo que apresenta um potencial, faz-se acompanhar pelo excesso de "expectativas irrealistas" com "ganhos de curto prazo relativamente pequenos".[51]

Repetidas vezes, em oficinas e conferências sobre a blockchain, representantes da indústria perguntam se implementá-la vai "valer ou não o custo de migração", questionam qual seria o "valor adicionado" caso venham a fazê-lo e sugerem que a blockchain pode muito bem ser uma "solução em busca de um problema". Por trás desse discurso empresarial há uma crítica à futuridade e ao fetichismo futurista. Além de entusiastas exaltados e consultores devotos que viraram casaca e deixaram de apoiar a blockchain radical, muitas pessoas cujo emprego será implementar a blockchain estão preocupadas com o que ela poderá realmente fazer; e não mostram muita pressa em reformar todo o seu sistema em nome de uma tecnologia que muito claramente está em fase inicial. Como observa um consultor da indústria: "Isso vai dar muito trabalho."[52]

É precisamente essa falta de "agilidade" que o Vale do Silício costuma criticar em Wall Street, mas trata-se de uma lentidão e de uma aversão ao risco enraizadas numa ética de cuidado fiduciário. Dito de outra forma: sistemas tecnológicos financeiros devem funcionar bem. Eles não podem ser uma promessa não realizada. Coisas meio mágicas como derivativos de crédito e a negociação em alta frequência podem ter seu valor no lado dos negócios dos grandes bancos, mas não são bem-vindos como infraestrutura para fazer o dinheiro girar mantendo o registro desse movimento. As duas seções a seguir descrevem a temporalidade desacelerada do sonho incorporador com a blockchain em termos do trabalho fiduciário que ela traz à tona: o trabalho de negociar a descentralização e a automação.

Antes, porém, como uma provocação, quero considerar brevemente o modo como a indústria bancária oferece uma alternativa ao futurismo do Vale do Silício e da blockchain radical. Talvez ironicamente, pois "a revolução da atividade bancária empresarial é uma maratona, não uma corrida de curta distância", ela pode ter mais em comum com o ritmo de muitas práticas econômicas alternativas e de grupos de ativismo que celebram as virtudes da lentidão.[53] Bem estranhamente, a blockchain incorporadora compartilha o mantra do movimento dos Indignados espanhóis: "Vamos devagar porque vamos longe."[54] Claro, a indústria financeira tem o prazer de ser a incumbente – na verdade, talvez o sistema hegemônico mais poderoso do planeta –; não obstante a questão continua de pé: o que significaria alterar a temporalidade de mudança, ter um movimento de "blockchain lenta" radical?

### *Centralização e intermediação*

A visão a favor da blockchain incorporadora não é plenamente descentralizada, seja na filosofia, seja na prática. Mesmo a importante blockchain incorporadora Blythe Masters reconhece que a descentralização total da infraestrutura e da autoridade seria "uma maldição para uma indústria na qual a confidencialidade do cliente é sacrossanta".[55] Em vez disso, ela defende o que se tornou conhecido como blockchains "privadas" ou "de acesso autorizado".[56] Na maioria das propostas desse tipo de blockchain, os nós da rede não são garimpeiros voluntaristas incentivados pela mineração de tokens criptográficos, mas servidores mantidos por organizações-membros. O resultado estaria mais para o Sabre Global Distribution System (GDS), um banco de dados de reservas usado pela maioria dos atores de peso na indústria de viagens, do que para qualquer coisa imaginada pelo sonho radical com a blockchain. Isso não significará mais descentralização; ao contrário, provavelmente significará livros de registros centralizados produzidos por parceiros na indústria.

A blockchain incorporadora seria composta, portanto, por plataformas, produzidas de modo cooperativo sobre as quais competir. De fato, há muito tempo a indústria de pagamentos vem sendo cooperativa de inúmeras maneiras. A rede Visa é um desses pontos de "coopetição" – cooperação mais competição. Trata-se de uma interface entre negociantes e clientes que não precisam ter contas no mesmo banco.[57] É um método funcional de negociar na prática tensões entre centralização e descentralização. A própria tecnologia da blockchain ainda precisa ser desenvolvida, mas muitos na indústria observam que "o trabalho mais duro está em outro lugar, nos domínios de governança, desenvolvimento de regras, mudança regulatória, otimização das áreas de suporte [*back office*] e desenvolvimento de padrões".[58] Isso não é trabalho de desintermediação, e sim de mediação.

A blockchain se torna, dessa forma, o local onde se reunir em torno de problemas e encontrar soluções. Muitos interessados nas aplicações da blockchain na indústria são descrentes quanto à própria tecnologia. Em vez disso, se mostram interessados em mitigar os "pontos de estrangulamento" que tornam seu trabalho frustrante, e estão abertos a soluções potenciais baseadas na blockchain. Um colunista que escreve sobre tecnologia financeira explicou o interesse pela blockchain da seguinte maneira:

> 1. É tolo e ruim para transações-padrão de mercado levar vinte dias para fechar um acordo porque procedimentos arcaicos exigem que os participantes do mercado passem documentos por fax uns para os outros e pratiquem antigos feitiços.
> 2. Os participantes do mercado deveriam se reunir e concordar a respeito de uma maneira de resolver isso.
> 3. Essa maneira provavelmente deve envolver computadores.[59]

O objetivo aqui não é desintermediar o sistema financeiro, mas determinar como constituir intermediários melhores.

O foco dessas conversações logo se abre, distanciando-se das possibilidades específicas oferecidas pela blockchain. A conversa se desloca de "cadeias de blocos" para "livros de registros compartilhados" e "bancos de dados compartilhados", e daí para uma extensão muito mais ampla de tecnologias e práticas. Rapidamente, em vez de falar sobre sua "estratégia de blockchain", os representantes de instituições financeiras estão falando de pesquisas prévias sobre métodos que alcançam o que a blockchain prometeu. Conforme me disse um técnico: "Nós estamos trabalhando em computação multigrupos segura há algum tempo, e chamar isso de blockchain não faz a coisa funcionar melhor, mas faz meu patrão ficar mais interessado." A blockchain é mais útil como estratégia retórica do que como estratégia tecnológica.

A tecnologia incorporadora da blockchain está criando um contexto estimulante para o trabalho cooperativo de se reunir para desenhar uma infraestrutura compartilhada, definir padrões e decidir sobre práticas e protocolos. Como me disse o funcionário de um importante banco que trabalha com a iniciativa blockchain: "Se eu acho que ela vai mudar o mundo ou mesmo a tecnologia financeira? Não sei, mas é um período muito empolgante para se fazer o que estou fazendo. Ninguém jamais achou que repensar esses processos fosse interessante. Agora virou notícia."

O sonho incorporador com a blockchain traz à tona o trabalho infraestrutural da atividade bancária e reorienta o lócus de agitação, afastando-o dos pregões do comércio na direção daqueles que constroem sistemas de informação que há muito vêm sendo considerados conflitivos, pois se esperava que fossem estáveis e invisíveis. Abraçar a centralização e a intermediação oferece uma provocação para os sonhadores com a blockchain radical. *E se, em vez de fazer da descentralização e da desintermediação metas em si, nós imaginássemos como seria levar a sério o duro trabalho de cooperação infraestrutural, o duro trabalho de compartilhar?*

### *Não autonomia, não automatizado*

Projetos incorporadores de blockchain não são, por natureza, autônomos em relação às instituições existentes. São formados a partir de parcerias dentro de e entre companhias de serviços financeiros existentes. Eles envolvem os reguladores existentes, tanto o Estado como a indústria. Embora às vezes concebam usar criptomoedas na operação do sistema, não tentam deixar de usar inteiramente as moedas estatais, se é que chegam a pensar em fazê-lo. O sonho incorporador com a blockchain não oferece autonomia social, tampouco autonomia pessoal baseada em automação. Entretanto, o que a blockchain incorporadora oferece de fato é uma visão desmistificada da automação.

Projetos incorporadores blockchain não repudiam inteiramente a automação. Diferentemente dos projetos radicais, a meta é criar ferramentas de informação modernizadas para confrontar a complexidade das finanças modernas, e não criar sistemas que substituam os insumos humanos. Não há sonhos radicais de autonomia aqui, nenhuma "economia de máquinas" nem "companhias que não precisam de nós".

Um exemplo representativo de um projeto incorporador de blockchain é o Nasdaq Private Market. Em 2015, a Nasdaq, em parceria com a Chain, uma empresa de blockchain, anunciou um projeto piloto usando tecnologia de blockchain para gerenciar ações dentro de empresas privadas.[60] Historicamente, o processo de gerenciamento de ações dentro de empresas privadas tem consumido muito tempo e é intensivo em trabalho. Apesar de e por causa disso, a documentação amiúde fica defasada em relação à realidade, resultando em registros muitas vezes inexatos. O método da blockchain aperfeiçoaria e automatizaria grande parte disso. Diferentemente das propostas de organizações autônomas descentralizadas, o Nasdaq Private Market vislumbra a automação pautada em blockchain como uma base para promulgar um paradigma inteiramente novo, mas como um dispositivo de registro mais fidedigno para um ambiente já complexo.

Muitos projetos incorporadores de blockchain focam no desenvolvimento de "contratos inteligentes", protocolos que facilitam e impõem a negociação de um acordo. A economista Susan Athey, que faz parte do conselho da Ripple Labs, uma companhia de livro de registros compartilhados, explica que as principais utilidades dos contratos inteligentes num livro de registros distribuído são, em primeiro lugar, que eles "permitem que você redija um conjunto de regras"; em segundo, que essas regras serão executadas sobre infraestruturas de informação confiáveis.[61] A ênfase está na tarefa de descobrir como redigir as regras, como fazer o trabalho de automação.

Quando a automação é uma prática profissional, e não utópica, ela é encarada como ofício, como um trabalho: *techne*, não *episteme*. É trabalho para engenheiros convencionais, para aqueles cujo ofício envolve a labuta enfadonha e burocrática de criar sistemas compartilhados de operações e comunicações. Como me disse um consultor da indústria: "Não tem feijão mágico, é só software." Pelo menos por agora, os projetos incorporadores de blockchain estão focados não em eliminar o trabalho, mas em construir novos processos: a automação como uma ferramenta interativa, gerida por pessoas.

Muitos na indústria se preocupam com a possibilidade de a blockchain – e a automação em geral – dar mais poder a engenheiros do que a MBAs, levando os lucros dos bancos para as empresas de tecnologia. É provável que isso seja verdade, e pode refletir uma tendência mais ampla na sociedade rumo à automação das tarefas desempenhadas por empregados de nível hierárquico mais baixo, o que está longe de não ser problemático. Porém, essas propostas incorporadoras de fato questionam os sonhadores radicais: o que significaria imaginar uma blockchain que não quer substituir pessoas, mas, em vez disso, é uma extensão das relações existentes entre elas?

## Conclusão

A maior diferença entre o sonho radical e o sonho incorporador com a blockchain é que o primeiro tem metas audaciosas de reconstrução da sociedade para, na compreensão de seus adeptos, melhorá-la, ao passo que o segundo não tem tal ambição. Além dessa distinção óbvia, a visão incorporadora nos incita a questionar o que uma blockchain radical poderia fazer se não insistisse em futuridade, se jogasse um jogo mais longo e mais lento. E se ela não tivesse que abolir a confiança entre pessoas, se não fosse inteiramente descentralizada e não tivesse de ser autonomista?

A blockchain incorporadora traz à tona o trabalho de manter a blockchain. Este não é um trabalho dos grandes sonhos, é o trabalho de organizar detalhes. Gênios solitários como Mark Zuckerberg, Satoshi Nakamoto e, agora, Vitalik Buterin são celebrados por sonharem com novas estruturas de informação, mas raramente somos convidados a pensar – muito menos a celebrar – o trabalho comum diário, que mantém essas infraestruturas cotidianamente.

Estudiosos de tecnologia e sociedade têm demandado mais atenção para esse trabalho de "manutenção".[62] De administração de sistemas a testes de regressão, até limpeza de dados, as indústrias da informação são constituídas por incontáveis funções que são não apenas mantidas invisíveis, como também rotineiramente descartadas e degradadas como mero "atrito", uma falha inconveniente a ser automatizada, terceirizada ou ignorada. Não se trata de venerar o "trabalho duro" e a produtividade em si. Trata-se de repensar o TI como a parte do trabalho que, quando consentimos que passe despercebida, perpetua o *status quo* tecnoeconômico.

Eu gostaria de sugerir que o trabalho invisível de desenvolvimento e manutenção de sistemas tecnológicos, em virtude de sua invisibilidade, pode ser encarado como uma forma de trabalho de cuidar da infraestrutura. Como sugere J.K. Gibson-Graham,[63] se aprendêssemos a ver o trabalho de costura interna nos sistemas sem amarras, vislumbraríamos uma "economia diversa" na qual estamos enredados, uma economia que inclui o capitalista e o não capitalista.

Desse modo, a blockchain incorporadora contém sua própria alteridade radical. O que significaria se os sonhadores radicais da blockchain se inspirassem na cooperação oculta sobre a qual o capitalismo global se constrói, em vez de apenas imaginar que mecanismos de mercado funcionam como se fosse um passe de mágica? O que significaria para o momento da blockchain radical se ele tivesse permissão para ser enfadonho?

# 5. Serviços financeiros ao consumidor nos Estados Unidos: por que os bancos talvez não sejam a resposta

Lisa J. Servon

O SISTEMA DE SERVIÇOS FINANCEIROS ao consumidor nos Estados Unidos está quebrado. Esse sistema consiste em bancos convencionais e cooperativas de crédito, serviços "alternativos" de desconto de cheques e de empréstimos consignados,* instrumentos informais como associações de poupança e crédito rotativo e agiotas. Nas últimas quatro décadas, em particular desde a crise financeira, os serviços financeiros ao consumidor se transformaram num sistema que deixou de servir às necessidades das classes médias e mais baixas.

Formuladores de políticas e pesquisadores estão preocupados com o número crescente de americanos que não têm conta em banco e usam serviços financeiros "alternativos" (AFS, na sigla em inglês), como os serviços de desconto de cheques e empréstimos consignados. Em 2014, a Federal Deposit Insurance Corporation (FDIC) relatou 17 milhões de americanos "desbancarizados" (não têm conta em banco) e outros 43 milhões "sub-bancarizados" (são correntistas mas continuam a lançar mão dos serviços alternativos).[1] Os números são mais severos nas áreas de baixa renda e entre minorias raciais e étnicas.[2] Significativos 28,2% das famílias de baixa renda (que ganham menos de US$15 mil por ano) não têm conta em banco, e 21,6% têm acesso restrito aos serviços bancários.[3] Negros, hispânicos e famílias de não cidadãos nascidos no exterior também somam um número desproporcional de pessoas com acesso restrito aos serviços bancários. Só 48,7% das famílias hispânicas dispõem de acesso pleno aos serviços bancá-

* Nos Estados Unidos, empréstimos de pequenas quantias, de curto prazo, com taxas de juros e encargos elevados. (N.R.T.)

rios; esse número cai para 45,8% entre famílias de não cidadãos nascidos no estrangeiro e para 41,6% entre as famílias negras.[4]

Formuladores de políticas e pesquisadores estabeleceram uma falsa dicotomia entre os que têm e os que não têm conta bancária, os "incluídos" e os "excluídos" financeiramente. Essas categorias são equivocadas. Classificar as pessoas como "bancarizadas", "sub-bancarizadas" ou "desbancarizadas" presume que confiar exclusivamente nos bancos é a norma desejável, e que qualquer outra coisa é inferior. De modo semelhante, a expressão "exclusão financeira" supõe que não correntistas não têm qualquer acesso a serviços financeiros. Como demonstrarei aqui, esses indivíduos formam uma grande parte do sistema de serviços financeiros, algumas vezes por escolha, outras vezes porque as instituições convencionais não logram satisfazer suas necessidades, outras ainda porque são efetivamente excluídos.

Esses debates também ignoram as interconexões entre diferentes tipos de fornecedores de serviços financeiros e de que maneira eles contam uns com os outros para obter seus lucros. Os esforços das políticas em curso tendem a buscar transferir a população desbancarizada e sub-bancarizada para a categoria bancarizada, sem uma compreensão abrangente do contexto no qual os indivíduos dessas categorias tomam suas decisões financeiras nem das opções viáveis que eles têm à disposição (ver, por exemplo, os programas BankOn, que começaram em São Francisco em 2006 e hoje existem em 76 cidades americanas).

Os propósitos deste artigo são contar a história de como o sistema de serviços financeiros ao consumidor se tornou tão disfuncional e mostrar que os principais mitos que cultivamos sobre como as pessoas de baixa e média renda tomam decisões financeiras são infundados. Debato aqui as três tendências que levaram à situação atual: 1) mudanças nas práticas bancárias e nas políticas relacionadas aos bancos; 2) a crescente instabilidade financeira dos americanos; 3) a dependência excessiva do crédito. Considerando esse contexto, mostrarei em seguida por que faz sentido que um número tão grande de pessoas esteja se voltando para os serviços financeiros alternativos. Utilizando dados de observação participante e mais de cem entrevistas, desmascaro quatro mitos predominantes sobre a indústria de serviços financeiros alternativos: 1) todo o mundo precisa ter uma conta bancária; 2) as pessoas usam serviços financeiros alternativos porque não têm educação financeira; 3) maior regulação dos serviços financeiros alternativos irá resolver o problema; 4) pessoas que usam serviços financeiros alternativos não poupam.

## Metodologia

Este artigo tem por base uma profunda revisão da bibliografia e das políticas que fundamentam as seções sobre as tendências subjacentes ao cenário disfuncional dos serviços financeiros. Além disso, passei centenas de horas como caixa do RiteCheck, um serviço de desconto de cheques em South Bronx, e como caixa e cobradora de dívidas da Check Center, no centro de Oakland, Califórnia. Depois de trabalhar nesses postos, entrevistei cinquenta clientes de cada um dos estabelecimentos. Durante um mês, fiz trabalho voluntário num serviço de aconselhamento para pessoas com dificuldades em pagar seus empréstimos consignados. Realizei uma série de entrevistas com especialistas em atividades bancárias e serviços financeiros alternativos, com formuladores de políticas do Consumer Finance Protection Bureau e da Federal Deposit Insurance Corporation (FDIC), com pesquisadores relevantes, com o chefe de uma agência de crédito subprime e com pessoas que atuavam em serviços de defesa dos consumidores. Frequentei encontros locais e nacionais de associações comerciais de serviços de desconto de cheques e empréstimo consignado, e conferências organizadas pelo Center for Financial Services Innovation.

Recorrer à etnografia e a outros métodos qualitativos me permitiu chegar o mais próximo possível das questões que eu queria entender. Ao participar da instituição financeira de bairro que serve a uma ampla população bancarizada/desbancarizada, pude compreender o raciocínio por trás das decisões financeiras dos consumidores. Passar grandes períodos de tempo no bairro também me possibilitou construir relações de confiança e conhecer melhor as outras maneiras pelas quais as pessoas satisfazem suas necessidades financeiras.

## As três tendências subjacentes ao cenário disfuncional dos serviços financeiros

Os formuladores de políticas tendem a depreciar o grande número de pessoas desbancarizadas e sub-bancarizadas, passando diretamente das estatísticas da FDIC a intervenções que levem essas pessoas a se tornarem correntistas dos bancos. Esse processo carece da necessária etapa de analisar um conjunto mais amplo de possíveis razões que tenham levado a essa situação. Eu encontrei três tendências que se materializaram durante o mesmo período no qual cresceu o setor alternativo na indústria de serviços financeiros ao consumidor: 1) mudanças nas políticas e práticas bancárias; 2) maior dependência do crédito; 3) insegurança financeira crescente.

### *Mudanças nas políticas e práticas bancárias*

Os debates sobre os riscos de haver bancos excessivamente grandes ocorrem pelo menos desde 1912, quando Woodrow Wilson, então candidato a presidente da República pelo Partido Democrata, escreveu:

> O grande monopólio deste país é o monopólio do dinheiro. Enquanto isso existir, as nossas velhas diversidade e liberdade e energia individual para o desenvolvimento estão fora de questão. Uma grande nação industrial é controlada por seu sistema de crédito. Nosso sistema de crédito é concentrado. O crescimento da nação e todas as nossas atividades estão, portanto, nas mãos de poucos homens, os quais, conquanto sua ação seja honesta e voltada para o interesse público, veem-se necessariamente concentrados nos grandes empreendimentos em que o seu próprio dinheiro estará envolvido, homens

que, necessariamente, em razão de suas próprias limitações, deprimirão, reprimirão e destruirão a genuína liberdade econômica.[5]

A expressão "grande demais para quebrar" foi cunhada em 1984, sendo empregada para justificar o acordo de socorro financeiro ao Continental Illinois, o sétimo maior banco do país, pouco depois de começarem a ser revogadas as proibições de aberturas de filiais bancárias e 24 anos antes da crise financeira que tornou essa expressão um lugar-comum.[6] O deputado Stewart McKinney usou o termo numa sessão do Congresso que discutia a decisão da FDIC de socorrer financeiramente o Continental Illinois, até então a maior falência bancária da história dos Estados Unidos. Entre 1993 e 1997, 2.829 bancos foram absorvidos via fusão ou aquisição. O poder ficou cada vez mais concentrado num pequeno número de bancos.

Reiteradamente, por mais de um século, nós ouvimos que os bancos são grandes demais e que nossos interesses não estão no foco de sua tomada de decisões. A situação só piorou desde então. Quando o Washington Mutual quebrou durante a crise financeira de 2008, era um banco sete vezes maior que o Continental Illinois fora. Os quatro maiores bancos controlam coletivamente cerca da metade de todos os ativos bancários dos Estados Unidos, um total de US$6,8 trilhões.[7] Os maiores bancos são gigantescos. Ellen Seidman, membro sênior do Urban Institute, que trabalhou durante décadas em regulação financeira, me disse: "Eu não acho que você possa encontrar um regulador [bancário] ... que ache que eles sejam governáveis ou reguláveis."

O crescimento incontrolado dos bancos não foi o único fator a criar a situação em que estamos agora. Para entender o que aconteceu, temos de voltar ao começo do século XX.

A preocupação inicial com as práticas bancárias prejudiciais levou os formuladores de políticas a aprovar, em 1914, como parte da Lei da Comissão Federal de Comércio, uma legislação sobre Atos e Práticas Desleais e Enganosos. Essas leis foram reforçadas pela aprovação das leis de Honestidade no Crédito e de Honestidade na Poupança, em 1968 e 1991, respectivamente. Elas exigem que os credores informem os custos e as condições dos créditos e que as propagandas não sejam enganosas nem imprecisas, nem deturpem os contratos de depósito de uma instituição.[8] Em julho de 2010, quando se aprovou a Lei Dodd-Frank,* acrescentou-se o termo "abusivo" ao nome da legislação: Atos e Práticas Desleais, Enganosos e Abusivos (Udaap, na sigla em inglês). Embora respondessem a problemas reais e fossem bem-intencionadas, as regulações Udaap são diferentes de estado para estado, e cabe aos juízes a interpretação dos termos "abusivo" e "enganoso". Raras vezes evocou-se essa legislação, desde a aprovação da Dodd-Frank.

A Grande Depressão de 1929 intensificou o foco nos consumidores. Os formuladores de políticas responderam tentando garantir que o que acontecera não se repetisse. A crise devastou tantas famílias que isso orientou os quarenta anos seguintes de legislação bancária.

Entre 1933 e o final dos anos 1960, quase não houve novas políticas bancárias federais, e os banqueiros e reguladores atuaram com cautela no novo cenário de crescimento econômico. Entre 1941 e 1964, o número de falências bancárias no âmbito nacional foi desprezível – para fins de contexto, apenas um banco membro do Federal Reserve System no Sétimo Distrito (Chicago e norte do Meio-Oeste) faliu durante esse período.[9] Em meados dos anos 1960, o clima político mudou novamente. As políticas relevantes para a nossa história foram elaboradas nos anos 1960, quando o ativismo intenso que associamos ao período levou os americanos a reexaminarem toda uma gama de negócios, práticas e normas. O jovem Ralph Nader chamou especialmente atenção com seu livro *Unsafe at Any Speed*, de 1965, um relato detalhado sobre os problemas da indústria automobilística. O movimento pelos direitos civis e o movimento feminista tinham ganhado força e convergiram sobre as questões financeiras. Em 1961, a Comissão dos Direitos Civis dos Estados Unidos descobriu que tomadores de empréstimos afro-americanos frequentemente eram obrigados a dar um sinal maior na compra da casa própria e de outros itens financiados por crédito, e a pagar seus empréstimos mais

* Assinada pelo presidente Barack Obama em julho de 2010, trouxe importantes reformas de regulação do sistema financeiro, como a regulação do mercado de derivativos financeiros e das agências de classificação de riscos, e criou novos organismos, como a Agência de Proteção Financeira ao Consumidor. (N.R.T.)

depressa que os brancos.[10] Não obstante, a discriminação continuou. Nas áreas urbanas, ativistas organizaram "ocupações não violentas de bancos" para protestar contra a discriminação no crédito e fazer o problema ser visto tanto pelos responsáveis por tomar decisões nos bancos quanto pelos membros da comunidade como um todo.

Uma enxurrada de novas leis bancárias federais – as primeiras a passar em mais de trinta anos – foi aprovada. A Lei de Honestidade no Crédito (1968, Tila, na sigla em inglês), a Lei de Informação Justa de Crédito (1970) e a Lei de Igualdade de Oportunidade no Crédito (1974, Ecoa, na sigla em inglês) buscavam, todas elas, nivelar as condições de acesso para pessoas em busca de todos os tipos de empréstimo. A Tila exigia que os bancos revelassem informações-chave – taxa percentual anual, termos completos do empréstimo, custos – antes de conceder o crédito. A Lei de Informação Justa de Crédito regulamentava a coleta de informação de crédito e o acesso a relatórios de crédito a fim de garantir a probidade, precisão e privacidade das informações pessoais mantidas pelas agências de informação de crédito. E a Ecoa tinha por foco a discriminação, tornando ilegal negar crédito com base em "raça, cor, religião, nacionalidade, sexo, estado civil, idade, ... ou porque toda ou parte da renda do solicitante fosse oriunda de programa de assistência social".[11] Juntos, esses três dispositivos legais demonstram um novo compromisso com a proteção do consumidor, determinando maior transparência por parte dos bancos. Alguns estados também tomaram a iniciativa de mitigar as práticas discriminatórias de crédito. Em 1964, a Califórnia aprovou uma legislação que exigia que as sociedades de crédito e poupança licenciadas pelo estado submetessem certos dados sobre os empréstimos ao departamento encarregado da supervisão.

Desde antes da Grande Depressão, a regulação bancária federal e estadual pretendia limitar a abertura de filiais dos bancos. Tal prática foi proibida em nível interestadual nos Estados Unidos com a aprovação da Lei McFadden, de 1927. Alguns estados aprovaram legislação regulamentando ainda mais esse tipo de expansão de sociedades de poupança e empréstimo (S&Ls, na sigla em inglês). Por um século, a abertura de filiais esteve proibida em Illinois, a começar pela Constituição Estadual de 1870, que proibia especificamente a expansão de operações sucursais e subsidiárias de bancos, até que uma lei estadual de 1983 revogou essas restrições.

De modo semelhante, até 1982 os bancos da Pensilvânia só tinham permissão de abrir filiais nos municípios que abrigavam suas sedes e nos municípios contíguos.[12] Vários outros estados também restringiam severamente a abertura de filiais interestaduais antes de 1985, mas suavizaram ou eliminaram essas restrições em 1991, incluindo os estados de Kansas, Montana, Nebraska, Oklahoma, Texas e Wyoming. Só Colorado, Minnesota e Dakota do Norte não modificaram o caráter restritivo de suas regulações estaduais durante esses anos. Em outros estados essa restrição teve por base o número de habitantes das cidades: Nova York e Oregon proibiram a abertura de filiais quando a população da cidade fosse inferior a 50 mil habitantes. New Hampshire vetou-a em cidades com populações menores que 2.500 habitantes, mas só se houvesse outro banco na cidade. O Havaí restringiu a abertura de filiais em Honolulu.[13]

Os estados aprovaram legislações bancárias restritivas limitando o poder dos bancos, preocupados com o fato de eles adquirirem poder político e econômico excessivo, caso se tornassem grandes demais. Muitos clientes passaram a temer que depósitos feitos em cidades pequenas fossem sugados para os empréstimos concedidos nos centros financeiros maiores dos estados, deixando os pequenos negócios e as comunidades locais sem capital disponível. As restrições à abertura de filiais também pretendiam proteger os bancos da competição com instituições financeiras mais fortes.[14]

Em 1977, a aprovação da Lei de Reinvestimento Comunitário (CRA, na sigla em inglês) facilitou a expansão das filiais bancárias. A CRA buscava corrigir a falta grave de crédito disponível em áreas de renda mais baixa; em estados sem restrições severas à abertura de filiais, incentivaram-se as poupanças e os empréstimos em áreas sub-atendidas. Os efeitos dessa legislação atuaram em conjunto com aqueles do afrouxamento das regulações restritivas de abertura de filiais no âmbito estadual. Quinze estados aprovaram legislação permitindo a abertura de filiais entre 1970 e 1985, e mais uma dúzia deles o fez em 1989. Embora a ideia por trás da CRA fosse tornar os serviços financeiros mais acessíveis em comunidades de baixa renda e de predominância negra, as filiais que disso resultaram não tinham o mesmo conhecimento sobre as comunidades locais que os bancos independentes. Bancos conectados à comunidade e atividade bancária baseada em relacionamento já não eram mais a norma na maioria dos estados em 1990.

A Lei Riegle-Neal de Atividade Bancária Interestadual e Eficiência da Expansão de Filiais, de 1994, assegurou a criação interestadual de filiais e representou um ponto decisivo na regulação da atividade bancária. Ao permitir a abertura interestadual de filiais, ela permitiu que os bancos maiores crescessem mais depressa, muitas vezes comprando bancos pequenos e bancos com uma só filial, em grandes áreas metropolitanas, em particular aquelas espalhadas ao longo das fronteiras estaduais, como a zona metropolitana de Washington, D.C.

Na sequência da desregulamentação dos anos 1980, o número de S&Ls caiu abruptamente à medida que bancos maiores compravam bancos menores e inúmeras associações de poupança (*thrifts*) fechavam, incapazes de acompanhar a crescente competição. Entre 1986 e 1995, o Federal Saving and Loan Insurance (FSLIC) e a Resolution Trust Corporation (RTC) fecharam 1.043 associações de poupança, aproximadamente a metade do número total nos Estados Unidos.

Em dezembro de 2010, o Dealbook do *New York Times* relatou que havia 734 associações de poupança operando nos Estados Unidos.[15] A queda drástica do número de associações ao longo das últimas décadas significa que os consumidores individuais têm muito menos escolha de onde realizar suas operações bancárias, o que cria menos incentivo para os bancos competirem e servirem melhor a seus clientes. Em 1999, virtualmente todas as proteções criadas na sequência da Grande Depressão tinham sido eliminadas. Nesse ano, o Congresso aprovou a Lei de Modernização de Serviços Financeiros, conhecida como Gramm-Leach-Bliley, permitindo aos bancos desenvolver tanto atividades comerciais quanto de investimento. Mais uma vez, os depositantes ficaram à mercê das estratégias de alto risco dos bancos e desprotegidos em relação a suas consequências.

Todos sabemos o que aconteceu em seguida. Em setembro de 2008, o Lehman Brothers entrou em colapso, provocando pânico em todo o mercado de ações, ameaçando derrubar o sistema financeiro mundial e criando uma crise de crédito, ao passo que a cambaleante indústria financeira era sustentada por acordos de socorro financeiro bancados pelos contribuintes.[16] A crise foi provocada por empréstimos hipotecários irresponsáveis concedidos a tomadores subprime – essencialmente pessoas com histórico de crédito desfavorável que lutavam para pagar seus empréstimos. As hipotecas eram empacotadas em instrumentos supostamente de baixo risco pelos engenheiros financeiros dos grandes bancos, embora as hipotecas na verdade embutissem alto risco. Os bancos usaram instrumentos de financiamento de modo arriscado, apostando contra si mesmos e criando um ambiente financeiro vulnerável. No entanto, reguladores como o Federal Reserve [o Banco Central norte-americano] também foram responsáveis; ao deixarem de exercer uma fiscalização satisfatória, eles permitiram o colapso do Lehman Brothers, levando a uma espiral descendente que causou a maior recessão econômica desde a Grande Depressão.

Os bancos comerciais ainda veem os serviços ao consumidor como um primo pobre, secundário em relação aos negócios principais. Com a expansão permitida pela desregulamentação, eles se ramificaram na direção dos serviços de depósito e de crédito, antes fornecidos por associações de base comunitária; contudo, como os lucros desses serviços são muito menores, a atividade bancária de varejo não é tratada como prioridade pelos maiores bancos do país.

Há uma ligação entre os produtos financeiros baratos de baixa qualidade e a mentalidade "grande demais para quebrar". Hoje existem 6.900 instituições bancárias nos Estados Unidos, e dez delas controlam 80% do total de depósitos.[17] Como os bancos cresceram em tamanho e diminuíram em número, eles se tornaram cada vez menos sensíveis às necessidades de seus clientes. Os grandes bancos concentraram sua atenção nos lucros, em detrimento do interesse de seus clientes. Talvez não surpreenda que a indústria de serviços financeiros alternativos tenha crescido significativamente ao longo do mesmo período em que os bancos se consolidaram e encareceram seus serviços.

## *Maior dependência de crédito*

Ao longo das últimas décadas, os americanos passaram a depender cada vez mais do crédito. Taxas de juros baixas e acesso fácil tornaram os cartões de crédito uma opção simples para pessoas que tinham algum tipo de problema financeiro. Em 1983, apenas 43% das famílias americanas possuíam MasterCard, Visa ou outro cartão de crédito. Em 1995, esse número tinha subido para 66%. Em 2010, 68% das famílias tinham pelo menos um cartão de crédito. Isso significa, grosso modo, que 152 milhões de consumidores (dois terços dos adultos acima de dezoito anos) possuíam 520 milhões de cartões de crédito em 2010.[18]

Empresas de cartão de crédito também buscaram novos mercados fazendo um marketing agressivo, vindo por fim a visar a segmentos de maior risco. Em 2005, as empresas de cartão de crédito enviaram cerca de 6 bilhões de propostas pré-selecionadas aos consumidores, ou vinte propostas para cada homem, mulher e criança dos Estados Unidos. Com a mudança na tática das empresas, mudou também o universo de detentores de cartões. Em 1995, o perfil mais provável dos detentores de cartões de crédito era serem pessoas solteiras, locatárias (e não proprietárias) de suas residências e com menor senioridade no emprego do que o perfil médio em 1989. Esses novos tomadores de crédito representavam mais riscos que os antigos detentores de cartão. Tinham uma razão de endividamento substancialmente mais elevada, o que significava que mesmo uma pequena redução em sua renda podia levar a dificuldades financeiras. Também apresentavam maior probabilidade de se situar na faixa dos empregados de baixa qualificação, com salários dependentes do ciclo econômico.

Uma forma de avaliar a composição do conjunto de tomadores de crédito em cartões é observar a quem se dirigiram as propostas pré-selecionadas de cartão. Segundo uma análise do Federal Reserve, cerca de 63% dos americanos receberam propostas de cartões de crédito em 2007. Essa taxa caiu para 27% em 2009. Indivíduos com avaliações de crédito no quartil inferior (que representam um risco maior de inadimplência) receberam cerca de 11% da mala direta em 2007. Em 2009, esse número tinha caído para apenas 2%.[19]

As empresas de cartão de crédito também aumentaram os limites no período anterior à Grande Recessão de 2008. A mediana do crédito disponível por cartão subiu cerca de US$900, ou cerca de um terço, e a mediana do saldo devedor aumentou de US$1.100 em 1989 para US$1.700 em 1995. Em 2010, a maioria das famílias que tinham dívidas de cartão de crédito devia montantes relativamente estáveis. A mediana devida por famílias endividadas era de US$2.600. Entretanto, o montante médio devido pelas famílias americanas em geral é significativamente mais alto: US$7.100.[20] Ao considerarmos somente as famílias endividadas, a dívida média por família é de US$15.224.[21]

O custo de usar cartão de crédito também aumentou, e as políticas têm estimulado esse aumento. A dívida do consumidor cresceu paralelamente à desregulamentação da indústria dos cartões de crédito, a partir da decisão da Suprema Corte, em 1978, no caso Marquette *vs.* First Omaha Savings Corp., que virtualmente eliminou as taxas de juros em cartões de crédito. Em 1996, a decisão do caso Smiley *vs.* Citibank fez o mesmo com as taxas de cartões de crédito, permitindo que elas fossem determinadas pelo estado sede da empresa do cartão. Antes dessa decisão, os encargos por atraso eram em média de US$16; em 2007, eram de US$34.[22]

Um dos impactos mais significativos da Grande Recessão foi a mudança na maneira como os consumidores geriam pagamentos. Com mais pessoas enfrentando restrições financeiras e tendo de fazer escolhas difíceis, muitas preferiram priorizar o pagamento do cartão de crédito e atrasar as hipotecas: precisavam de liquidez para fazer face às despesas.[23] A indústria dos cartões de crédito estimulou essa tendência; taxas de juros baixas e acesso fácil ao crédito alimentaram um aumento nas dívidas em cartão em janeiro de 2009, seis meses depois do início da crise financeira.[24]

No rescaldo da crise, o uso de cartões de crédito declinou à medida que os bancos endureceram os critérios para emprestar; passou a haver menos crédito disponível para os consumidores quando eles perdiam os empregos (e a renda). Entre 2000 e 2011, a probabilidade de uma família ter dívidas de cartão de crédito diminuiu: no ano 2000, 51% das famílias tinham dívida de cartão de crédito, onze anos depois essa porcentagem tinha caído para

38%.[25] Vinte e nove por cento dos norte-americanos não possuem cartão de crédito, a maior proporção desde 2001, e os que possuem têm uma média de 3,7 cartões, menos que os quatro cartões de abril de 2001.

Essas transformações ocorreram por uma combinação de mudanças nas políticas e práticas dos emprestadores, e não unicamente por mudanças no comportamento dos consumidores. Em alguns casos, clientes frugais pagavam inteiramente os saldos devedores. Em outros, os consumidores lutavam para efetuar o pagamento e as empresas de cartão de crédito sofreram um aumento de inadimplência e de perdas. Os emissores de cartões de crédito responderam a essas condições mudando os termos oferecidos pelos cartões, o montante de crédito disponibilizado aos tomadores e as estratégias usadas para comercializar seus produtos.[26]

Essas mudanças nas dinâmicas da indústria de cartões de crédito são parte das razões por que um número crescente de consumidores se voltou para os empréstimos consignados, os quais talvez sejam o tema debatido de modo mais inflamado no setor dos serviços financeiros ao consumidor. Antes era possível entrar no banco e tomar um empréstimo de US$500 apenas contra sua assinatura – pelo menos se você fosse branco. Greg Fairchild, professor de administração na Universidade da Virgínia, me disse que o pai dele chamava esses empréstimos de "empréstimos de brancos". Hoje isso não acontece mais, não importa sua raça ou seu gênero. O empréstimo consignado é uma indústria de US$90 bilhões; há mais estabelecimentos de empréstimo consignado nos Estados Unidos do que McDonald's e Starbucks juntos.[27]

A contração do crédito também levou as pessoas a fazerem malabarismos com o crédito disponível e a usarem empréstimos consignados de formas que parecem ir contra o bom senso, sem conhecimento completo de suas situações individuais. Algumas das pessoas que fizeram empréstimo consignado também tinham cartões de crédito nos quais ainda havia saldo disponível. Pareceria provável que elas usassem os cartões de crédito antes de tomar um empréstimo consignado, certo? Não necessariamente. Tim Ranney relatou uma conversa que teve com o gerente de riscos de uma grande companhia de cartões de crédito: "Por que as pessoas estão fazendo empréstimos em vez de usar seus cartões?", perguntou-lhe o gerente. "O sujeito estava sugerindo que aquela gente não era esperta o bastante para tomar a decisão 'correta'. Eu ri na cara dele. 'Elas estão protegendo o cartão!', eu lhe disse. 'Elas não querem esgotar sua última linha de crédito disponível.'" Nesses casos, o cartão de crédito é uma rede de segurança. Deixar de pagar um empréstimo consignado não afeta a classificação de crédito do consumidor, mas deixar de pagar o cartão afeta.

A fim de entender verdadeiramente o problema da dependência do crédito é necessário analisar para que os consumidores recorrem a ele. Se fazemos isso, observamos o aumento no número de pessoas usando o cartão para pagar necessidades básicas. Em 2006, uma em cada três famílias relatou estar empregando o cartão de crédito para itens básicos como aluguel ou hipoteca, supermercado, contas de água, luz, gás, telefone etc. ou seguros.[28] As pessoas estão substituindo sua renda por crédito, uma estratégia que é insustentável. E, como o crédito foi ficando mais difícil de se obter, os consumidores se voltaram para formas cada vez mais caras de pequenos créditos, como os empréstimos consignados.

## *Incerteza financeira disseminada*

As mudanças nos bancos e nos cartões de crédito aqui analisadas levaram a modificações no contexto em que tomamos decisões financeiras. Durante o mesmo período no qual usar os bancos ficou mais caro e a utilização de cartões de crédito se expandiu, houve uma deterioração nas condições de vidas dos trabalhadores americanos. Apesar de décadas de aumento de produtividade, a família americana típica experimentou, desde 1972, um declínio constante da renda real (ajustada pela inflação).[29] Entre 2000 e 2004, as pessoas em todas as faixas de renda sofreram uma queda dos rendimentos. O golpe foi mais duro para os 20% mais pobres, cujos salários efetivamente diminuíram 1,5%.[30] Atualmente, os trabalhadores que recebem salário mínimo são mais velhos e têm maior escolaridade do que antes.[31]

O declínio dos salários combinou-se ao aumento do custo de vida para tornar a situação financeira dos americanos ainda mais precária. Entre 1984 e 2004, o custo de vida aumentou 90% em decorrência do encarecimento de assistência médica, habitação e transporte.[32] A volatilidade da renda dobrou entre 1973 e 2004.[33] O custo médio da educação superior – indicador-chave de mobilidade financeira futura – aumentou 165% entre 1970 e 2005 (em dólares de 2005). No período de dez anos escolares entre 2003-4 e 2013-14, as taxas de matrícula, alojamento e alimentação aumentaram 34% em universidades públicas e 25% em universidades particulares.[34] Além disso, creches e cuidados infantis são agora uma despesa significativa para as famílias, ao passo que virtualmente não existiam como despesa apenas uma geração atrás.[35]

Espremidas entre renda decrescente e custo de vida crescente, muitas pessoas começaram a, como dito, substituir renda por crédito.[36] Do ano 2000 em diante, mais ou menos, muitas famílias passaram a utilizar cartões de crédito para cobrir despesas básicas depois de terem liquidado suas poupanças e refinanciado a hipoteca de suas casas para utilizar os recursos do saldo.[37] Andrew Ross cunhou o termo "creditocracia" para descrever a situação, que surge quando o custo dos bens, indiferentemente de quão essenciais eles sejam, tem de ser financiado por dívida e o endividamento se torna precondição para se satisfazer as necessidades básicas.

Antes da recessão, 15% dos americanos tinham classificações de crédito ruins (300-599); em 2010, mais de 25% estavam nessa categoria.[38] Essa mudança, combinada à já mencionada contração do crédito, significa que os americanos estão se voltando cada vez mais para fontes de crédito caras, como empréstimos consignados e empréstimos usando automóveis como garantia. Discute-se se essas fontes de pequenos empréstimos são benéficas ou danosas para os consumidores, mas o aumento repentino em sua utilização e as razões que os consumidores mencionam para usá-las deixam claro que a insegurança financeira alcançou um ponto crítico.

## Resultados

A combinação dessas três tendências está altamente correlacionada ao aumento do uso de serviços financeiros alternativos (AFS). Os formuladores de políticas continuam a incentivar os consumidores a recorrerem aos bancos, e não aos AFS, mas baseiam-se em presunções falsas sobre as diferenças entre a atividade dos serviços financeiros convencionais e a dos alternativos, e sobre as pessoas que os utilizam. As políticas também deixam de incorporar uma compreensão das mudanças de ambiente, como expostas.

A pesquisa que embasa esta seção concentra-se sobre o tempo que passei trabalhando como caixa, cobradora de dívidas e voluntária num serviço de aconselhamento, assim como sobre as entrevistas que eu e meu assistente de pesquisa fizemos com mais cem clientes das empresas em que trabalhei. Essa pesquisa me possibilitou questionar quatro mitos sobre o que os formuladores de políticas e pesquisadores chamam de "inclusão financeira". O primeiro mito é que todos precisam ter uma conta bancária. O segundo é que a educação financeira levaria a maioria das pessoas a tomar decisões diferentes (leia-se *melhores*). O terceiro é que o problema está nos fornecedores de serviços financeiros alternativos, em oposição aos bancos convencionais ou fatores sistêmicos mais amplos. E o quarto é que as pessoas que usam serviços financeiros alternativos carecem de instrumentos para poupar. Esses mitos e as histórias que contamos sobre quem usa AFS não têm ligação com a vida real das pessoas. Eles nos levam a crer que a questão está confinada a um pequeno grupo marginal, quando, na realidade, trata-se de um problema enorme, que afeta a todos nós.

### *Mito #1 – Todos precisam ter uma conta bancária*

A intenção da FDIC é levar as pessoas desbancarizadas e sub-bancarizadas a virarem correntistas dos bancos. A hipótese fundamental é que esses americanos estão mal-atendidos e que os bancos são a via apropriada para as "finanças convencionais". Entretanto, os argumentos da FDIC não reconhecem a complexidade da situação: no website economicinclusion.gov, por exemplo, destaca só os aspectos negativos das empresas de desconto de cheques e de empréstimos consignados e só os benefícios da atividade bancária convencional. Contudo, um número crescente de pessoas não tem dinheiro o bastante para desfrutar esses benefícios.

Quando perguntei a clientes da RiteCheck e do Check Center por que eles escolhiam recorrer a essas empresas, eles citaram três razões: custo, transparência e serviço.

Os formuladores de políticas, os agentes de defesa dos consumidores e a mídia criticam as empresas de desconto de cheques pelas altas taxas praticadas.[39] Entretanto, quando perguntei aos clientes por que usavam esses estabelecimentos e não os bancos, eles com frequência alegaram que achavam os bancos caros demais. Zeke, um cliente da RiteCheck que entrevistei, me disse que tivera uma conta bancária no passado, mas que a fechara depois de perder o emprego. "Eu gostaria de voltar, mas não tenho como pagar os encargos mensais", explicou. Zeke era cliente da RiteCheck havia dois anos. Maria fechou sua conta no banco pela mesma razão. "As taxas eram absurdas!", disse ela.

De fato os bancos ficaram mais caros, e o aumento dos encargos tem relação direta com as mudanças de políticas já analisadas aqui. Algumas políticas, começando pela lei Glass-Steagall,* tentaram evitar que os bancos incorressem no tipo de comportamento arriscado que levou à Grande Depressão de 1929 e à crise financeira de 2008. Os legisladores também exigiram que os bancos servissem ao público como um todo, sem discriminações. Invariavelmente, restrições aos bancos numa área levaram a aumentos das taxas e dos encargos cobrados em outras.

A já mencionada CRA, a Lei de Reinvestimento Comunitário, é apenas um exemplo dessa dinâmica. Ela tinha como propósito combater a recusa seletiva de atendimento, exigindo que bancos oferecessem conta, poupança, seguros, hipotecas e outros serviços bancários e de crédito a todas as comunidades. Essencialmente, essa lei implantou serviços aos consumidores num sistema que tinha se afastado deles. A CRA proibiu os bancos de desenvolver

* Impunha a separação entre bancos comerciais, captadores de depósitos do público e bancos de investimento, além de introduzir uma série de restrições à esfera de atuação de cada uma dessas instituições. (N.R.T.)

outros serviços mais lucrativos, como fusões e aquisições, a não ser que os reguladores determinassem que a instituição estava em conformidade com a lei. Infelizmente, a legislação nunca alcançou firmemente seus propósitos. Ela de fato incentivou os bancos a abrirem filiais em áreas de renda baixa e média, mas essas filiais nem sempre eram lucrativas; os clientes nesses bairros têm menos dinheiro para poupar e investir que suas contrapartes mais ricas, e essas contas-correntes – produto básico para a maioria dos consumidores – não rendem o bastante para os bancos.

Por conseguinte, os bancos começaram a cobrar mais por seus serviços. Instituíram uma gama de novas taxas e aumentaram os encargos existentes para tudo: saques em caixas eletrônicos, que tinham mais que dobrado entre 1998 e 2011, transferências eletrônicas, segunda via de cartão de débito, extratos em papel. A disponibilidade de contas-correntes gratuitas, que não pagavam juros, diminuiu de 76% em 2009 para apenas 39% em 2011, e a taxa de serviço média mensal das contas-correntes aumentou 25% em apenas um ano, de 2010 a 2011.[40]

Confiança e relacionamento são outras razões-chave pelas quais as pessoas escolhem os estabelecimentos de desconto de cheques. A atividade bancária se tornou cada vez mais impessoal. A tecnologia incitou mudanças na maneira como usamos o sistema bancário, e essas mudanças reduziram os custos para os bancos. Enquanto eles se tornaram menos orientados pelo relacionamento, esses estabelecimentos mantiveram o foco no cliente. Eu vivi essa experiência ao trabalhar atrás do guichê; e os clientes que entrevistei também me contaram histórias sobre o serviço que tinham recebido.

Nina, que morou a maior parte de sua vida no bairro de Mott Haven, no South Bronx, onde ficava o estabelecimento em que eu trabalhava, me disse que a mãe dela estivera muito doente, e que o pessoal da RiteCheck tinha telefonado para saber notícias. "Dá para ser família", disse-me Nina. "Nós conhecemos todo mundo lá."

Ser cliente regular de um estabelecimento de desconto de cheques também traz benefícios mais tangíveis. Marta, outra cliente regular, veio ao meu guichê uma tarde para descontar um cheque de auxílio-doença emitido pelo governo. Quando inseri suas informações no computador, pulou na tela uma mensagem indicando que Marta, uma porto-riquenha de meia-idade, devia à RiteCheck US$20 a cada cheque que descontasse. Ela havia descontado recentemente um cheque sem fundos. Em vez de cobrar dela uma taxa de saque a descoberto ou de fechar sua conta, como um banco talvez fizesse, a RiteCheck elaborou um plano de reembolso para ela pagar o que devia em prestações de US$20. Naquele dia em particular, disse-me Marta, ela não podia pagar os US$20; precisava do valor total do cheque para cobrir uma despesa inesperada. Nós permitimos que ela descontasse e ficasse com todo o montante (descontadas as taxas habituais).

Muitos clientes também me disseram que a falta de transparência dos bancos contribuía para os custos das contas; eles achavam difícil prever quando e o que seria cobrado. Os bancos são obrigados a fornecer aos clientes acordos de confidencialidade quando se abre uma conta-corrente. Esses acordos têm em média 111 páginas e sua linguagem é difícil de entender. A data em que os encargos mensais podem ser lançados é sujeita a mudanças. Clientes que vivem à beira do limite financeiro, uma categoria que está em crescimento, precisam de transparência. Os estabelecimentos de desconto de cheques também têm uma sinalização muito clara e fácil de ler, à diferença dos bancos, que virtualmente não têm nenhuma sinalização. Consumidores que não estejam familiarizados com os bancos têm dificuldades para entender o que podem fazer e quanto vai custar. Entrar num estabelecimento de desconto de cheques dá mais a impressão de se entrar numa lanchonete. Todo serviço disponível está afixado em cartazes com letras grandes, pendurados na parte superior dos guichês, juntamente com os preços.

### *Mito #2 – As pessoas usam AFS porque não têm educação financeira*

Os formuladores de políticas acreditam que as pessoas fariam opções diferentes sobre a maneira como gerenciam suas finanças se tivessem mais informação de melhor qualidade. O que ficou claro para mim trabalhando nesse tipo de negócio foi que as pessoas carecem mais de boas opções que de educação financeira. Muitos dos clientes que entrevistei pagavam preços altos para retirar seu dinheiro ou obter empréstimos porque não tinham alternativas.

Inúmeros tomadores de empréstimos consignados sabem que não poderão pagar seus empréstimos no prazo estipulado, mas não veem outra saída para a situação em que se encontram. Azlinah, uma de minhas colegas de caixa em Oakland, pegou cinco empréstimos que iam de US$55 a US$255 quando seu carro quebrou – e ela precisava do automóvel para ir trabalhar e para pegar a filha na creche. Os empréstimos custavam US$15 a cada US$100 emprestados; todos venciam na data do próximo salário de Azlinah. Ela, mãe solteira de 22 anos, tinha andado de ônibus por algumas semanas, mas achou impossível chegar ao trabalho e à creche nas horas certas. Quando a data de vencimento chegou, Azlinah não podia pagar os empréstimos, precisava de cada dólar do seu contracheque para aluguel, contas e alimentação. Assim, ela quitou os empréstimos e imediatamente fez outros, pagando todo um novo conjunto de encargos e, efetivamente, estendendo a duração da dívida. Quando os credores tentaram descontar o que ela devia de sua conta-corrente, a conta não tinha fundos suficientes, e ela teve de pagar as taxas de saque a descoberto que chegaram a US$300. De repente, sua dívida tinha subido vertiginosamente.

Como caixa, Azlinah compreendia que aqueles empréstimos podiam ser problemáticos. Dia após dia, ela lida com clientes que pagam seus empréstimos e imediatamente fazem outro. "Eu sei que é ruim", disse-me ela. "Eu sabia o que era um empréstimo consignado."

Trabalhando como caixa e conselheira, aprendi que os clientes a quem eu atendia com frequência pagavam um preço alto por seu dinheiro porque precisavam de cada centavo o quanto antes. Rotineiramente, os bancos retêm os cheques por vários dias até compensá-los, enquanto os estabelecimentos de desconto de cheques possibilitam aos clientes sacar o dinheiro (menos as taxas) imediatamente. Joe Coleman, presidente da RiteCheck, me disse que seus clientes preferem pagar uma taxa fixa que eles compreendem a ter de pagar ônus inesperados e taxas de saque a descoberto num banco. Ele explicou que as pessoas confiam nos caixas da casa e voltam porque acham que a RiteCheck é mais barata que o banco local e porque valorizam a transparência, a conveniência e o serviço que recebem:

> Digamos que um cliente receba seu pagamento na sexta-feira. Se trouxer o cheque para nós, ele saca imediatamente. Pode logo pagar suas contas, ir fazer suas compras de supermercado no fim de semana. Se for ao banco, o cheque só será compensado em algum momento da semana seguinte. Ele atrasará as contas. E se emitir um cheque que bater antes de o cheque que ele depositou ser compensado, terá de pagar taxa de saque a descoberto de mais de US$30 – muito mais que a taxa que teria nos pagado.

Michelle, uma jovem cliente habitual, veio ao meu guichê certa manhã para retirar dinheiro com seu cartão de Transferência Eletrônica de Benefícios (EBT, na sigla em inglês). O Serviço de Assistência Temporária e por Incapacidade do Estado de Nova York repassa dinheiro e benefícios do Programa de Assistência de Nutrição Suplementar com esses cartões. O estado deposita benefícios numa conta eletrônica que os titulares podem acessar passando o cartão num caixa eletrônico ou num terminal como o que eu usava na RiteCheck. A empresa cobra US$2 fixos por qualquer saque, independentemente da quantia. Michelle me pediu para retirar US$10 de sua conta; ela receberia US$8 e pagaria uma taxa equivalente a 20%. Ainda que os beneficiários da EBT pudessem fazer duas retiradas gratuitas por mês em alguns caixas automáticos, essas máquinas só liberam dinheiro em certos montantes. A maioria tem uma retirada mínima de US$20.

Boa parte dos clientes da EBT com quem trabalhei e conversei necessitava de cada dólar a que pudesse ter acesso assim que o dinheiro ficasse disponível. Esse comportamento é lógico – e também é caro. Michelle precisava daqueles US$8 imediatamente; ela não podia esperar para acumular dinheiro o bastante em sua conta EBT e pagar uma taxa menor por dólar. Trata-se da mesma lógica que leva as pessoas a pagarem preços altos em pequenas lojas locais em vez de recorrer a grandes lojas com descontos que exigem compras por atacado. Um emprego bem-remunerado, um carro seguro e espaço para armazenar mantimentos significam que gastar

US$200 de uma só vez pode poupar dinheiro a longo prazo. Os benefícios da compra por atacado, como os benefícios dos serviços bancários, não estão disponíveis de modo igualitário para todos.

Pessoas empregadas também necessitam cada vez mais desse tipo de liquidez. Carlos vinha frequentemente à RiteCheck para descontar cheques que iam de várias centenas até poucos milhares de dólares para seu pequeno negócio de reformas por empreitada. Certa quinta-feira à tarde, ele entrou pela porta ainda trajando macacão e me entregou um cheque de US$5 mil no guichê. Eu escaneei o cheque, contei o dinheiro e lhe estendi US$4.902,50. A taxa de US$97,50 – 1,95% do valor nominal do cheque – é regulamentada por lei. Nova York, um dos estados americanos mais regulados, tem uma das menores taxas do país.

Há pelo menos duas razões para Carlos pagar quase US$100 a fim de sacar seu dinheiro logo. Se ele for como muitos empreiteiros que operam em Nova York, conta pelo menos em parte com trabalhadores sem documentos, que provavelmente não têm conta em banco. Se tivesse depositado o cheque no banco, a compensação levaria tempo demais e ele não poderia pagar seus operários conforme o prazo combinado. Outra possibilidade é que Carlos tenha sido contratado para fazer um serviço que tinha de começar logo; nesse caso, ele precisaria do dinheiro para comprar material. As histórias de Michelle e de Carlos ilustram que suas decisões não são irracionais, e que melhor educação financeira provavelmente não alteraria o que eles fazem. Isso não significa que os serviços financeiros alternativos funcionem perfeitamente para as pessoas que os utilizam; para muitas delas, contudo, eles fazem mais sentido que os bancos.

### *Mito #3 – Prestadores de serviços financeiros alternativos são culpados pelos problemas da população sub-bancarizada e desbancarizada*

As pessoas que atuam na defesa dos consumidores e os formuladores de políticas acreditam que a indústria de serviços financeiros alternativos cria o problema da exclusão financeira. Pesquisadores, reguladores financeiros e mídia usam palavras como "amorais", "predatórias" e "abusivas" para descrever os estabelecimentos de desconto de cheques ou de empréstimos consignados.[41] Como resultado, soluções para o problema da "exclusão financeira" têm se concentrado em torno de mais regulamentação para esses negócios ou em torná-los completamente ilegais. Embora regulações adicionais tenham chances de ser autorizadas, elas não eliminam a demanda. As recomendações políticas devem ter por foco a natureza da demanda – as condições que levam as pessoas a buscar esses produtos e serviços. A demanda crescente decorre das tendências já resumidas aqui.

Durante o tempo em que trabalhei como consultora de crédito, conversei com Jeannine, mulher de seus trinta anos que se mudou da Pensilvânia para a Virgínia depois de perder o emprego. Jeannine logo encontrou um novo emprego, mas teve de esperar um mês antes de receber o primeiro salário, e precisava de dinheiro para segurar um apartamento e cobrir as despesas da mudança. Ela lançou mão de empréstimos consignados para resolver a transição. Outra mulher que ligava para o serviço de aconselhamento era Mae, que fez um empréstimo para tirar a mãe de uma casa para idosos "horrorosa" e colocá-la num lugar melhor. "Eu sabia que não ia conseguir controlar a dívida", disse-me ela, "mas não podia deixar minha mãe naquele lugar. Eu faria qualquer coisa para ajudar minha mãe. Você não faria?" Tanto Jeannine quanto Mae logo se viram com dívidas que não podiam controlar, mas é difícil argumentar que elas tomaram más decisões, considerando as circunstâncias.

### *Mito #4 – Pessoas que usam AFS não têm boas formas de poupar*

O quarto mito sobre os estabelecimentos de desconto de cheques e empréstimos consignados é que eles inibem a poupança. A poupança é claramente um problema nos Estados Unidos. O país tem uma das taxas de poupança mais baixas entre as nações desenvolvidas. Nos primeiros três meses de 2013, a taxa de poupança pessoal era de 2,6%, abaixo dos 5,5% de 2009 e dos

3,9% em 2012. Para comparação, em 2012 a taxa de poupança da França era de 12,3%, a da Alemanha foi de 10,5% e a da Suécia, 10%.[42]

É verdade que os estabelecimentos de desconto de cheques e de empréstimos consignados não aceitam depósitos; dada a maneira como são regulamentados, não podem fazer isso. Alguns poucos conseguiram arrumar um jeito de contornar o problema, como a RiteCheck, que tem parceria com uma cooperativa de crédito local, a Bethex FCU, a fim de criar uma forma consistente de poupança. Os clientes podem abrir uma conta Bethex e depositar dinheiro nela em qualquer agência da RiteCheck. Muitos dos meus entrevistados também me disseram que não confiavam seu dinheiro aos bancos. Alguns participavam de associações de poupança e crédito rotativo, que são grupos informais frequentemente enraizados em comunidades de imigrantes. Outros poupam em casa. Mike, cliente regular da RiteCheck, me contou que tinha conta bancária, mas a fechara porque não gostava de bancos. No entanto, ele poupa, e descreveu seu processo de poupança da seguinte maneira: "Você tem que botar pressão. Dizer que isso é o que eu vou gastar este mês e isso é o que eu vou guardar, mesmo que sejam US$100. Você tem de garantir que não vai encostar nesses US$100. Esse é o segredo." Quando perguntei a Mike onde guardava o dinheiro, ele respondeu: "Eu ponho numa gaveta. Ponho no armário e não toco mais, e não me importo de ter que ficar economizando no resto. Uma vez que eu tenha calculado tudo direitinho, acaba dando certo."

Muitas das pessoas que conheci e que usam as associações de poupança e crédito rotativo separam esse dinheiro para construir ativos. Carmen aplica o dinheiro que economiza numa *tanda** a fim de construir uma casa para a mãe em Honduras; a obra será concluída em breve. Maribel usa a *tanda* para pagar seus estudos. Mesmo tendo de sustentar os dois irmãos mais novos depois que a mãe foi deportada para o México, vários anos atrás, Maribel conseguiu evitar o crédito estudantil. Ela estuda educação na primeira infância, planeja obter um bacharelado em

* *Tanda* é um dos muitos nomes, que variam de país a país na América Latina, para esse tipo de associação popular informal de poupança e crédito. (N.T.)

seguida e, depois, o mestrado na Universidade Columbia. Trabalha no período de meio expediente numa creche no Upper East Side de Manhattan e vai à escola à noite. Maribel brilha quando conta que o irmão mais novo já cursa a faculdade e que a irmã vai ingressar no ensino superior no próximo semestre.

## Conclusão

A disfuncionalidade que caracteriza a indústria de serviços financeiros para o consumidor é produto de décadas de políticas e práticas, e não será mudada da noite para o dia. Criar uma atmosfera que volte a assegurar um contrato social com que os norte-americanos possam contar para recompensar seu trabalho e lhes dar confiança e recursos para investir em si mesmos e em suas famílias exige mudanças significativas nos setores público e privado. Isso também exige uma ação coletiva, de bases. Isso exige um movimento.

Os formuladores de políticas devem reestruturar o contato baseados numa compreensão melhor e mais completa do que os consumidores realmente fazem e por que o fazem. O diálogo sobre políticas de "inclusão financeira" precisa se estender para além de bancos, empréstimos consignados e estabelecimentos de descontos de cheque e chegar às práticas informais e aos novos produtos que não se encaixam claramente nas antigas categorias. Além disso, qualquer regulamentação dos serviços financeiros ao consumidor deve ser acompanhada por políticas que refreiem o declínio dos salários reais e enfrentem a desigualdade de renda cada vez mais consolidada.

*Ajustar a regulamentação.* A sopa de letrinhas da regulação bancária atual é opaca, confusa e pode estar inibindo a inovação. As mudanças foram marginais, e o resultado é uma colcha de retalhos de políticas difícil de entender. Quando os bancos são avaliados para determinar se estão servindo bem aos clientes, o processo geralmente consiste em reguladores que aplicam questionários de múltipla escolha para verificar uma lista de itens. O problema é que esses questionários não funcionam quando queremos realmente responder a perguntas como "Essa prática é justa?" e "Eu venderia esse produto para a minha mãe?".

*Facilitar a obtenção de informação de qualidade para o consumidor.* A tomada de decisão financeira está envolta num véu de mistério, e o tema das finanças pessoais desencadeia em nós uma gama de emoções, a maioria delas desagradável. Suze Orman fez carreira reconhecendo quão profundamente a experiência passada e a autoestima moldam a maneira como lidamos com o nosso dinheiro. A indústria dos serviços financeiros ao consumidor é muito mais complexa hoje do que era antes. Há uma notícia boa e outra má. A boa notícia é que podemos encontrar um cartão de crédito que satisfaça nossas necessidades e uma ferramenta de controle orçamentário que ajude a regular nossas despesas. A má notícia é que é cada vez mais difícil abrir caminho em meio ao emaranhado de informações disponíveis para tomar decisões e discernir qual informação é confiável. Montel Williams é a celebridade porta-voz da Money Mutual, uma empresa de crédito consignado, e tem perto de 78 mil seguidores no Twitter; a Nerd Wallet tem 11 mil seguidores. Se eu for fã de Montel Williams e nunca ouvi falar da Nerd Wallet, em quem confiar?

*Fazer o trabalho recompensar.* Essa recomendação não tem nada a ver com os serviços financeiros ao consumidor, pelo menos aparentemente. O mercado, porém, sob a forma de serviços financeiros alternativos, está respondendo às condições nas quais os consumidores se encontram. Salários em declínio, disparada dos custos de educação, saúde e creches, por um lado, e extrema volatilidade da renda, por outro, se combinaram para criar uma maldição tripla que está na raiz da crise dos serviços financeiros ao consumidor. Quando nos concentramos apenas nas regras e regulamentações, tratamos só os sintomas do problema, em vez de trabalhar para encontrar a cura.

*Ampliar a propriedade de capital.* Uma forma de assegurar que as pessoas possam lidar com os inevitáveis altos e baixos que a vida traz é capacitar todos para construir um pé-de-meia desde a tenra juventude. A Lei Americana de Investimento Pessoal, Aposentadoria e Educação, de 2013, propõe estabelecer uma conta poupança para todos os cidadãos americanos no nascimento. Cada conta receberia uma contribuição única de US$500 (US$ 1.000 por criança em famílias com renda inferior à mediana nacional) do governo federal. As contas incentivariam a poupança, e os titulares não poderiam sacar os recursos antes de completar dezoito anos. O Reino Unido tem há muitos anos um sistema similar.

Este estudo demonstra que a perspectiva "bancarizado/desbancarizado" em geral aplicada aos serviços financeiros para o consumidor é incorreta. Em vez de classificar as pessoas conforme usem ou não, e quanto, o banco, precisamos entender se elas têm acesso a serviços financeiros seguros e pelos quais possam pagar. Há pessoas demais carecendo desse ativo, que é decisivo para se atuar plenamente na economia e na sociedade civil.

# 6. *Commoning* contra a crise

Angelos Varvarousis e Giorgos Kallis[1]

## Introdução

Há um crescimento documentado das economias alternativas em contextos de crise – de bancos de tempo e moedas comunitárias a centros sociais, clínicas ou agroecovilas, em lugares diversos, da Argentina[2] até a Espanha[3] e a Grécia.[4] Por que economias alternativas desse tipo surgem e crescem em alguns lugares (digamos, na Grécia ou na Espanha) mas não em outros (digamos, Itália ou Portugal)? O que explica o desencadeamento frequentemente bem-demarcado e o crescimento exponencial dessas práticas num período condensado de tempo? E, por fim, como novos projetos alternativos negociam diferenças e conflitos internos? Como se estabilizam (ou não) e como se relacionam com o Estado e o mercado? Essas são algumas das questões tratadas neste artigo.

Num ambiente de estagnação secular e limites para o crescimento,[5] há um interesse crescente por práticas econômicas alternativas que produzam novas formas de "riqueza comunitária", uma riqueza que deixou de se basear em mais e mais dinheiro. Embora em lugares como a Grécia ou a Argentina as economias alternativas sejam um fenômeno novo, em outros há uma longa linhagem de experimentação nesse caminho, recuando aos movimentos estudantis e contraculturais dos anos 1960 ou mesmo antes, até a Comuna de Paris.[6] Continuam sendo pertinentes as questões que dizem respeito a sustentabilidade, efeitos e legado de tais ensaios alternativos no interior de um sistema capitalista hegemônico. Porém nós estamos interessados em algo diferente: em primeiro lugar, na dinâmica de surgimento dessas alternativas e nos fatores que as catalisam numa primeira fase de crescimento; em segundo, nos modos – talvez – novos com que os movimentos contemporâneos tentam lidar com os dilemas enfrentados por seus predecessores, especialmente aqueles de abertura *versus* fechamento, e em seu relacionamento com o Estado e a economia capitalista.[7] Cada geração – da Comuna de Paris a Maio de 1968 em Paris e aos movimentos Indignados e Occupy – pode reinventar a roda, mas todas o fazem à sua maneira própria, distinta e com diferentes consequências e efeitos.

Nós abordamos essas questões com um caso empírico emblemático: a Grécia. A depressão econômica na Grécia é a maior já enfrentada por um país desenvolvido.* Ao mesmo tempo que o desemprego e a pobreza aumentaram vertiginosamente, os projetos alternativos de *commoning* floresceram. Antes de 2008, havia somente um punhado desses projetos; hoje eles são mais de seiscentos. Como e por que isso aconteceu são o tema deste artigo. Este é o primeiro exame em profundidade do todo o espectro de práticas econômicas alternativas na Grécia, e a primeira tentativa de articulá-las com debates teóricos pertinentes.

Nossa contribuição para a análise de economias alternativas é teórica e conceitual. Em primeiro lugar, propomos pensar as economias alternativas como novas formas de bens comuns.[8] Em segundo, argumentamos que um estágio inicial de liminaridade é catalisador para o desencadeamento de novos bens comuns. Em terceiro, observamos que a evolução do mosaico de novos *commonings* segue um padrão rizomático. Nossa tese central é de que o *movimento de* commoning *na Grécia se beneficiou de um estado liminar de identidade não estabelecida, dominante no período das praças ocupadas e indignadas, e depois floresceu como um rizoma. Hoje ele enfrenta desafios de maturidade em termos das suas relações internas e externas.*

A Parte 1 explica os conceitos-chave e os termos teóricos por nós utilizados: bens comuns (*comunons*) e *commoning*; liminaridade; movimentos rizomáticos. A Parte 2 fornece informação conceitual sobre a crise grega e resume os métodos do trabalho de campo. A Parte 3 traça as origens dos

* O declínio de 33% (e ainda em queda) do PIB entre o pico e o vale da série é pior que o declínio de 27% nos Estados Unidos durante a fase mais aguda da Grande Depressão.

novos bens comuns nas praças ocupadas e do Movimento dos Cidadãos Indignados na Grécia; e a Parte 4 detalha a expansão rizomática no fornecimento de saúde, alimentação, educação e cooperação produtiva. A Parte 5 debate como o movimento lida com os conflitos internos e a democracia, como ele tenta se organizar em escalas maiores e como se relaciona com o Estado e o mercado.

## Parte 1 – Arcabouço conceitual: bens comuns, liminaridade e rizomas

O Prêmio Nobel de Economia concedido a Elinor Ostrom, em 2009, marcou o início do interesse crescente pelo estudo dos bens comuns. Ela pesquisou as condições sob as quais formas coletivas de governar os recursos podem funcionar.[9] E observou que, na maior parte das vezes, as comunidades se auto-organizam e logram controlar o acesso e o uso de recursos compartilhados. A "tragédia dos comuns",[10] em que o livre acesso destrói um recurso comum, é a exceção empírica, mostrou a autora.

Elinor Ostrom tratou os bens comuns como uma "coisa" a ser governada, em grande parte uma entidade material, como uma floresta, um aquífero ou uma infraestrutura pública. Em seu trabalho, o principal estímulo por trás do *commoning* é o "benefício", e isso está sempre vinculado a um raciocínio econômico diretamente relacionado à sobrevivência da comunidade. Elinor Ostrom todavia esquece que o próprio conceito de benefício é determinado cultural e historicamente. Como argumenta David Harvey,[11] os bens comuns não são "um tipo particular de coisa", mas, sim, "uma relação social instável e maleável entre um grupo social autodefinido e aqueles aspectos do seu ambiente social e/ou físico (já existente ou ainda a ser criado) considerados cruciais para a sua vida e o seu sustento". Massimo de Angelis[12] dá uma definição tripartite de bens comuns, incluindo o *fundo de recursos comuns*, isto é, os recursos naturais, humanos ou intelectuais compartilhados, a *comunidade* que cria e/ou governa esses recursos e o processo de *commoning*, que é o processo institucionalizado de trabalho extra para juntar e governar os recursos.[13]

A primeira geração da literatura acadêmica após o trabalho de Elinor Ostrom estudou a governança de bens comuns pré-cercamento ainda existentes. Os estudos recentes analisam a criação de novos bens comuns físicos ou digitais, como hortas urbanas, centros sociais, Wikipédia, Linux, bancos de tempo ou cooperativas produtor-consumidor.[14] Isso é o que chamamos aqui de *práticas econômicas alternativas*, ou o que outros chamam de *espaços alternativos*[15] ou "*economias solidárias*".[16] Já nós abordamos economias e práticas alternativas como *projetos de commoning*, enfatizando o processo de cooperação e compartilhamento que produz não só novas formas de economia, mas, antes, novas formas de vida em comum, ao mesmo tempo que os distinguimos de iniciativas de solidariedade governamentais, privadas ou de igrejas, que são feitas de cima para baixo e se baseiam na caridade.

Uma das afirmações que adiantamos, nova na bibliografia, é que muitos desses novos bens comuns são, passaram por ou foram gerados através do que definimos como *condições liminares* antes de evoluírem para estruturas mais estáveis. A inspiração disso vem dos estudos antropológicos dos "ritos de passagem",[17] os processos ambíguos e ambivalentes em que um sujeito entra quando perde sua identidade estabelecida e antes de obter uma nova identidade.* Como propõe Victor Turner, "entidades liminares não estão nem aqui nem lá, elas são intermediárias entre as posições atribuídas e ordenadas por lei, costume, convenção e cerimonial".[18] Essa condição intermediária caracteriza tanto os indiví-

* Este não é o primeiro uso da noção de *liminaridade* fora da antropologia. Vários estudiosos ligaram a liminaridade a estudos sociológicos, geográficos e filosóficos (Szakolczai, 2009; Thomassen, 2009; Stavrides, 2013b). O potencial do conceito ainda não foi plenamente explorado (Szakolczai, 2009; Thomassen, 2009). Os próprios antropólogos vincularam períodos liminares e sujeitos liminares a horizontalidade e igualdade e ao colapso – parcial ou completo – das estruturas sociais dominantes, situações semelhantes àquelas da crise ora em curso, insistindo em que a noção de liminaridade pode iluminar os aspectos formativos de períodos sociais transitórios e de revoluções (Turner, 1977; Olaveson, 2001; Szakolczai, 2009; Thomassen, 2009 e 2014).

duos que participam de projetos de *commoning*, abandonando pelo menos temporariamente sua identidade estabelecida quanto as instituições que governam os projetos.

O que o conceito de liminaridade acrescenta à compreensão dos bens comuns? Na teoria de Elinor Ostrom, os bens comuns são governados por comunidades *estabelecidas*.[19] "Definir claramente fronteiras de grupo é o primeiro princípio que ela propõe para uma administração bem-sucedida desse tipo de bem. Contudo, a bibliografia recente contesta essa instabilidade, e as comunidades já não são concebidas necessariamente como homogêneas.[20] No caso dos bens comuns liminares, em vez disso, a comunidade de participantes *sobressai pela sua ausência de homogeneidade*. Claro, algum tipo de comunidade está emergindo de forma temporária para a produção do bem comum. Mas isso é sempre contingente e com frequência se dissolve. As fronteiras de uma comunidade liminar não são somente indistintas. Na verdade, elas não existem como tal. Em outras palavras, bens comuns liminares não são definidos por exclusão. Por isso, é mais provável que *ocorram* em espaços em que a exclusão não é provável nem desejável, como uma praça pública.

Nos bens comuns liminares, o elemento que aglutina os atores é a produção prática do bem comum. Uma identidade coletiva não é uma precondição nem o propósito do processo, e é desencorajada quando põe obstáculos no caminho da produção comum. Compartilhamento, solidariedade ou horizontalidade não são introduzidos como valores identitários a priori inquestionáveis. Eles emergem à medida que o trabalho é vivenciado na prática. Surgem quando seu valor é experimentado de fato, ao resolverem problemas práticos ou organizarem a ação coletiva. À medida que os sujeitos entram numa condição liminar, em que as taxonomias e identidades sociais dominantes são contestadas, "a inventividade coletiva"[21] floresce. Sujeitos liminares são mais abertos e mais vulneráveis a imitar comportamentos e práticas sociais que ofereçam uma saída possível para a incerteza com a qual a fase liminar está associada.

As instituições estabelecidas nesse tipo de *commoning*, e que definem o que deve ser compartilhado e como deve ser compartilhado, também são caracterizadas por liminaridade. Instituições liminares não são estabelecidas, mas contingentes e fluidas, e surgem e perecem no interior de dinâmicas de descentralização–recentralização. Elas unificam, e não excluem, os diversos integrantes (*commoners*) potenciais, e promovem a coexistência não antagônica de diferentes percepções. Enquanto na abordagem de Elinor Ostrom os bens comuns são encarados como instituições "híbridas" entre o privado e o público, exigindo tipicamente apoio de instituições em níveis mais altos para funcionar,[22] os bens comuns liminares surgem no contexto de incertezas e de uma reversão de taxonomias e ordenamentos sociais, atuando como processos deliberativos sem vinculação com instituições "superiores".

Nossa teoria de bens comuns liminares é radicalmente diferente das teorias de ação coletiva que celebram a diferença e reivindicam que a ação coletiva contemporânea se desdobra em torno do capital cultural de uma "política personalista".[23] Essas teorias também criticam a ideia de identidade coletiva, argumentando que em movimentos contemporâneos ela foi substituída por uma "expressão pública [personalizada] do eu".[24] Embora isso possa ter certo valor para descrever alguns movimentos contemporâneos, especialmente aqueles dominados por uma "cultura de classe média", os bens comuns liminares aqui não são resultado de um individualismo que impulsiona um processo de autoatualização. Eles resultam da perda da identidade estabelecida, o que abre espaço para surgir um "nós" contingente e fluido. As pessoas não apenas se expressam publicamente: elas propõem, mesmo que de modo incompleto e contraditório, uma organização social alternativa.

Finalmente, nós argumentamos que os novos bens comuns (liminares) se desdobram e se expandem num "movimento rizomático".[25] Esse tipo de movimento não tem centro nem periferia, não começa a partir de um ponto específico nem acaba num ponto específico. Seus nodos/nós não são conectados ou se conectam principalmente através de encontros imprevistos, segundo um processo de descentralização–recentralização.[26] Os nodos do rizoma não são estáveis, mas aparecem e desaparecem dentro de uma espiral em aceleração contínua; múltiplos nodos podem ser adicionados ao movimento, sem controle prévio para saber se eles são ou não compatíveis com a rede.

Nem todos os movimentos em rede são rizomáticos. Cidades em Transição,* por exemplo, é um movimento em rede, sem centro nem periferia, mas no qual, diferentemente do rizoma, há maior estabilidade dos nodos. A conexão dos nodos é resultado não de encontros imprevistos, mas planejados, cujo objetivo é aprofundar uma colaboração orgânica, e não uma troca transitória de experiências, como nos rizomas. Além disso, na rede há geralmente mecanismos de controle que asseguram que novos nodos sejam compatíveis com a estrutura existente, e um acordo mínimo é geralmente considerado essencial para que ocorra expansão.

Antes de proceder com a explicação das origens e da evolução rizomática dos novos bens comuns na Grécia, permitam-nos esclarecer seu contexto político-econômico.

## Parte 2 – A grande depressão da Grécia

Em 2013, 1,4 milhão de gregos estavam desempregados – 27,5% da força de trabalho total, taxa que era de 7,2% em 2007.[27] Para os jovens entre 18 e 25 anos, o desemprego cresceu do já alto patamar de 36,6%, em 2009, para 65%, em 2013.[28] Cerca de 450 mil famílias tinham todos os seus integrantes desocupados.[29] Para os que trabalhavam, as coisas não eram muito melhores: a mediana do salário bruto mensal caiu de €1.997, em 2009, para €1.048, em 2015.[30] O salário mínimo declinou de €751,5, em 2009, para €586,1, em 2013.[31] O imposto de valor agregado (IVA) aumentou de 9% e 13% para 23%, ao passo que os impostos sobre as propriedades, incluindo as pequenas, aumentou 514% entre 2010 e 2014.[32] Em consequência, o poder de compra dos assalariados despencou 37,2%.[33]

---

* Cidades em Transição, ou Redes de Transição, é um movimento de base [*grassroots movement*] alicerçado sobretudo em projetos comunitários que buscam mais resiliência em resposta ao aumento súbito do preço do petróleo, à destruição climática e à instabilidade econômica (Hopkins, 2008). Ele fomenta a criação de laços comunitários que sustentem valores essencialmente definidos por uma perspectiva teórica e prática que contém regras específicas, como os "doze ingredientes". O movimento também desenvolveu várias maneiras de registrar e monitorar projetos novos e outros já registrados.

Os números não captam a cruel realidade cotidiana, mas, de maneira indicativa, os suicídios aumentaram 62,3% entre 2007 e 2011[34] e quase metade das pessoas que cometeram suicídio em 2012 estava inativa;[35] os casos de depressão clínica grave aumentaram 248% entre 2009 e 2011;[36] cerca de 145 mil crianças gregas enfrentaram insegurança alimentar e fome.[37]

Mais do que um efeito direto do declínio do PIB, a grande depressão da Grécia é resultado de políticas de austeridade implementadas para lidar com a dívida pública. Esta aumentou de €141 bilhões, em 2000, para €263 bilhões em 2008; não obstante, ainda em 2008 instituições internacionais elogiavam a Grécia por seu desempenho econômico. Esse foi um crescimento alimentado pela dívida.[38] A partir de 2008, teve início um período de reiteradas recessões, aumentando o custo dos empréstimos e tornando a dívida grega insustentável. Impossibilitados de pegar empréstimos no mercado de títulos privados, os governos gregos chegaram a uma série de acordos ("memorandos") com a "Troika" (União Europeia, FMI e Banco Central Europeu), os quais levaram à austeridade e aos cortes em serviços públicos (por exemplo, 36% de cortes na área da educação). As aposentadorias foram reduzidas em média em 30% e os salários no setor público, de 25 a 35%.[39] As aposentadorias públicas diminuíram, mas, em decorrência do declínio da atividade econômica causado pela austeridade, a dívida continuou a crescer, enquanto novas dívidas foram usadas simplesmente para pagar os juros e o serviço das dívidas antigas.

Uma crise social precedeu a crise da dívida. Os benefícios do crescimento do começo dos anos 2000 não foram equanimemente distribuídos.[40] O termo "Geração 700 euros" foi cunhado antes de 2008 para designar jovens com formação universitária sem acesso a empregos bem-remunerados.[41] O número de imigrantes sem documentos disparou e se tornou uma nova fonte de desigualdade.[42] O presumido milagre econômico dos anos 2000 se baseava em expansão de crédito, trabalho migrante barato, realização de obras públicas e uma bolha imobiliária ligada aos Jogos Olímpicos de 2004.[43] Desigualdades socioespaciais surgiram pela primeira vez com grande intensidade nos centros urbanos de Atenas e Tessalonica.[44] Em dezembro de 2008, a crise social chegou a um ponto de ebulição no bairro estudantil-anarquista de Exarchia, em Atenas,[45] quando um policial matou um estudante secundarista. Uma revolta irrompeu nessa cidade e em mais de sessenta outras, seguindo-se dias de choques com a polícia grega.[46] O espaço urbano cada vez mais desigual se tornou o lugar e o objeto do conflito.

Em dezembro de 2008, a revolta evoluiu para um movimento de confrontação antiausteridade. O governo conservador respondeu com novas e mais brutais repressões policiais, e a intensificação da vigilância.[47] Foi nesse contexto de crise e de medo, cultivado pela mídia e pelos políticos,[48] *versus* resistência e revolta, que nasceu um novo movimento de *commoning*. Dezembro de 2008 foi o momento de ruptura. O espaço urbano foi reivindicado, incluindo a conversão em parque popular do estacionamento onde o estudante secundarista fora morto, criação de jardins e parques urbanos em outras partes da cidade; houve resistência contra o cercamento do monte Ymittos e conflitos contra a abertura de um novo aterro sanitário metropolitano na periferia.[49] A seção a seguir traça precisamente a evolução rizomática dessas batalhas para um novo movimento de *commoning*; o papel do Movimento dos Indignados, que ocupou as praças centrais de Atenas e de outras grandes cidades em 2011, foi catalítico.

A análise das praças "indignadas" (Parte 3) se baseia em material publicado, observação participante conduzida por Angelos Varvarousis e conversas com integrantes de projetos de *commoning* convidados a refletir sobre o período. Para avaliar o número e o crescimento dos projetos de *commoning* (Parte 4), usamos bancos de dados on-line, verificando esses dados, quando necessário, através de entrevistas telefônicas.* Além disso,

* Os bancos de dados utilizados (Solidarity4all.gr; Enallaktikos.gr; Omikronproject.gr; www.enasalloskosmos-community.net; e kolektives.org) têm várias limitações. Primeiro, os projetos só foram registrados de forma sistemática depois da mobilização nas praças, de modo que é muito difícil quantificar sua evolução antes e depois, exceto com nossas próprias estimativas e as de nossos interlocutores. Segundo, os bancos de dados não incluem novos projetos estabelecidos ao longo dos últimos seis meses e não são atualizados eliminando aqueles que tenham se tornado frágeis. Terceiro, eles incluem vários projetos de solidariedade do Estado, privados ou da Igreja que não se encaixam na nossa definição de projetos de *commoning*. O banco de dados do Solidarity4all pode ser mais preciso, porque não inclui esses tipos de projeto, mas tem a desvantagem da associação com o partido político Syriza, o que faz com que alguns projetos mais radicais relutem

realizamos dezoito entrevistas semiestruturadas de profundidade com lideranças importantes de projetos (dez homens e oito mulheres) e duas entrevistas em grupo. As informações das entrevistas são contextualizadas por meio de seis meses de trabalho de campo formal e de observação participante de Varvarousis em seis projetos de *commoning*, nos quais ele observou e participou, e em que contribuiu para assembleias gerais, eventos e ações coletivas.

## Parte 3 – Os bens comuns liminares das praças indignadas

A maioria dos nossos entrevistados compartilha o sentimento de que o movimento das praças ocupadas, o Movimento dos "Aganaktismenoi" (Indignados), catalisou o surgimento de projetos de *commoning*.[50] O Banco de Tempo da Praça Syntagma, fundado durante a ocupação, contou com 2 mil novos membros já nos primeiros dias e hoje tem mais de 3 mil integrantes.[51] Um centro médico autogerido na praça ocupada deu origem a uma clínica e a uma farmácia solidárias metropolitanas permanentes para pessoas sem acesso à assistência pública de saúde.[52] Antes da ocupação só havia uma clínica auto-organizada na Grécia, hoje há 47. Depois de um evento de informação realizado na praça Syntagma por pessoas que faziam um experimento com cooperativas, várias cooperativas de trabalhadores foram concebidas.[53] Novas ecovilas e iniciativas "de volta ao campo" começaram nessa praça, como o projeto Spithari-Wakinglife, na área rural de Atenas. Projetos de *commoning* organicamente ligados às praças apresentaram as taxas mais rápidas de crescimento, ao passo que o destino de projetos desenvolvidos independentemente da ocupação – "buracos negros", como alguns entrevistados os chamam – é desconhecido.[54] O modelo da assembleia popular, também praticado na Syntagma ocupada, replicou-se em vários bairros, tornando-se o modelo organizacional dos projetos de *commoning*.[55]

em relatar seus dados para ele. Nossos relatórios sobre o número de projetos, portanto, é apenas uma indicação aproximativa.

O movimento das praças foi rizomático. Organizou-se principalmente através das redes sociais, e não havia estrutura reconhecível que definisse o lugar, a hora e a forma dos protestos.[56] A primeira manifestação de massas teve lugar na praça Syntagma em 25 de maio de 2011, organizada espontaneamente através das mídias sociais, como resposta a um post dos Indignados espanhóis no Facebook perguntando *"Por que os gregos estão adormecidos?"*. "Nós estamos acordados", foi a resposta.[57] Cerca de 200 mil pessoas estiveram presentes, sem haver nenhuma organização central.[58] Cerca de 3 milhões de pessoas passaram pela praça nos três meses em que ela permaneceu ocupada. Inicialmente, os protestos foram organizados através de comunicações anônimas na mídia social. Em seguida, eles evoluíram para um modelo de descentralização–recentralização, através de assembleias de bairro que se reuniam independentemente e depois compartilhavam suas discussões e resultados na assembleia geral da praça ocupada. Reciprocamente, os resultados da assembleia geral voltavam para as assembleias de bairro seguintes, sem que houvesse obrigações vinculadas a isso. Com o prosseguimento da ocupação, mais pessoas e microgrupos se juntaram na praça, aumentando o número de participantes. Novos nodos eram acrescentados ao rizoma à medida que os projetos nasciam e se expandiam para bairros e setores da economia.

A liminaridade foi central para catalisar esse rizoma. O acesso aberto que caracteriza a praça pública condicionou a abertura liminar da mobilização. A revolta de dezembro de 2008 também foi rizomática e também fez uma campanha reivindicando o espaço público, mas depois dos conflitos iniciais abandonou seus espaços abertos ou digitais. Os ativistas se entrincheiraram atrás dos portões de três universidades ocupadas. Os portões atuaram literal e simbolicamente como controle de fronteira para quem podia ou não ser incluído no movimento, um cercamento de identidade em torno de grupos de esquerda militante e anarquistas, que defendiam os prédios contra a polícia. Em comparação, a Syntagma, praça central de Atenas, foi *de facto* um espaço poroso e de acesso aberto. Nenhum grupo individual podia cercá-la. Negociações entre grupos e pessoas diferentes e heterogêneos eram não apenas possíveis mas *necessárias* para a continuação do movimento.

A liminaridade não era resultado apenas do espaço. A crise provocou a ruptura de identidades, com muitos gregos vivendo entre "o presente ainda a passar e o futuro ainda por vir".[59] A austeridade e a privação econômica desmantelaram certezas e regularidades. A percepção humilhante de que o país era governado por instituições internacionais, de que seu povo era descrito como "preguiçoso" e "corrupto", acabou violentamente com as identidades anteriores, estruturadas em torno de um sonho consumista.[60] Essa perda liminar de identidade se manifestou em cartazes na praça Syntagma declarando "Não somos ninguém" ou "Não sabemos aonde estamos indo, mas não vamos voltar atrás". Simbolicamente, as pessoas na Syntagma estavam usando máscaras brancas, declarando sua intenção de permanecerem anônimas, ou, antes, "desidentificadas". Vazio também significa possibilidade,[61] e a abertura das fronteiras de uma identidade estabelecida tornou possível a ação em comum[62] para pessoas diferentes, oriundas de experiências diversas, muitas das quais participavam de protestos pela primeira vez.

O movimento não só se desdobrou no espaço urbano; ele produziu espaços novos, comuns. Os ocupantes da Syntagma não se limitaram a protestar contra o Parlamento, eles estabeleceram: uma cidade de tendas onde os manifestantes dormiam; uma assembleia de democracia direta que se reunia todos os dias às nove da noite; um espaço de apoio técnico; centros de tradução, administração, saúde, alimentação, artes e expressão livre; serviços postais e de transporte. Organizaram equipes de limpeza e cuidados gerais, um banco de tempo para troca de serviços, um bazar solidário e uma campanha pela auditoria cidadã da dívida, com mais de 60 mil participantes.[63] Cada um desses grupos reunia-se todos os dias às seis da tarde em assembleias, abertas a todos que quisessem participar. O trabalho aplicado nessas formas de cooperação, definindo *o que* deve ser compartilhado e *como*, transformou a praça de espaço público em bem comum temporário. É esse processo de *commoning* que dá ao Movimento dos Cidadãos Indignados sua "materialidade" específica,[64] em comparação com os movimentos políticos ou de protesto anteriores, como os dos anos 1960 ou o movimento antiglobalização. Enquanto a maioria dos movimentos sociais se desdobra no espaço urbano e é organizada em torno de um conjunto de reivindicações, o Movimento dos Indignados reinventou o espaço urbano e traçou formas alternativas de produção e reprodução.

Embora houvesse diferença entre a parte "baixa" da praça Syntagma, onde os projetos de *commoning* estavam concentrados, e a parte alta, em frente ao Parlamento, onde eram realizados os protestos, com a presença de nacionalistas ou xenófobos,[65] os dois espaços não eram distintos e separados, mas porosos.[66] A distinção entre as "duas praças" não era uma distinção entre a identidade dos participantes (integrantes dos projetos de *commoning* na parte baixa, nacionalistas na alta), mas entre as diferentes funções de cada área. A parte superior, composta de calçamento e uma rua em frente ao Parlamento, assumiu a função de manifestação "contra" o governo e de confronto com a polícia, que protegia a casa legislativa. A parte inferior, com seus bancos, árvores e o pequeno parque, funcionou como espaço de assentamento, debate e criação. Identidades prévias influenciaram a opção das pessoas entre mais confronto ou mais *commonings*. A inovação trazida pela Syntagma, porém, foi que muitas pessoas transcenderam as identidades preestabelecidas.[67] Quem estava na parte baixa da praça gritava e expressava sua ira na parte mais alta, enquanto até xenófobos ou conservadores da parte alta tomavam a palavra e exprimiam suas opiniões na parte baixa.[68]

O caráter liminar dos novos bens comuns não se manifestou apenas numa desidentificação em massa dos sujeitos, mas também no desempenho das instituições liminares. Primeiro, assembleias e grupos não tinham um quadro estável de integrantes. As pessoas iam e vinham, todas com direito de participar em qualquer momento.[69] As assembleias e os eventos organizados coletivamente não eram os mesmos todos os dias; eles mudavam segundo as ideias que ocorriam a pessoas ou microgrupos. A frase característica "Diga o que pensa! Encontre seu espaço na praça Syntagma e se expresse!" (um apelo da equipe de artistas) não era um mero estímulo à "expressão pública do eu". Ela exprimia a abertura e a disposição para participar de todas aquelas microatividades, que surgiam de forma inesperada, e para organizá-las coletiva e espontaneamente. Invenções coletivas floresceram na Syntagma e deram origem a práticas inovadoras de democracia direta, eventos artísticos e projetos de *commoning*. Algumas delas surgiram lá pela primeira vez, enquanto outras eram imitações de práticas surgidas em outras praças ocupadas, especialmente as da Espanha.

Em segundo lugar, desestimulava-se abertamente que as pessoas se identificassem como membros de um coletivo específico. A adesão de representantes de partidos políticos era proibida. Isso não significa que não houvesse nenhum membro de grupos ou partidos políticos, ou nenhuma pessoa com identidade política prefixada. Não obstante, aos poucos eles tiveram de aprender a recuar e a negociar sua opinião ou sua prática, algo sem precedentes em qualquer mobilização social na Grécia. De forma característica, durante as assembleias, alguns marxistas, que inicialmente percebiam seu papel como o de uma "vanguarda" com uma agenda concreta, depararam com gestos de desaprovação e tiveram de recuar.[70] A desidentificação em massa permitiu uma negociação na produção do que era comum entre indivíduos não ligados por uma ideologia ou identidade. Impedir que grupos políticos específicos se apossassem dos processos representou uma instituição ou mecanismo contingente para evitar o acúmulo de poder por uma única formação no interior do movimento. Isso abriu espaço para a expressão e participação de pessoas que não se identificam com formações políticas ou ideológicas preestabelecidas. Como os Indignados espanhóis, "ao se juntar a uma área ocupada ... [os] cidadãos podem participar do movimento sem aderir a nenhuma ideologia ou organização, apenas estando lá por suas próprias razões".[71] Havia palavras de ordem e demandas, como a reivindicação de *democracia real* ou a rejeição do acordo da Troika. Não obstante, eles serviam antes como *significantes vazios*,[72] representando diferentes coisas para pessoas diferentes, permitindo um grau de unidade sem homogeneização, contra um inimigo comum.

Em terceiro lugar, as resoluções das assembleias não tinham o objetivo de produzir propostas unificadoras,[73] mas de verificar os limites de um consenso possível.[74] Aceitou-se a coexistência de opiniões diferentes. Quando as autoridades ou a mídia pediam um representante, um porta-voz ou um programa político coerente elaborado pelo movimento, a assembleia se recusava a produzir.[75] Os protestos S11 em Melbourne tampouco tinham porta-voz, principalmente em função de uma personalização do geral que enfatizava a responsabilidade individual.[76] Na praça Syntagma, em comparação, tratava-se de um mecanismo consciente que buscava prevenir o acúmulo de poder, conforme ficou explícito tanto nas nossas entrevistas quanto nas resoluções das assembleias na praça, em que os ativistas frequentemente enfatizavam: "Nós não vamos permitir que ninguém se aproprie do nosso movimento."

A liminaridade catalisou a disseminação do movimento rizomático. O caráter aberto da praça permitiu uma popularização de práticas de *commoning* que, de outro modo, não seriam possíveis. Cerca de 28% dos gregos passaram pelas praças durante os protestos e ocupações.[77] Práticas antes vistas como "alternativas", marginais e carregadas ideologicamente agora eram comunicadas a setores mais amplos da sociedade grega. Recém-chegados podiam realizar coletivamente ações e identidades que antes não haviam vivido. Comparar ações coletivas simples, como cozinhar juntos, com hábitos anteriores foi libertador para muitos, e é provável que isso esteja ligado à explosão subsequente de projetos de *commoning*.

Além disso, embora muitos desses projetos tenham sido iniciados por indivíduos e grupos motivados politicamente, com uma agenda, também esses grupos mudaram sua participação e sua interação com os recém-chegados, redefinindo o conteúdo de sua politização e abrindo suas identidades políticas para novas experiências, transformando seus hábitos e seus modos de fazer política. À diferença da Catalunha,[78] o *commoning* era marginal na Grécia antes do movimento das praças ocupadas; e era encarado com suspeita pelos partidos políticos, inclusive por grupos anarquistas e autonomistas mais ardentemente interessados em confrontação do que em "criar um novo mundo nas brechas do velho". Em vez disso, depois do movimento das praças, o Syriza, partido de esquerda que hoje governa a Grécia, fundou e financiou a Solidarity4all, rede dedicada à promoção de projetos de *commoning*. O Movimento Antiautoritário (Antiexousiastike Kinese), importante grupo anarquista, e o Antarsya, partido de extrema esquerda, também se envolveram seriamente em iniciativas de *commoning*.[79]

E, ainda, a experiência com *commoning* na praça Syntagma ajudou a desconstruir e desestigmatizar a pobreza. Pessoas que antes se sentiam pessoalmente responsáveis por sua perda de renda, pelo fracasso em encontrar trabalho ou a incapacidade de sustentar os dependentes encontraram um espaço para compartilhar e transformar seu desespero. Comer numa cozinha comunal, obter roupas de graça num bazar ou remédios numa farmácia gratuita já não eram mais uma vergonha. Cabe notar que os projetos iniciados na praça Syntagma não eram apenas simbólicos; muitas pessoas se engajaram precisamente porque elas lidavam com necessidades concretas de alimentação, saúde, habitação ou emprego,[80] ao mesmo tempo que permitiam às pessoas "Tomar suas vidas em suas próprias mãos", como dizia um cartaz na praça.

## Parte 4 – A disseminação rizomática do *commoning*

Quando a participação cedeu, a praça foi evacuada violentamente, em agosto de 2011, com a polícia antiprotestos defendendo-a de ocupantes nos meses seguintes.[81] Para alguns, o movimento fracassou, porque não deteve a austeridade.[82] Não obstante, a desterritorialização das estruturas de poder[83] e a economia política do endividamento da Grécia no interior da zona do euro tornam reversões políticas dessa ordem extremamente difíceis. O Movimento dos Indignados não dizia respeito somente a negação e desdém: também se dedicava a engendrar o *commoning* como um projeto emancipatório. Como na Espanha, "o movimento não desapareceu; ele se estendeu pelo tecido social, com assembleias de bairro, ... espalhando ... práticas econômicas alternativas como cooperativas de consumidores, bancos éticos, redes de trocas e muitas outras formas de viver diferentemente para viver com sentido".[84] Como argumentou um dos nossos informantes: "Depois da Syntagma, as pessoas espalharam a ocupação por seus bairros, criando centenas de micropraças." Na maioria dos casos, isso aconteceu de modo rizomático, não estruturado e invisível,[85] embora em outros tenha desde o começo tomado a forma de uma rede mais estável e coesa, como em clínicas sociais e redes diretas de comercialização entre produtor e consumidor. Projetos de *commoning* ativos hoje incluem clínicas e farmácias sociais, cooperativas de trabalhadores, espaços urbanos ocupados, bancos de tempo e moedas alternativas, assembleias de bairro e redes solidárias de troca, hortas urbanas, cooperativas de agricultores ou consumidores, mercados diretos de agricultores (sem intermediários), coletivos de artistas e editores, fábricas ocupadas. Passemos a apresentar cada qual com mais detalhe.

A clínica solidária metropolitana foi idealizada na praça Syntagma e começou a atuar em dezembro de 2011. Após três anos de existência, ela contava com mais de 250 voluntários, tendo tratado mais de 33 mil pacientes.[86] A clínica não aceita financiamento, somente doações de remédios, materiais e serviços. Os voluntários governam a clínica horizontal e democraticamente. Os pacientes são estimulados a participar fornecendo eles mesmos serviços,[87] com o trabalho intercambiado entre médicos, enfermeiros e pacientes através de um banco de tempo. A clínica metropolitana de Atenas serviu como modelo nacional. A partir de apenas três projetos funcionando em setembro de 2012, em março de 2015 havia mais de cinquenta clínicas ativas na Grécia.[88] Todas fornecem serviços gratuitos, só aceitam doações em bens e serviços e são governadas por médicos, enfermeiros e voluntários. Muitos deles defendem o princípio de que a saúde é um bem comum do qual ninguém deve ser excluído. Essas clínicas se disseminaram rizomaticamente e respondem a crises locais nos serviços de saúde, mas nos primeiros meses de operação elas compuseram uma organização relativamente estável, formando-se em rede através do Nationwide Cooperation of Solidarity Dispensaries and Pharmacies. Sua organização não pode mais ser considerada rizomática, ponto ao qual retornaremos adiante.

As iniciativas de *commoning* no espaço urbano depois do movimento das praças incluíram projetos na Academia de Platão (área em Atenas perto de onde Platão estabeleceu sua célebre academia filosófica), onde cidadãos locais, num esforço para transformar uma área pública abandonada de treze hectares, formaram uma assembleia que organiza festas, cozinhas coletivas, bazares de trocas, leituras públicas, iniciativas culturais livres e festivais solidários. Esses movimentos faziam parte dos protestos e da desobediência civil contra a construção de um shopping center (eufemisticamente chamado de Academy Gardens) perto do sítio arqueológico. Os residentes também formaram dois centros sociais cooperativos perto do parque, atuando como pontos de encontro e organização.[89]

Entre as ocupações de destaque em Atenas estão o teatro particular fechado Empros, em que artistas assentados organizam representações e concertos gratuitos, festas e eventos políticos; o centro social ocupado Vox, antes livraria, café e cinema; e Sholeio, centro social gratuito em Tessalonica semelhante à Academia de Platão. Esses centros sociais servem como nós, organizando e abrigando várias atividades de *commoning*, como clínicas e farmácias solidárias, hortas urbanas, encontros políticos e programas educacionais solidários.

Outra ocupação simbólica é a horta urbana num pequeno canto do velho aeroporto Helleniko, em Atenas, com acampamento auto-organizado na praia próxima. A iniciativa serve como mobilização contra a privatização dos 620 hectares do aeroporto, com valor estimado em €3 bilhões. Os insurgentes reclamam a área como bem comum, propondo transformá-la num parque metropolitano. Há mais de 23 projetos de horta/agricultura urbanos como este em toda a Grécia, treze dos quais só em Atenas.*[90]

As assembleias de bairro atuam como núcleos de *commoning* urbano. Elas foram os motores dos processos de descentralização–recentralização durante a ocupação da praça Syntagma; os debates e ações eram descentralizados nos bairros antes de serem recentralizados nas praças. Algumas delas continuam a ser populares e ativas. Por exemplo, a assembleia popular de Koukaki-Thisio-Petralona ocupou um edifício público abandonado, que no passado oferecera serviços de saúde, e o transformou em clínica social e jardim de infância. Uma ação diferente foi em-

---

* Esses projetos têm lugar em espaços abandonados ou ocupados em várias cidades. Além disso, há dezenas de outros projetos de hortas urbanas organizadas por municipalidades, mas não os mencionamos porque não constituem projetos de *commoning*.

preendida contra a privatização de uma companhia de águas da cidade de Tessalonica: junto com o sindicato da companhia, cinquenta grupos de cidadãos organizaram um referendo público; dos 218.002 cidadãos que votaram, 98% foram contra a privatização da água. A Iniciativa 136, por sua vez, é a proposta de cidadãos para comprar a companhia de águas e transformá-la numa cooperativa governada por conselhos municipais. O número 136 se refere ao custo por residência para comprar a empresa, ideia supostamente concebida e esboçada no verso de um envelope durante a ocupação da praça em Tessalônica.[91]

Depois do movimento das praças, e facilitadas por uma lei de 2011 que favorecia a economia social, 415 novas cooperativas de trabalhadores começaram a operar em março de 2014.[92] A Grécia tinha vivido um movimento cooperativista agrícola no passado, que decaiu em função de patronagem política, endividamento e corrupção. A maioria das novas cooperativas agora é dedicada a pequenos serviços, especialmente cafés e restaurantes, embora também haja editoras cooperativas, cooperativas de engenharia e construção, um jornal cooperativo e vários mercados e feiras cooperativas (como a Bios Coop em Tessalônica, que supre a necessidade de mais de quatrocentas famílias por dia[93]), cooperativas de energia renovável, correios coletivos e cooperativas de manufatura. Pelo menos 150 dessas cooperativas encontram-se funcionais e operando no momento em que escrevemos este texto. Segundo nossas próprias estimativas, pelo menos cem delas são cooperativas sociais genuínas (em contraste com empresas oportunistas que tiram vantagem das isenções de taxas de seguridade que beneficiam as cooperativas). Elas são parte de um movimento cooperativista emergente na Grécia, ainda discreto, que esposa valores de autogestão democrática, aliança e associação.[94] Seguindo sua expansão rizomática, as cooperativas agora buscam formar uma rede mais estável e compartilhar um prédio no centro de Atenas, a fim de coordenar esforços, financiamento e apoio legal.

Também há vários projetos que buscam atender às necessidades sem intermediação de dinheiro: bancos de tempo, bazares com barracas e lojas sem taxas de uso, redes de troca direta e moedas locais alternativas. Embora só existissem três bancos de tempo e moedas alternativas antes de 2011, no momento em que escrevemos este artigo são 37 os projetos (ou 110, segundo outras estimativas[95]). Enquanto alguns estão interessados principalmente em suprir necessidades materiais cotidianas, outros, como o banco de tempo nas vizinhanças de Holargos-Papagou, em Atenas, realizam campanhas políticas e de solidariedade, performances teatrais ou musicais e assembleias populares.[96]

Em agricultura e alimentação, redes diretas de comercialização entre produtor e consumidor foram lançadas depois de fevereiro de 2012, quando produtores de batata da Grécia setentrional livraram-se dos intermediários e passaram a distribuir sua produção diretamente para os consumidores, a um preço baixo. Essa prática de evitar o revendedor se espalhou por todo o país, expandindo-se para outros itens além da batata. Coletivos foram montados para organizar e informar os integrantes das redes e o público sobre os dias de distribuição direta. Havia doze iniciativas em setembro de 2012, e em dezembro de 2014 já eram 47 redes ativas, apoiando 2.169 famílias e distribuindo mais de 5 mil toneladas de alimento só na área metropolitana de Atenas.[97] Assim como as Clínicas Solidárias, as redes alternativas de alimentação rapidamente estabeleceram sua rede formal de coordenação das ações.

Cozinhas solidárias existiam antes da crise, mas passaram de três empreendimentos anteriores a 2011 para mais de 21 hoje em toda a Grécia. Nas cozinhas solidárias, pode-se comer de graça ou por uma pequena soma em dinheiro e participar dos processos de preparo, se a pessoa quiser.[98] A maioria opera semanalmente. Algumas são organizadas de forma permanente, no mesmo lugar. Outras são "nômades", deslocando-se de bairro em bairro, ou mesmo de cidade em cidade, para difundir a prática. Não há nenhum cozinheiro profissional, e os alimentos são supridos por doações ou por participantes que disponham de recursos para fazê-lo. Há várias associações locais que também organizam distribuição solidária de cestas de alimentos, as quais são obtidas por doação de lojistas e produtores e distribuídas para pessoas necessitadas. Em toda a Grécia, foram distribuídas 1.987 cestas em fevereiro de 2013 e mais de 4.318 em setembro de 2014.[99] Inicialmente, as cestas serviam como complemento nutricional, porém, com o desenvolvimento do sistema, acertos com fornecedores de hortaliças frescas e carne tornaram possível suprir plenamente a necessidade alimentar dos beneficiados.[100] Mesmo que esses projetos sejam majoritariamente organizados por pessoas que não passem necessidade, em muitos casos os beneficiados estão envolvidos na organização e distribuição das cestas (30% de todos os beneficiados, segundo a Solidarity4all), ou participam em outros projetos organizados por associações locais. Isso distingue essas iniciativas de *commoning* da caridade.

Iniciativas educacionais servem àqueles excluídos do sistema público ou que querem dar continuidade à sua formação mas não podem pagar por ela. Fundada em 2017, a Universidade Popular de Economia Solidária Social (UnivSSE), em Tessalonica, oferece palestras on-line para milhares de visitantes.[101] A Rede de Conhecimento Solidário Mesopotâmia, que surgiu de um banco de tempo no bairro de Moschato, em Atenas, fornece aulas intensivas para estudantes do ensino médio e seminários para pessoas de todas as idades, e tenta estabelecer o que os organizadores chamam de "comunidade de conhecimento". "Escolas solidárias" dão aulas gratuitas para crianças cujas famílias não podem pagar pelo ensino privado (90% de todas as crianças que frequentam a escola na Grécia pagam aulas particulares a fim de se preparar para os exames nacionais de ingresso nas universidades). Em "escolas alternativas", as famílias se juntam para estabelecer jardins de infância auto-organizados.[102] Como no caso das clínicas sociais, elas também estabeleceram uma rede nacional, visando a uma colaboração mais efetiva entre si.

Os diferentes projetos não operam de maneira isolada. Com frequência, um único coletivo desenvolve projetos com funções diversas ou em escalas diversas. Como os projetos de *commoning* cresceram rizomaticamente, conexões mais fortes foram forjadas entre projetos que operam em diferentes domínios ou lugares. Por exemplo, o velho aeroporto de Helleniko hoje não só hospeda hortas urbanas e centros sociais como desenvolve relações estreitas com uma clínica e uma farmácia social metropolitanas que operam nas suas proximidades. Os pacientes da clínica, por sua vez, desenvolveram um banco de tempo para trocar serviços com os médicos. Na época em que escrevíamos este artigo, a intenção do grupo era começar a estruturar também uma cooperativa de trabalhadores.[103] No bairro de Galatsi, o espaço social autogerido Albariza cooperou com uma rede de alimentação local sem intermediários para dar início a uma cooperativa de consumidores.[104]

Esses projetos são "bem-sucedidos"? A pergunta pede uma definição de sucesso. A maioria dos projetos de fato se sustenta e se reproduz. Contudo, eles continuam sendo marginais, atendendo uma parte muito pequena das necessidades da sociedade grega. Nesse sentido, estão muito longe de materializar uma mudança sistêmica. Segundo Massimo de Angelis,[105] entretanto, a questão importante não é se há ou não um modelo alternativo exequível, pronto para substituir o modelo claudicante do capitalismo, mas sim como experimentos sociais existentes contribuem para o processo – contínuo – de busca da emancipação. A experimentação com novas formas de vida leva ao que Cornelius Castoriadis e Serge Latouche chamaram de "descolonização do imaginário",[106] ato essencial para a abertura de um novo espectro de futuros alternativos possíveis.

Outra questão importante relacionada é: os participantes mudam em função de seu engajamento nessas práticas, e como? Em primeiro lugar, os participantes redefinem suas necessidades. Muitos dos nossos entrevistados argumentaram que aqueles que queriam satisfazer os mesmos desejos da mesma maneira que antes ou bem mudaram ou então saíram dos projetos.[107] Valores como igualdade, compartilhamento, alegria e relações significativas são dominantes nesses projetos, em comparação com a competição ou as aspirações de afluência material individualista.[108] A participação produz um *habitus* totalmente diferente, que se estende para além do projeto de *commoning*. Alguns participantes, por exemplo, acabaram morando em casas coletivas ou compartilhando trabalho com outros. Foi assim que os projetos se expandiram de modo rizomático, à medida que os integrantes iam transferindo a experiência de *commoning* de um terreno para outro.

Em segundo lugar, nossas entrevistas e observações sugerem que as pessoas acostumadas a serem "líderes" (*sic*) aprenderam gradualmente a recuar e a abrir espaço para os outros se expressarem. Aquelas acostumadas a "seguir", ou que não se sentiam à vontade se expressando em público, aos poucos encontraram maneiras de contribuir ativamente.[109] Os processos de tomada de decisão em assembleia e outras formas de reunião, ao distribuir o tempo igualmente entre os participantes, mantêm sob controle as "vanguardas" autoproclamadas e previnem a concentração de poder.

Em terceiro lugar, embora a maioria dos nossos entrevistados fosse ecologicamente consciente antes dos projetos, eles também passaram a enfatizar que o declínio do lucro como valor dominante abre espaço para que preocupações ecológicas emerjam mais vigorosamente. Projetos como hortas urbanas, compartilhamento de sementes, combate a privatizações e cercamentos, ecovilas e muitas das redes alternativas de alimentação (embora não todas) têm um forte componente ambiental.

Não é possível saber de antemão se essas mudanças são permanentes e sustentáveis, ou se os projetos vão sucumbir caso a economia se recupere e as necessidades das pessoas sejam novamente satisfeitas pelo mercado. O que nosso trabalho de campo mostra é que um retorno ao modo de vida anterior é algo que está longe de ser simples para os participantes. Nossos entrevistados raramente sabiam de alguém que, depois de se comprometer com os projetos, tivesse voltado a um trabalho convencional ou ao estilo de vida dominante. Há uma assimilação de valores alternativos que não se abandona facilmente, embora isso dependa do nível e do tipo de participação. Associados periféricos, com menos compromisso, são mais suscetíveis de retroceder e voltar aos negócios de sempre.

## Parte 5 – Limites e desafios

### *Lidando com a liminaridade*

O caráter aberto da praça Syntagma caracteriza os projetos de *commoning* dela derivados. O grau de diversidade ideológica difere entre empreendimentos segundo suas origens, relações com entidades políticas e duração. Nossa pesquisa sugere que pessoas com orientação de esquerda, ou amplamente definida como de mentalidade alternativa, constituem a espinha dorsal da maioria dos projetos, mas muitos deles também incluem pessoas que se afirmam não políticas ou que se autoidentificam como conservadoras.[110] A única precondição para participar é o comprometimento com a solidariedade e a horizontalidade. Isso se manifesta nos nomes e slogans da maioria dos projetos, que não declaram uma ideologia ou filiação política específica, mas, antes, sua localização e suas ações, como a Academia de Platão, cujo slogan é "Construindo relações humanas", ou o reivindicado parque Navarinou, em Exarchia, cujos membros se chamam de "os regadores". Esses projetos continuam abertos ao público e a recém-chegados; por conseguinte, abrem-se também a contestações e transformações contínuas. A exclusão não é possível nem desejável.

Por outro lado, há projetos com membros registrados, como as cooperativas de trabalho ou os bancos de tempo. Eles permanecem abertos para novos membros, mas também tentam desenvolver uma memória e uma identidade coletivas, são receptivos a transformações, mas respeitando o trabalho e os esforços do passado. A liminaridade aqui parece estar se aproximando do fim de um rito de passagem, dando lugar a estruturas mais permanentes.

Também há, porém, a situação inversa, na qual grupos inicialmente homogêneos sacrificam uma identidade coerente a fim de se expandir. Por exemplo, o banco de tempo em Holargos-Papagou começou pela iniciativa de pessoas afiliadas ao Syriza. O projeto atraiu um conjunto diverso de pessoas novas e, depois de várias assembleias e negociações entre membros antigos e novos, decidiu-se que ele se tornaria independente do partido.[111]

Como, então, os grupos não homogêneos se portam para negociar suas inevitáveis diferenças internas? Ao contrário dos grupos políticos, os projetos de *commoning* não constituem comunidades de opinião, mas comunidades de prática, isto é, comunidades de produção de bens comuns. Não se trata apenas de uma questão de preferência; para a maioria dos participantes, produzir bens comuns é essencial para a sua própria subsistência. Em contraste com as comunidades de opinião, em comunidades de prática há uma tendência a estabelecer pontes de comunicação, em vez de ressaltar as diferenças.

Os conflitos ainda continuam presentes. Antes da crise e do movimento das praças, a sociedade grega não tinha virtualmente nenhuma experiência de *commoning*, e, falando em termos gerais, a cultura de cooperação era fraca.[112] A liminaridade, inicialmente uma vantagem, em alguns casos está chegando a limites, não só em função de disparidades identitárias, mas também pela incapacidade das pessoas aculturadas em ambientes antagônicos de forjar e manter consensos.[113] Nossos entrevistados enfatizaram a falta de instrumentos efetivos de comunicação interpessoal.[114] A necessária abertura se torna fragilidade quando todo e qualquer "passante" pode expressar uma opinião e bloquear o processo decisório.[115] O caráter não obrigatório das decisões tomadas na assembleia, por exemplo, permite que minorias dominem e cria fadiga e desmobilização. Um problema para a maioria dos entrevistados dedicados é a repartição desigual de trabalho entre membros menos ou mais ativos, outro efeito colateral da abertura. Membros mais novos normalmente disponibilizam menos tempo, gerando autoexploração e "exaustão" dos membros mais ativos.

Apesar do reconhecimento desses problemas, há um compromisso fundamental de manter os grupos abertos. Nós não constatamos nenhuma tendência para o fechamento inflexível nos projetos que observamos. Vários entrevistados nos disseram que seus projetos, em vez de fixar regras rígidas de participação, experimentam novos métodos de comunicação interpessoal, como comunicação não violenta, *world-cafés*, "práticas de espaço aberto" ou "assembleias de sentimento". Eventos educacionais e eventos em rede sobre outras partes do mundo também são comuns. Quando as discordâncias persistem, os grupos se bifurcam e novos projetos são iniciados.

## *E depois do rito de passagem?*

O espírito liminar e rizomático das praças ainda está forte. Se a ocupação das praças colocou a questão, o movimento de *commoning* de fato existente é uma resposta em aberto, contingente. Todos os nossos entrevistados viam em seus projetos de *commoning* uma continuação do movimento das praças: "O período das praças continua a ser um ponto de referência para o imaginário coletivo, definindo os processos de transformação das redes de solidariedade", argumenta a Insurgenta Iskra,[116] que organiza o Festival da Solidariedade e da Economia Cooperativa. Entretanto, há uma mudança nas constituições rizomáticas do movimento, mas não em suas características rizomáticas. Os participantes centrais com compromisso duradouro dão agora um caráter *estratégico* aos seus projetos. Sem a formalização e o fortalecimento de uma estrutura de rede, disseram-nos, os projetos e o movimento correm risco de estagnação.[117] Segundo muitos entrevistados, os projetos que conseguiram se associar, como as clínicas sociais, foram os que aumentaram sua visibilidade e garantiram as condições de sucesso.

De âmbito nacional, a Coordenação de Clínicas e Farmácias Solidárias foi estabelecida em novembro de 2013. Seu braço na Ática realiza encontros quinzenais,[118] facilitando o intercâmbio de medicamentos e materiais entre projetos, organizando campanhas coletivas de publicidade para arrecadar medicamentos, coordenando apoio do movimento global de solidariedade e intervindo como grupo em lutas políticas ou processos de formulação de políticas, como consultas públicas para a reforma do sistema nacional de saúde.*[119] Outras associações incluem: uma rede de quinze cooperativas de trabalho em Atenas cujo objetivo é expandir o setor e estabelecer um multiespaço comum, um fundo e uma editora;[120] uma rede de 24 coletivos para manejo de lixo em âmbito nacional, estabelecida em março de 2014; e uma rede de empreendimentos de cooperativas sociais da Macedônia setentrional, estabelecida em julho de 2014.[121]

No tocante a conexões entre setores, o Commons Fest é um festival dedicado aos bens comuns, organizado desde 2013, primeiro em Creta e depois em Atenas. Desde 2012, o principal guarda-chuva do movimento é o Festival de Solidariedade e Economia Cooperativa (#Festival4sce), em que mais de duzentos projetos de *commoning* de todas as partes da Grécia orga-

* A associação considera que seu papel é complementar, e não antagônico, ao do sistema público de saúde, e aceita de bom grado apoio estatal ou municipal. Isso levou a divergências por parte de alguns poucos projetos de orientação mais anarquista/autonomista, que haviam se organizado numa "rede de estruturas de saúde auto-organizadas". Estes concebem um sistema de saúde não estatal auto-organizado e recusam todo e qualquer apoio ou ajuda de entidades governamentais (entrevistas 15, 16 e 17).

nizam oficinas práticas, debates, apresentações e eventos comunais.[122] Esses coletivos aderem a princípios mínimos, a saber: independência em relação a partidos políticos, recusa de financiamentos de órgãos privados ou públicos, autogestão, democracia direta, horizontalidade, processos abertos e abertura para a sociedade.[123] Na primeira edição do festival, intercâmbios monetários foram proibidos, mas nos eventos subsequentes a venda de produtos foi permitida, possibilitando o ingresso de uma "economia social" mais ampla.[124] A terceira edição do festival, em 2014, centrou sua atenção em networking e integração, convidando ativistas da Cooperativa Integral Catalana (CIC).* A cooperativa tem uma estrutura integrada que busca suprir todas as necessidades dos membros sob seus auspícios, modelo que inspira suas contrapartes gregas como estrutura para o movimento de *commoning*. A quarta edição do festival, em 2015, pretendeu desenvolver uma agenda concreta para instituir uma cooperativa integrada adaptada à realidade grega.

Uma abordagem paralela e diferente de networking é a Solidarity4all, fundada em 2012 e financiada por uma doação de 20% dos salários dos parlamentares do Syriza. Os membros da Solidarity4all são em sua maioria do Syriza, mas, nas suas próprias palavras durante uma entrevista de grupo, não pretendem "oferecer solidariedade" aos necessitados como partido político, mas facilitar a criação de uma rede de contatos, respeitando a autonomia dos projetos. A associação é dividida em bases setoriais. Ela mantém um banco de dados nacional de projetos e busca construir vínculos permanentes com e entre projetos, através de relações pessoais, campanhas e apoio direto. Em 2014, a Solidarity4all propiciou um encontro de coletivos de alimentação de todo o país.[125] Os membros da Solidarity4all afirmam que não pretendem substituir os movimentos de

* A CIC é uma conhecida cooperativa catalã com milhares de membros ativos. Conforme declaram sobre sua própria iniciativa: "Trata-se de um projeto de desobediência e autogestão disseminada para reconstruir nossa sociedade de baixo para cima (em todos os campos e de maneira integral) e recuperar os relacionamentos afetivos humanos de proximidade baseada em confiança." Seu objetivo é congregar todos os diferentes elementos da vida social, como produção, reprodução, financiamento, moeda, habitação, saúde e educação, e tentar reconstruí-los de modo igualitário e sustentável.

base nem representá-los politicamente.[126] Entretanto, vários entrevistados dos projetos expressaram seu ceticismo e o desejo de não se envolver com nenhum partido político, mesmo os de esquerda, nos quais muitos deles votam. Ainda assim, veem como positivo o fato de o Syriza ter fundado uma organização para apoiar o *commoning* e não têm nenhum problema quanto a participar de eventos patrocinados pela Solidarity4all.

## *Entre o Estado e o mercado*

O relacionamento entre os projetos de *commoning* e o Estado é complicado e depende de quais forças ocupam o Estado e suas políticas. A coalizão de conservadores e social-democratas que governou até 2015 era inicialmente indiferente ao movimento de *commoning*. À medida que o movimento cresceu, ameaçando interesses capitalistas (por exemplo ocupando o lucrativo aeroporto antigo), o Estado interveio com força, inclusive com ação da polícia na Clínica Social Metropolitana, em Helleniko, em 24 de outubro de 2013, usando a desculpa de tráfico ilegal de drogas,[127] anúncios de "Organizações de Médicos" regionais contra clínicas sociais locais[128] e, o que foi crucial, uma lei de 2014 proibindo redes diretas de comercialização entre produtor e consumidor.[129] A polícia usou violência em protestos contra privatizações e cercamentos de terras públicas e para expulsar as pessoas de centros sociais ocupados.

O governo de esquerda do Syriza propiciou, pelo menos inicialmente, um ambiente mais favorável, com a instituição de um ministério para a "solidariedade social" e declarações de quadros de primeiro escalão em apoio à economia solidária. A questão que os projetos de *commoning* enfrentavam era se deviam ou não permanecer totalmente autônomos, tentando criar "um novo mundo dentro do velho", como em sua fase liminar, ou se voltavam para formas articuladas de cooperação, sob a coordenação de um Estado progressista.

Nossas entrevistas sugerem ambivalência.[130] Muitos integrantes dos projetos de *commoning* esperaram que o governo de esquerda aperfeiçoasse o arcabouço legal e removesse seus obstáculos,[131] como a proibição de formar cooperativas para muitas profissões ou a falta de disposições legais para as endividadas fábricas ocupadas por trabalhadores. Entretanto, o movimento, considerada a deficiência na formação de redes formalizadas, não tinha uma agenda clara de quais reformas institucionais reivindicar do novo governo.* Alguns participantes mostraram-se hesitantes em reivindicar apoio financeiro do Estado, justificados pelo fato de que os €150 milhões concedidos pela União Europeia em apoio a um Fundo de Economia Social foram direcionados para outros gastos públicos pelo governo conservador.[132] Alguns esperavam que um governo de esquerda fosse capaz de fornecer apoio institucional e recursos, enquanto outros mostravam preocupação em saber se a ausência de confronto enfraqueceria as bases populares do movimento, levando à "delegação" ao Estado.

Em termos de liminaridade, podemos estabelecer aqui uma analogia entre um governo de esquerda e o "vigarista" [*trickster*],[133] o mestre de cerimônias que facilita o processo de maturação e graduação. Na fase liminar do movimento, o slogan central era "Tomar a vida em nossas mãos", acompanhado por uma negação total do sistema político. Na sua fase pós-liminar e com um partido de esquerda no governo, grandes parcelas do movimento tentaram articular propostas específicas e negociar seu futuro com o Estado. Isso, por sua vez, precipitou a busca por estruturas mais permanentes.

A ambivalência também caracteriza a relação dos projetos de *commoning* com os movimentos antiausteridade e antiprivatização. Alguns entrevistados argumentaram que seus projetos deveriam continuar inteiramente autônomos e indiferentes a tais coalizões, insistindo na perspectiva de criar um mundo novo sobre as ruínas do que está desabando. Outros sugerem que, se o movimento de *commoning* quiser se desenvolver, deve juntar forças com outros que também desejam promover mudanças políticas. Colaborações

---

* Uma primeira tentativa de formalizar um conjunto de propostas foi um fórum nacional de três dias sobre "prosperidade sem crescimento", realizado no final de fevereiro de 2015 em Atenas.

ativas com movimentos sociais incluem a campanha nacional de clínicas e farmácias solidárias durante a greve geral dos médicos e enfermeiras,[134] ou a colaboração entre uma editora cooperativa, o sindicato dos trabalhadores do setor editorial e as ocupações e centros sociais antiautoritários.[135]

A falta de uma identidade e uma agenda anticapitalistas, a participação de algumas iniciativas na economia de mercado e suas negociações com o Estado não tornam esses movimentos necessariamente apolíticos, cooptáveis ou menos transformadores. A despeito de uma aversão por partidos políticos, o movimento tem uma orientação política.[136] Na verdade, alguns argumentam que os projetos são excessivamente politizados, em lugar de não politizados.[137] A partir de um levantamento feito num banco de dados digital com duzentos empreendimentos de *commoning*, descobrimos que mais de três quartos deles adotam um discurso que transcende seus objetivos materiais, isto é, prover alimentação, saúde etc., fazendo referência a objetivos políticos e à transição para uma sociedade de solidariedade e igualdade (ou de "decrescimento", palavra-chave que todos os entrevistados julgam se referir à sua visão de mudança). O sentido geral das entrevistas é que, para nossos interlocutores, a ação política difere de táticas militantes e de uma análise do tipo "o que deve ser feito": para eles, a mudança social é antes concebida como resultado de uma ação criativa. Conforme um dos entrevistados alegou: "Só se chega à democracia direta pela democracia direta e à autossuficiência pela autossuficiência." Ideias abstratas como igualdade, solidariedade ou democracia se baseiam na produção real do bem comum, a qual, por sua vez, ratifica a validade desses valores.

Com a evolução do movimento, vários ativistas centrais deslocaram seus esforços para cooperativas de trabalhadores que produzem, pelo menos em parte, para o mercado. Uma lei europeia de 2011 sobre economia social conferiu status legal a cooperativas que oferecessem assistência social e cuidados para populações vulneráveis, bem como para uma gama limitada de outras atividades. Essa condição incluía apoio parcial do Estado, deduções de impostos e de seguridade social.[138] Muitos entrevistados argumentaram que, embora o projeto inicialmente aspirasse a ficar fora da economia de mercado, com o tempo eles compreenderam que não podiam suprir todas as suas necessidades por si mesmos, e tinham de trabalhar em empresas convencionais para financiar o trabalho voluntário de *commoning*, realizado durante o tempo livre. Essa "dupla jornada" levou à autoexploração e à "exaustão", e, para alguns, até ao afastamento. As cooperativas propiciam uma alternativa que combina ativismo e formas de ganhar a vida. Entrevistados de cooperativas argumentaram que muito mais pessoas teriam vontade de participar em projetos de *commoning* se soubessem que poderiam pagar pelo menos uma parcela de suas necessidades básicas. Em vez de assimilação pelo capitalismo, nossos entrevistados veem no seu "realismo" uma oportunidade de mostrar simbolicamente que o *commoning* é uma alternativa viável, que pode competir tanto dentro do capitalismo quanto contra ele. Eles buscam questionar a visão predominante de que suas práticas só podem ser marginais, exercidas apenas como estratégias ideológicas e estilos de vida por burgueses que tenham suas necessidades básicas asseguradas através de outras fontes de renda.

Há um risco de cooptação, ou do que Massimo de Angelis chama de um "enquadramento dos bens comuns",[139] situação em que empreendimentos de *commoning* bem-sucedidos criam novos mercados para a acumulação de capital.[140] Entretanto, as cooperativas de trabalho que estudamos, mesmo quando produzindo para o mercado, mantêm sua função essencial de solidariedade: não só são internamente igualitárias como, depois de suprir as necessidades mais básicas de seus integrantes, compartilham o excedente com outros projetos de *commoning*, ou o fazem reverter para a sociedade. Um restaurante e uma editora que observamos em várias ocasiões ofereciam o que eles consideravam excedente a outras cooperativas. A editora Ekdoseis ton Sinadelfon apoiava financeiramente o sindicato dos trabalhadores do setor editorial, a associação de ciclistas, uma associação de pais que estava começando a criar um jardim de infância auto-organizado, ocupações selecionadas de terra ou prédios e um movimento de solidariedade chamado Zapatistas.

Esse tipo de compartilhamento ocorre espontaneamente e sem organização formal. Negociações sobre networking e associação miram essa intersolidariedade, assumindo a liderança da rede de quinze cooperativas de trabalhadores, as quais, como foi mencionado, estabeleceram um fundo de recursos comum. Ao serem solidários com outros projetos de *commoning* e com o restante da sociedade, os novos bens comuns abrem um outro ciclo para a "acumulação de bens comuns" que não o do capital.[141]

## Conclusão

Este artigo é uma contribuição para os estudos sobre os bens comuns e, de forma mais geral, sobre transições sociais, mostrando como e por que novos bens comuns são constantemente criados e como eles se relacionam e se expandem. Nós identificamos uma dinâmica rizomática, por meio da qual a liminaridade desempenha papel catalisador. Argumentamos que, quando a rede de bens comuns se expande, há uma tendência a conservar seus atributos rizomáticos, embora cedendo em sua constituição rizomática, considerando estratégias tanto de associação interna quanto de interações externas inovadoras com o Estado e o mercado, e facilitando, desse modo, uma acumulação de bens comuns e para os bens comuns.

O Plano *Commons* & Democracia (C&D) foi proposto como alternativa à austeridade e como estímulo para um futuro sem crescimento.[142] Nós explicamos aqui como e por que surgem novos bens comuns. Beneficiando-nos de uma etnografia sobre novos bens comuns na Grécia, argumentamos que se pode traçar a origem de seu crescimento exponencial no caráter de abertura das praças ocupadas e no choque da crise, com a ruptura de identidades estabelecidas. Isso favoreceu o surgimento de "bens comuns liminares": projetos de compartilhamento sem identidades coletivas ou individuais pré-estabelecidas. Nós propusemos uma relação direta e catalítica entre a liminaridade e o crescimento subsequente dos novos bens comuns: práticas que antes eram marginais foram popularizadas, engajando novos membros, enquanto formações políticas identitárias se abriram para tirar proveito das novas possibilidades. Por isso, os bens comuns e a democracia andaram juntos: inicialmente, os processos democráticos de assembleia experimentados, nas praças, se transformaram num elemento crucial dessa liminaridade, tornando possível a expansão dos bens comuns; reciprocamente, os bens comuns se tornaram a encarnação material do novo espírito democrático das praças, transferindo-o para diferentes esferas da vida.

Projetos em espaços de acesso aberto, como praças ocupadas, continuam a ser liminares, pois, por definição, não podem cercar os espaços públicos. Projetos que antes tiveram uma missão política mais fechada se abrem por necessidade, na medida em que desejam engajar novas pessoas. Contudo, muitos outros projetos que se formaram nas praças e passaram por um período de liminaridade hoje tentam encontrar maneiras de se estabilizar. É importante observar que, em vez de se fechar em si mesmos em torno de identidades e membros estabelecidos, ou de estipular estruturas de organização hierárquicas, a maioria dos projetos experimenta novas formas de processos deliberativos e de resolução de conflitos, e modos alternativos de treinar e incorporar os recém-chegados.

Serão esses projetos sustentáveis? Poderão ser ampliados, conseguirão ultrapassar uma vida curta ou a assimilação por mobilizações semelhantes no passado, incluindo os movimentos estudantis e de contracultura do final dos anos 1960? Nós não lidamos diretamente com essas questões, pois estávamos mais interessados em compreender a dinâmica de desencadeamento dos novos bens comuns. No entanto, podemos refletir sobre esses problemas com base no nosso material empírico.

Em primeiro lugar, é importante reconhecer as diferenças entre diversas ondas de mobilização, pois os movimentos aprendem com seus predecessores e se adaptam ao seu contexto. Uma característica distinta das mobilizações Indignados/Occupy é a atenção à transformação prefigurativa do espaço e sua experimentação direta com maneiras reais de produzir, consumir e decidir de modo diferente. Na Grécia, por exemplo, o movimento estudantil de 1972 se concentrou na derrubada da ditadura e na democratização do sistema político, e só marginalmente se ocupou do estabelecimento de novas formas cooperativas de produção, educação ou saúde.

Em segundo lugar, não são apenas os efeitos diretos e a ampliação dos projetos que devem nos interessar, mas suas "posterioridades" e seus legados.[143] Nossa pesquisa sugere, como mostramos, uma transformação fundamental das imagens mentais daqueles que participam da produção dos novos bens comuns; para eles, não há caminho de volta para a maneira como as coisas eram antes. É necessário aprofundar a pesquisa para avaliar os efeitos dos novos bens comuns sobre a sociedade grega como um todo.

Em terceiro lugar, não podemos excluir a assimilação de projetos e de participantes pela economia capitalista convencional ou pelo sistema de partidos políticos convencionais; e não será a primeira vez. Como nossa pesquisa indicou, entretanto, os participantes do movimento estão muito conscientes e tentam negociar cuidadosamente sua relação com o Estado e com o mercado. Cientes dos riscos de um "enquadramento dos bens comuns" pelo capitalismo, eles tentam desenvolver estruturas que venham a permitir uma acumulação de bens comuns. Lidam com o Estado estratégica e seletivamente, visando a estabelecer um arcabouço institucional que leve ao florescimento dos bens comuns. Isso é muito difícil, considerando a economia política da zona do euro e o alcance muito limitado das políticas nacionais que divergem da norma neoliberal.

No momento em que escrevemos este artigo, os projetos de *commoning* na Grécia estão preocupados com a estabilização do networking, formando associações intersetoriais nos níveis regional e nacional. Elas irão permitir, em primeiro lugar, uma satisfação mais plena das necessidades de seus membros, sem usar dinheiro, dentro de seu próprio espaço; em segundo, irão atuar como mecanismo de redistribuição, coletando o excedente de projetos individuais e investindo-o na expansão de outros (uma "acumulação de bens comuns"); em terceiro, irão propiciar a consolidação de uma face comum para interagir com o governo e negociar mudanças institucionais.

Não há dúvida, apesar de seu crescimento, que a escala dos novos bens comuns ainda é pequena quando vista no contexto da economia grega ou das necessidades totais da população. Permanecerão eles pequenos e virão talvez a desaparecer no futuro? Nunca se pode prever o futuro. A estagnação secular e a crise perpétua da economia podem ser a nova norma,[144] e por isso a experiência do destino de movimentos passados ou de outras economias alternativas não pode servir de guia para o futuro. Talvez, apenas talvez, a importância dos novos bens comuns na Grécia tenha vindo para ficar e prosperar.

# 7. Práticas econômicas alternativas em Barcelona: sobrevivendo à crise, reinventando a vida

Manuel Castells e Sviatlana Hlebik

## Introdução

A crise financeira que abalou as economias e as sociedades da União Europeia e os Estados Unidos entre 2008 e 2013 foi recebida com diferentes respostas por parte das instituições e empresas. Enquanto os governos tentavam consertar o sistema a um alto custo social, impondo políticas de austeridade e a diminuição do Estado de bem-estar social, muitas pessoas decidiram que o capitalismo financeiro era o problema, não a solução. Como alternativa, dezenas de milhares de pessoas se engajaram em novas práticas de produção, consumo e troca que, em vez de seguirem as regras capitalistas, enfatizam a busca de significado para suas vidas. Este artigo apresenta os resultados da pesquisa empírica que avalia e explica a dinâmica dessas culturas econômicas alternativas em Barcelona, uma das cidades mais inovadoras do mundo, num contexto de desemprego disseminado no período do nosso estudo (2010-11).

Em primeiro lugar, com base em entrevistas e análises de grupos focais, apresentamos aqui o surgimento de práticas econômicas não capitalistas entre redes de indivíduos que buscam conscientemente mudar seus estilos de vida. Em segundo, analisamos os resultados de uma pesquisa com amostra estatisticamente representativa da população de Barcelona para investigar a difusão dessas práticas entre a população como um todo. Em seguida empreendemos uma análise estatística que mostra a presença entrelaçada de duas culturas econômicas: a cultura da necessidade, como resposta à deterioração da economia, e a cultura do significado da vida, com o desenvolvimento de novas relações sociais. Nós identificamos os fatores que explicam a frequência e a intensidade de práticas que encarnam essas duas culturas e sua inter-relação. Finalmente, refletimos sobre a possibilidade de expansão e a sustentabilidade dessas práticas em Barcelona e outras regiões.

## A crise do capitalismo financeiro e a ascensão de uma nova cultura econômica

A crise financeira de 2008-13 minou a confiança dos cidadãos nas instituições financeiras e políticas ao redor do mundo.[1] Confrontadas com perspectivas econômicas assustadoras, e sofrendo as consequências da crise em sua vida cotidiana, cada vez mais pessoas se envolveram em práticas econômicas alternativas. Entendemos como tal as práticas de produção, consumo, troca, pagamento e crédito que não seguem as regras usuais do mercado capitalista. Isto é, elas não se originam a partir de mecanismos de busca de lucro. Muitas dessas práticas já estavam presentes no funcionamento comum do capitalismo, em geral negligenciadas em termos de sua relevância e difusão, mas vieram à tona com a crise. Na verdade, elas se espalharam por muitos setores diferentes da população e em países do mundo todo. Algumas delas dizem respeito a estratégias de sobrevivência utilizadas para enfrentar a crise. Contudo, muitas outras estão enraizadas em valores alternativos que questionam conscientemente a mercantilização da nossa vida cotidiana. Um fluxo crescente de estudos produzidos nos últimos anos mostrou a ascensão dessas práticas e examinou as causas e consequências do fenômeno, questionando teorias tradicionais de comportamento econômico, baseadas em hipóteses ideológicas sobre a racionalidade econômica universal das transações monetárias.[2]

À medida que a crise de 2008 foi se desdobrando ao longo de vários anos, o fracasso das políticas econômicas tradicionais se tornou claro para os milhões afetados por desemprego, dispensas temporárias, cortes em serviços sociais, execução de hipotecas e perda de crédito.[3] Assim, certo número de práticas que, no contexto do capitalismo avançado, estavam confinadas às margens da sociedade se propagou tanto como alternativas viáveis para resolver problemas da vida cotidiana quanto como projetos de uma nova economia baseada em um conjunto de valores diferentes daqueles subjacentes ao capitalismo financeiro global. Elas foram conhecidas por algum tempo como "economia solidária", conceito definido por Ethan Miller como "uma visão da economia como um espaço complexo de relacionamento social no qual indivíduos, comunidades e organizações geram sustento por muitos meios diferentes e com muitas motivações e aspirações diferentes", excetuando a maximização do ganho individual.[4]

Nos anos recentes, testemunhamos a ascensão dos meios de pagamento e do crédito alternativos.[5] Foram criadas moedas locais e redes de moedas.[6] Finanças éticas estão redefinindo a prática bancária. Bancos de tempo deram um significado novo às redes e à troca. Múltiplas formas de escambo estão transformando laços sociais em uma nova economia de serviço.[7] A ajuda mútua está desmercantilizando a produção de bens e serviços. Hortas urbanas e produção agroecológica, em conjunção com cooperativas de consumidores, estão provendo novas formas de subsistência, com ênfase primordial em valores ecológicos.[8] Essas práticas, e os estudos que as relatam e analisam, sugerem questões fundamentais como: as razões para sua persistência, seu crescimento e difusão, suas diversas manifestações em diferentes domínios da vida econômica e os fatores que predispõem as pessoas a empreender esses comportamentos econômicos, a despeito da predominância estrutural de instituições dos mercados capitalistas.[9] Propomos aqui uma tipologia das diferentes dimensões dessas práticas econômicas baseada em nossa observação etnográfica, e sugerimos uma análise dos fatores sociodemográficos e culturais que induzem essas práticas diversificadas.

Nosso campo de estudo é a cidade de Barcelona, um dos ambientes urbanos mais inovadores em termos sociais em todo o mundo, onde culturas alternativas têm estado presentes tanto historicamente quanto ao longo dos anos da crise financeira recente; uma cidade que em 2008-11, período do nosso estudo, foi golpeada pela crise econômica, atingindo 20% de desemprego e 45% de desemprego entre jovens. Nossa investigação, embora partindo da observação das práticas alternativas mais conscientes dentro de uma parcela da população, irá sondar a extensão em que essas práticas estão presentes na população como um todo, bem como os fatores que induzem a frequência e a intensidade dessas práticas para além das redes de contracultura da cidade.

## Metodologia

Nossa pesquisa se apoia em dois conjuntos diferentes de dados, que integraremos à análise usando metodologias qualitativas e quantitativas. Por um lado, nós observamos redes, organizações e indivíduos que, pelo menos em parte, vivem à parte dos padrões capitalistas de comportamento econômico, segundo valores que eles julgam pessoalmente significativos. Por outro lado, investigamos em que extensão essas práticas estão integradas ao comportamento da população como um todo durante o período da crise. Nossos resultados sugerem que, quando a economia capitalista é posta em questão pela crise financeira, há mais convergência entre uma cultura econômica alternativa consciente e a cultura convencional do que geralmente se reconhece. Essa estratégia de pesquisa se reflete em nossa metodologia, que descreveremos brevemente aqui, remetendo ao Apêndice metodológico para os detalhes técnicos.

Em primeiro lugar, nós estudamos o universo das práticas econômicas alternativas conscientes em Barcelona, conduzindo três operações de pesquisa:

1. Identificamos redes e organizações envolvidas nessas práticas e entrevistamos setenta indivíduos, todos selecionados em função de seu papel estratégico e de seu conhecimento das práticas.
2. Com base nessas entrevistas, realizamos um documentário para comunicar nossas descobertas.[10] Nós usamos o filme para provocar um debate em oito grupos focais, o que ofereceu a oportunidade de compreender a formação da consciência de uma cultura econômica alternativa na diversidade das suas expressões e de contrastar isso com indivíduos que não compartilham essa cultura.

3. Usando a análise quantitativa de conteúdo dos grupos focais e entrevistas, elaboramos uma lista de 26 práticas econômicas alternativas observadas num segmento da população de Barcelona.

Em segundo lugar, utilizando os resultados da pesquisa qualitativa, nós elaboramos um questionário e realizamos uma nova pesquisa a partir de uma amostra representativa da população de Barcelona (oitocentas entrevistas). A pesquisa tenta medir a extensão da difusão de cada uma das práticas econômicas alternativas identificadas entre a população como um todo e dar informações sobre as características sociodemográficas das pessoas observadas, suas experiências com a crise e suas atitudes em relação ao capitalismo. Este artigo foca sua atenção nos resultados oriundos da análise da pesquisa da população de Barcelona como um todo.

Em terceiro lugar, criamos uma tipologia analítica de práticas econômicas alternativas descobertas entre os respondentes dos questionários, procedendo a uma análise do grupo de dados da pesquisa.

Em quarto lugar, investigamos a relação estatística entre variáveis sociodemográficas, variáveis atitudinais e a tipologia de práticas econômicas alternativas através de uma análise de correspondência com base nos dados da pesquisa.

Finalmente, debatemos as implicaçoes teóricas e analíticas de nossa análise estatística.

## Análise descritiva

Começaremos identificando práticas relacionadas a organizações que existiam na Catalunha na época do nosso estudo. Embora nossas observações focalizem o período 2009-11, durante a crise econômica, muitas dessas organizações, e as práticas ligadas a elas, eram anteriores à crise e pareciam estar vinculadas à busca de um modo de vida mais significativo. Milhares de pessoas estão engajadas nessa busca; a maioria, mas não todas, são jovens adultos com educação universitária, com média de idade de 35 anos.

Para fins de clareza, agrupamos o universo diversificado dessas organizações e seus membros numa tipologia apresentada na Figura 7.1 e na Tabela 7.1.

Com base nas observações e entrevistas realizadas com pessoas nas redes e organizações de culturas econômicas alternativas, bem como nas discussões em grupos focais, identificamos 26 práticas distintas. Para facilitar o entendimento, agrupamos essas práticas em três categorias: de autossuficiência; altruístas; e de troca e cooperação. Práticas de autossuficiência envolvem o trabalho realizado pelas próprias pessoas, sem contar com o mercado e sem pagar pelos bens e serviços. A segunda categoria de atividade é o que chamamos de práticas altruístas, o ato de realizar para outros um serviço que tenha algum valor no mercado, mas sem receber compensação financeira em troca. A última categoria, atividades de troca e cooperação, envolve a troca de bens ou serviços – escambo ou semelhante – sem usar dinheiro como meio de troca.

A Tabela 7.2 apresenta as porcentagens da amostra representativa da população de Barcelona que se envolveram em cada uma das práticas em algum momento desde 2008, o ano em que a crise financeira começou.

Queremos chamar atenção para alguns resultados significativos. Cerca de 20% dos respondentes cultivavam hortaliças para consumo próprio, apesar de viverem em áreas plenamente urbanizadas. Cerca de 50% consertavam suas próprias casas, um terço consertava seus próprios utensílios e eletrodomésticos e outro terço fazia ou consertava suas próprias roupas. Outros consertavam seus próprios carros, motocicletas ou bicicletas (21,5%). Outros 16% recolhiam objetos úteis e alimentos nas ruas. Além disso, 21% dos respondentes consertavam a casa de terceiros sem mediação de dinheiro, e 11% consertavam carros, motocicletas ou bicicletas sem mediação de dinheiro. Adicionalmente, 16% dos respondentes tomavam conta de crianças, pessoas idosas e doentes, e *mais de um terço emprestava dinheiro sem cobrar juros, durante o período da crise, para pessoas que não eram membros de sua família*; 65% emprestavam ou tomavam emprestados livros, filmes ou música de pessoas que não eram membros de sua família; 22% intercambiavam roupas, utensílios, eletrodomésticos e outros bens sem mediação de dinheiro; 24%

Figura 7.1. **Estrutura das práticas econômicas alternativas mais difundidas na Catalunha em 2010-2011**

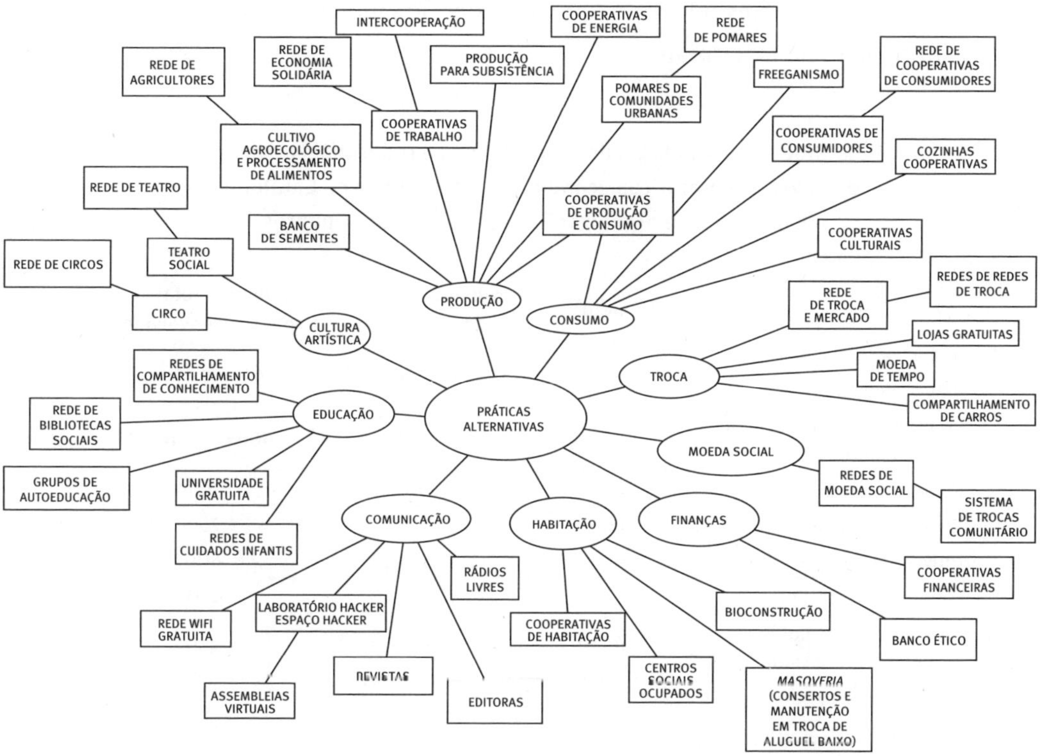


Fonte: Conill et al., 2012.

davam aulas sem retribuição monetária; 17% compartilhavam carros com pessoas que não eram de sua família; 34% compartilhavam o uso de câmeras de vídeo, ferramentas ou utensílios e eletrodomésticos com pessoas que também não eram membros de sua família; 97% dos respondentes tinham se envolvido em pelo menos uma prática e 83% tinham se envolvido em três ou mais práticas. A pessoa média pesquisada tinha se engajado em seis práticas. Considerando que essa amostragem é plenamente representativa da população de Barcelona, podemos concluir que atividades não capitalistas e economia solidária são uma parte regular da vida cotidiana de uma parcela considerável dos residentes da cidade. Na verdade, somente 22 das oitocentas pessoas pesquisadas não tinham se envolvido em nenhuma dessas práticas desde 2008. Desse grupo, 77% tinham idade superior a 64 anos. Muitos respondentes relataram que questões de saúde relacionadas à idade as impediam de fazer mais.

**Tabela 7.1. Tipologia de organizações e redes mais ativas envolvidas em práticas econômicas alternativas na Catalunha. Estimativa de organizações e pessoas participantes.**

| | Número | Número médio de pessoas | Número total de pessoas envolvidas |
|---|---|---|---|
| Redes de produção agroecológicas | 12 | 22 famílias | 264 × 4 = 1.056 |
| Cooperativas agroecológicas de consumidores | 120 | 30 famílias | 3.600 × 4 = 14.400 |
| Redes de troca | 45 | 120 | 5.400 |
| Redes de moeda social | 15 | 50 | 750 |
| Universidades gratuitas | 3 | 200 | 600 |
| Laboratórios Hacker | 1 | 150 | 150 |
| Cooperativas de cuidados parentais compartilhados | 10 | 25 | 250 |
| Redes de bancos de sementes | 4 | 20 | 80 |
| Pomares urbanos comunitários | 40 | 15 | 600 |
| **Total*** | **250** | | **23.286** |
| Bancos éticos** | 4 | 71.138 | 284.554 |
| | **254** | | **307.840** |

* Algumas das pessoas envolvidas nessas práticas podem coincidir.

** O número de pessoas em bancos éticos designa membros e clientes das cooperativas financeiras.

Fonte: Conill et al., 2012.

Nós também perguntamos às pessoas se elas tinham sido afetadas pela crise econômica e, se fosse o caso, como. *A maioria dos respondentes, correspondendo a 62%, indicou que foram negativamente afetados pela crise econômica.* Mais da metade relatou que a crise afetou adversamente suas despesas e sua renda e lhes causou preocupação sobre seu futuro e o futuro de suas

Tabela 7.2. **Dados sobre uma amostra representativa da população de Barcelona que se envolveu em cada uma de várias práticas em algum momento de 2008**

| | % do total da população que realizou as seguintes práticas no período 2008-11 | Números absolutos |
|---|---|---|
| **Práticas de autossuficiência** | | |
| Pintaram ou realizaram consertos na própria casa | 55,6% | 445 |
| Consertaram ou fizeram a sua própria roupa | 39,0% | 312 |
| Consertaram pessoalmente utensílios e eletrodomésticos da família | 34,6% | 277 |
| Consertaram seu próprio carro, motocicleta ou bicicleta | 21,5% | 172 |
| Recolheram alimentos ou objetos úteis encontrados nas ruas ou mercados | 16,1% | 129 |
| Plantaram tomates, hortaliças ou outros produtos para consumo próprio | 18,8% | 150 |
| Criaram galinhas, coelhos ou outros animais para consumo próprio | 1,9% | 15 |
| **Práticas altruístas** | | |
| Emprestaram ou tomaram emprestado livros, filmes ou música de pessoas que não eram membros da família | 64,5% | 516 |
| Emprestaram dinheiro sem cobrar juros a pessoas que não eram membros da família | 34,0% | 272 |
| Consertaram a casa de terceiros sem mediação de dinheiro | 21,3% | 170 |
| Cuidaram de crianças, pessoas idosas ou doentes sem mediação de dinheiro | 16,1% | 129 |
| Consertaram carro, motocicleta ou bicicleta de terceiros sem mediação de dinheiro | 11,1% | 89 |
| **Práticas de troca e de cooperação** | | |
| Baixaram legalmente programas da internet | 39,8% | 318 |
| Conhecem um agricultor agroecológico | 29,5% | 236 |
| Usam softwares livres | 24,6% | 197 |
| Envolveram-se em intercâmbio de aulas sem mediação de dinheiro | 23,8% | 190 |
| Trocaram produtos, roupas, eletrodomésticos e utensílios e outros bens sem mediação de dinheiro | 21,9% | 175 |
| Compartilharam o uso de um carro com pessoas que não eram membros da família | 17,6% | 141 |
| Envolveram-se em troca de serviços sem mediação de dinheiro | 16,9% | 135 |
| São ou foram membros de uma cooperativa de alimentos | 9,0% | 72 |
| Participaram de um jardim comunitário | 6,9% | 55 |
| Moram com dois ou mais adultos que não são membros da família nem empregados | 6,0% | 48 |
| Cuidaram dos filhos de terceiros em troca de que terceiros cuidassem dos seus | 5,3% | 42 |
| Usaram moeda social | 2,3% | 18 |
| Participaram de uma cooperativa de crédito de um banco ético | 2,0% | 16 |

| | % do total da população que realizou essa prática pela última vez antes de 2008 | Números absolutos |
|---|---|---|
| **Práticas de autossuficiência** | | |
| Pintaram ou realizaram reparos em sua própria casa | 8,4% | 67 |
| Plantaram tomates, hortaliças ou outros produtos para consumo próprio | 4,5% | 36 |
| Criaram galinhas, coelhos ou outros animais para consumo próprio | 2,6% | 21 |
| Recolheram alimentos ou objetos úteis encontrados nas ruas ou mercados | 2,4% | 19 |
| Consertaram seu próprio carro, motocicleta ou bicicleta | 2,3% | 18 |
| Consertaram ou fizeram sua própria roupa | 2,1% | 17 |
| Consertaram pessoalmente utensílios e eletrodomésticos da família | 0,5% | 4 |
| **Práticas altruístas** | | |
| Emprestaram dinheiro sem cobrar juros a pessoas que não eram membros da família | 6,1% | 49 |
| Consertaram a casa de terceiros sem mediação de dinheiro | 3,0% | 24 |
| Cuidaram de crianças, pessoas idosas ou doentes sem mediação de dinheiro | 2,4% | 19 |
| Emprestaram ou tomaram emprestado livros, filmes ou música de pessoas que não eram membros da família | 1,5% | 12 |
| Consertaram carro, motocicleta ou bicicleta de terceiros sem mediação de dinheiro | 0,6% | 5 |
| **Práticas de troca e de cooperação** | | |
| Conhecem um agricultor agroecológico | 29,5% | 236 |
| Moram com dois ou mais adultos que não são membros da família nem empregados | 6,0% | 48 |
| São ou foram membros de uma cooperativa de alimentos | 3,1% | 25 |
| Envolveram-se no intercâmbio de aulas sem mediação de dinheiro | 2,1% | 17 |

famílias. Quase um terço indicou que seus empregos tinham sido negativamente afetados e mais de 29% nos disseram que sua saúde sofreu em consequência da crise.

Nós também coletamos dados sobre a gama de atitudes dos respondentes em relação ao capitalismo e às mudanças sociais. Os resultados apontam para um amplo desencantamento com o sistema capitalista. Mais da metade respondeu "É ruim" ou "Muito ruim" à pergunta "O que você acha do capitalismo?". Só 2,5% responderam "Muito bom". Apesar dessa postura negativa em relação ao capitalismo, a vasta maioria, 77,4%, acredita que a sociedade poderia mudar para melhor, e 67,8% acreditam que poderiam contribuir pessoalmente para essa mudança.

Quase 60% dos respondentes relataram que gostariam de trabalhar menos e ganhar menos dinheiro, se essa opção fosse possível. Esse resultado, combinado ao engajamento de um grande segmento da população em práticas não capitalistas, expressa insatisfação com o sistema capitalista e um anseio por outras maneiras de organizar suas vidas de trabalho, assim como por mais controle sobre o seu tempo. Os que disseram que queriam trabalhar menos indicaram que usariam esse novo tempo disponível para estar com os amigos e a família e desenvolver outras atividades de que gostassem.

Tendo observado a disseminação de diferentes tipos de práticas econômicas alternativas entre os respondentes da nossa pesquisa, passaremos agora à análise dos determinantes dessas práticas. Para fazê-lo, precisamos primeiro criar uma tipologia de práticas econômicas alternativas estatisticamente fundamentada, a fim de sermos capazes de avaliar a representação sintética desse universo de práticas para além do labirinto de relacionamentos que resultam de uma lista de 26 práticas diferentes.

## Uma tipologia empírica de práticas econômicas alternativas

A fim de construir uma tipologia de práticas resultante de nossos dados, realizamos uma análise de agrupamento (*cluster*) a partir das respostas à nossa pesquisa. Em consequência do número insuficiente de respostas para certas perguntas, excluímos cinco práticas do nosso conjunto de dados.

A investigação das relações entre as 21 práticas remanescentes foi realizada através de uma análise de agrupamento de variáveis que:

- ao determinar agrupamentos de variáveis, descobre semelhanças (variáveis no mesmo agrupamento) e diferenças (variáveis em agrupamentos diferentes) entre as práticas alternativas básicas;

- ao produzir uma interpretação significativa de cada conjunto de práticas que se enquadra num agrupamento, descobre "tipos" gerais de práticas motivadas por diferentes lógicas;
- simplifica a análise ulterior da relação entre práticas e variáveis sociodemográficas e variáveis atitudinais, por usar um número limitado de agrupamentos significativos em vez de todo o conjunto de práticas.

A Figura 7.2 apresenta o agrupamento hierárquico construído com ajuda do programa gratuito de estatística Tanagra. A técnica encontra três agrupamentos pela minimização da variância explicada (para uma descrição da técnica, mencionamos as fontes no Apêndice metodológico), mas dois deles foram sucessivamente divididos em dois subagrupamentos devido às características significantes que adquirem. Há, por fim, cinco agrupamentos considerados em nossa análise, os quais são descritos a seguir.

Figura 7.2. **Análise hierárquica de agrupamento**

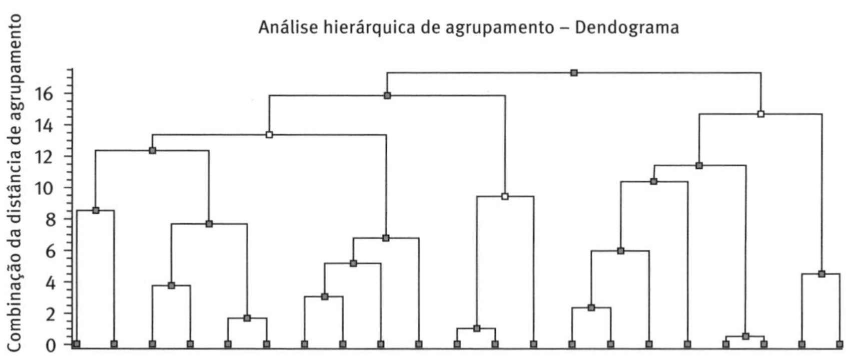


*Agrupamentos 1a, "Economia de bens", e 1b, "Economia agrícola"*

Embora originalmente reunidos em um agrupamento pela técnica Varchar, nós preferimos dividi-lo em dois subagrupamentos, pois tinham significados diferentes.

"Economia de bens" é um subgrupo composto por seis práticas. A Tabela 7.3 as apresenta. Observando-se o subagrupamento por inteiro, a porcentagem de respondentes positivos é 27 (isto é, 27% é a porcentagem média de respondentes positivos para cada uma das seis práticas do agrupamento). As práticas nesse subagrupamento são caracterizadas:

- pelo propósito de "economizar" dinheiro fazendo serviços domésticos por conta própria;
- pela atenção a necessidades domésticas;
- pela falta de relações ou envolvimentos fortes com indivíduos que não sejam da família.

Esse pode ser definido como o subagrupamento das práticas que concentram sua atenção em economizar dinheiro e otimizar o tempo livre em casa, mas que não envolvem particularmente as pessoas em relações sociais fortes. A única prática mais relacional no agrupamento – cuidar de bebês que não são da família em troca de serviço análogo quando necessário – mostra-se orientada mais por receber um serviço do que por criar uma relação social.

A "economia agrícola" é o agrupamento residual constituído por apenas duas práticas. A Tabela 7.4 mostra as práticas componentes desse grupo; observando-se o subagrupamento por inteiro, a porcentagem de respondentes positivos é de 14 (isto é, 14% é a porcentagem média de respondentes para cada uma das duas práticas no agrupamento). As duas práticas nesse grupo representam a tentativa de obter uma espécie de "suficiência alimentar" via recuperação de práticas de autossustento.

Tabela 7.3. **Agrupamento Economia de bens**

| Agrupamento | Práticas |
|---|---|
| Economia de bens | Consertaram eles próprios utensílios e eletrodomésticos da família |
| | Pintaram ou realizaram seus próprios reparos domésticos |
| | Consertaram a casa de terceiros sem mediação de dinheiro |
| | Consertaram seu próprio carro, motocicleta ou bicicleta |
| | Consertaram o carro, motocicleta ou bicicleta de terceiros sem mediação de dinheiro |
| | Cuidaram dos filhos de terceiros em troca de que terceiros cuidassem de seus filhos |

Tabela 7.4. **Agrupamento Economia agrícola**

| Agrupamento | Práticas |
|---|---|
| Economia agrícola | Plantaram tomates, hortaliças ou outros produtos para consumo próprio |
| | Criaram galinhas, coelhos ou outros animais para consumo próprio |

*Agrupamentos 2a, "Social relacional", e 2b, "Troca relacional"*

Também nesse caso, os dois subagrupamentos foram unidos pela técnica Varchar em um só agrupamento, mas preferimos dividi-lo em dois subagrupamentos por terem significados diferentes.

O "Social relacional" é um agrupamento constituído por seis práticas. Observando-se o subagrupamento como um todo, a porcentagem de respondentes positivos é de 18. As práticas nesse agrupamento são caracterizadas:

- pela necessidade de envolver uma ampla rede para ativar a prática (especialmente no caso da "moeda social" e do "coletor de alimentos");
- pelo "contexto fora da família" no qual a prática foi realizada;
- pelo interesse em aspectos sociais, mais do que na oportunidade de economizar dinheiro;
- pelo foco nas vantagens sociais, mais do que nas vantagens pessoais;
- por uma "lógica de troca" não estritamente relacionada ao ganho de "créditos" diretos.

A Tabela 7.5 mostra as práticas componentes desse agrupamento. Ele pode ser definido como o subagrupamento das práticas que concentram a atenção em aspectos sociais e envolvem relações amplas. Parece que as vantagens da ativação dessas práticas não são imediatas e pessoais, mas remotas e sociais.

O agrupamento "Troca relacional" é constituído por quatro práticas. Observando-o como um todo, a porcentagem de respondentes positivos é a mais elevada, 40%. As práticas nesse agrupamento são caracterizadas:

- pela presença de uma rede não familiar na qual a troca de coisas é ativada;
- pelo fato de o propósito das práticas, mesmo que elas ocorram em um contexto social, continuar sendo concreto, pois sua finalidade é trocar "coisas" (câmeras, vídeos, livros, dinheiro, carros etc.);
- pelo fato de o interesse estar em obter coisas, mas num contexto social de interação para alcançar esse propósito.

A Tabela 7.6 mostra as práticas componentes desse agrupamento. Ele também pode ser definido como um subagrupamento das práticas que concentram sua atenção no compartilhamento de bens envolvendo relações amplas. As vantagens são imediatas e pessoais, embora obtidas numa rede social.

Tabela 7.5. **Agrupamento Social relacional**

| Agrupamento | Práticas |
|---|---|
| **Social relacional** | Cuidaram de crianças, pessoas idosas ou doentes sem mediação de dinheiro |
| | Usaram moeda social |
| | Recolheram alimentos ou objetos úteis encontrados nas ruas ou nos mercados |
| | Trocaram produtos, roupas, eletrodomésticos, utensílios e outros bens sem mediação de dinheiro |
| | Envolveram-se em intercâmbio de aulas sem mediação de dinheiro |
| | Envolveram-se em trocas de serviços sem mediação de dinheiro |

Tabela 7.6. **Agrupamento Troca relacional**

| Agrupamento | Práticas |
|---|---|
| **Troca relacional** | Compartilharam o uso de câmeras de vídeo, ferramentas ou utensílios e eletrodomésticos com pessoas que não eram membros da família |
| | Emprestaram dinheiro sem cobrar juros a pessoas que não eram membros da família |
| | Emprestaram ou tomaram emprestado livros, filmes ou músicas de pessoas que não eram membros da família |
| | Compartilharam o uso de um carro com pessoas que não eram membros da família |

### *Agrupamento 3, "Não relacional"*

O "Não relacional" é um agrupamento constituído por três práticas. Observando-se o subagrupamento como um todo, a porcentagem de respondentes positivos é de 36%. As práticas desse agrupamento são caracterizadas:

- por não exigirem uma rede social nem uma relação direta com as pessoas;
- por serem práticas solitárias, mesmo que envolvam componentes intelectuais e tecnológicos.

A Tabela 7.7 mostra as práticas que compõem esse agrupamento. Ele pode ser definido como o agrupamento das práticas que não facilitam a construção de uma rede social e "física".

**Tabela 7.7. Agrupamento Não relacional**

| Agrupamento | Práticas |
|---|---|
| **Não relacional** | Usam programas gratuitos |
| | Baixaram programas legalmente da internet |

Em resumo, a análise de agrupamento de variáveis nos ajudou a entender que essas práticas podem ser discriminadas em dois tipos muito diferentes. Por um lado, práticas envolvendo forte motivação social (Social relacional) ou um propósito concreto que só pode ser buscado num contexto social (Troca social). Por outro, práticas cuja orientação é resolver problemas econômicos, com propósito pessoal e familiar direto, podem ser desempenhadas num contexto doméstico (Economia de bens, Economia agrícola) ou isoladamente (Não relacional). Em geral, as práticas com propósito específico de resolver problemas são adotadas mais frequentemente. Contudo, o que é significativo é que diferentes pessoas se envolvem em tipos diferentes de práticas. Estudamos a seguir os fatores que conduzem a cada um desses tipos de prática.

## Quem pratica o quê: determinantes sociodemográficos, culturais e atitudinais na ativação de práticas alternativas

Nós investigaremos agora qual categoria de sujeitos, definidos por seus atributos ou atitudes, se envolvem em um ou mais agrupamentos das práticas que estabelecemos na análise anterior. Considerando que condições socioeconômicas, atitudes e práticas são expressas por variáveis categóricas, a técnica útil para analisar as associações entre essas variáveis é a análise de correspondência, fundamentalmente uma análise baseada em tabelas de contingência, que informam o número de ocorrências concomitantes de cada categoria socioeconômica ou atitudinal com cada agrupamento de práticas.

Nos parágrafos seguintes, sintetizamos os resultados da análise de correspondência entre grupos significativos de fatores sociodemográficos, atitudes e agrupamentos de práticas. Para facilitar a leitura, apresentamos os resultados da análise de correspondência no Apêndice metodológico e resumimos o conteúdo de nossas descobertas no corpo do artigo.

1. *Análise de correspondência entre cinco agrupamentos de práticas e variáveis sociodemográficas: "educação", "renda" e "estado civil"* (Figura 7.3)
Práticas que envolvam componentes "sociais" e "relacionais" fortes ("Social relacional" e "Troca relacional") são mais frequentes entre "não casados" que entre casados. Em contrapartida, os casados se envolvem em "práticas" que não exigem compromisso social forte e são dirigidas principalmente a poupar ("Não relacional" e "Economia de bens").

O "estado civil" é o principal "preditor" do tipo da prática empreendida. Pessoas não casadas têm mais probabilidade de se envolver em práticas relacionais, enquanto pessoas casadas irão se dedicar predominantemente à obtenção de bens econômicos, práticas agrícolas ou práticas sem nenhum componente relacional. Entretanto, educação e renda também acrescentam seu próprio efeito causal, aumentando a probabilidade de as pessoas se voltarem mais para práticas relacionais do que para práticas menos relacionais ou não relacionais.

2. *Análise de correspondência entre cinco agrupamentos de práticas e atitudes: "opinião sobre o capitalismo" e "influência da crise"* (Figura 7.4)
Os que têm uma visão negativa do capitalismo (cap_ruim) coincidem com a área de "práticas relacionais", isto é, os agrupamentos de prática "Social relacional" e "Troca relacional". Eles foram definidos como "sociais e relacionais", pois necessitam de uma forte colaboração com outras pessoas no desempenho da prática. Os que têm uma visão positiva do capitalismo (cap_bom) e práticas nessa área são "econômicos" ou "não relacionais". Pode-se dizer que a tendência a realizar práticas orientadas para uma mudança nas relações sociais é influenciada por uma atitude negativa em relação ao capitalismo, ao passo que aqueles com uma atitude mais favorável ao capitalismo tendem a se envolver em práticas com propósito de economizar dinheiro. É interessante observar que as práticas mais "avançadas" ("Relacionais sociais"), isto é, as práticas sociais que têm sobretudo "conteúdo relacional", são em grande parte levadas a cabo por aqueles que têm uma visão negativa do capitalismo e também declaram que foram negativamente afetados pela crise.

3. *Análise de correspondência entre cinco agrupamentos de práticas e atitudes: "opinião sobre o capitalismo" e "motivação para realizar a prática"* (Figura 7.5)
Nossas descobertas mostram uma correspondência muito forte entre práticas relacionais e a motivação para agir por "razões sociais" (raz_soc). Ao que parece, atitudes definidas pela busca de solidariedade social e pelo objetivo de fazer algo útil para a sociedade também induzem a práticas relacionais, seja a opinião sobre o capitalismo boa ou má. Em vez disso, o agrupamento de práticas que têm uma razão prática e pessoal imediata, como poupar (raz_dinh) ou prazer pessoal (raz_gosto), é menos orientado para práticas econômicas relacionais e mais inclinado a resolver problemas econômicos com pouco ou nenhum componente relacional.

4. *Análise de correspondência entre cinco agrupamentos de práticas e atitudes: "influência da crise" e "motivação para realizar a prática"* (Figura 7.6)
A análise confirma que a observação precedente está relacionada com a importância da motivação na determinação do conteúdo da ação. A razão

desse desempenho (raz_soc) é um fator até mais forte que a influência que a crise teve sobre os respondentes. Isso pode indicar que o desenvolvimento de práticas alternativas com conotações "social" e "relacional" antes da crise foi ditado por uma forte motivação para agir em prol do propósito de mudança social.

5. *Análise de correspondência entre a combinação de fatores sociodemográficos "renda" e "educação" e a combinação de atitudes "influência da crise" e "opinião sobre o capitalismo"* (Figura 7.7)
As opiniões negativas sobre o capitalismo e as percepções de ter sido atingido pela crise são mais prevalecentes entre os que têm médias de renda e de educação baixas. Por outro lado, os que acreditam que foram atingidos pela crise e ainda mantêm uma visão positiva do capitalismo têm renda familiar superior e um bom nível educacional.

6. *Análise de correspondência entre a combinação de fatores sociodemográficos "renda" e "educação" e a combinação de atitudes "motivação para realizar a prática" e "opinião sobre o capitalismo"* (Figura 7.8)
Os investigados com educação e nível de renda de médios a baixos veem o capitalismo sob uma luz negativa. Curiosamente, as diferentes motivações para agir, em particular a motivação social (raz_soc), são distribuídas transversalmente com respeito a diferentes categorias de renda e educação. Por conseguinte, a motivação para agir e realizar certo tipo de prática não está reservada a uma categoria particular de nível econômico (e, de fato, não encontramos uma conexão forte entre educação, renda e tipo de práticas). Em conclusão, potencialmente, todos podem realizar práticas, em particular práticas com conotações "relacionais" fortes, se tiverem motivação para agir baseada em objetivos sociais úteis para a sociedade. Por outro lado, aqueles motivados essencialmente por razões práticas ou pessoais tendem mais a práticas puramente econômicas, embora essa associação não seja tão forte quanto a precedente em termos estatísticos. O status socioeconômico afeta as atitudes sobre o capitalismo, mas não tão fortemente quanto afeta a atitude em relação a práticas relacionais ou não

relacionais. O fator-chave a induzir o envolvimento em práticas que são relacionais ou não relacionais é o fator motivacional da busca de mudança social. E essa motivação não é determinada por status socioeconômico nem por opinião sobre o capitalismo. O anseio por mudanças sociais parece ser uma causa mais forte para o engajamento em práticas relacionais do que o sofrimento em decorrência da crise ou a posição na estrutura social. Entretanto, há certas condições sociodemográficas que favorecem a intensidade de uma motivação por mudança social, segundo a análise apresentada adiante.

*7. Análise de correspondência entre a combinação de fatores objetivos "renda" e "educação" e a atitude de "motivação para realizar a prática"* (Figura 7.9)
Segundo nossa análise, a motivação social para agir é ainda mais forte entre: os que têm nível de renda baixo a médio associado a educação de nível mais elevado (na parte inferior, área à direita da figura), isto é, os que parecem estar na condição adequada para formar um grupo social emergente e crítico, que pode questionar o sistema socioeconômico dominante. Essa análise é baseada em três observações:

1. "Práticas relacionais" são realizadas por aqueles que têm forte motivação social.
2. Os que têm motivação social forte correspondem, principalmente, àqueles que têm nível mais elevado de educação e nível de renda de médio a baixo. Podemos definir esse grupo como formado por aqueles que têm capacidade intelectual elevada, mas são "frustrados" em suas expectativas econômicas. Os que são mais comprometidos com a realização de práticas sociais ou relacionais têm nível alto de educação, mas não de renda.
3. Pessoas que exercem práticas apenas por prazer parecem não favorecer um tipo particular de prática, na medida em que as práticas são selecionadas segundo escolhas pessoais.

## Duas culturas econômicas alternativas: sobrevivência e o sentido da vida

Nossos dados mostram que, apesar da diversidade, as práticas econômicas alternativas, como observadas em Barcelona em meio à crise econômica de 2008-10 podem ser divididas em duas categorias principais. Por um lado, há práticas cujo objetivo primário é remediar aflições econômicas através da obtenção de bens e serviços necessários com baixo ou nenhum custo, em tempos de recursos escassos. Por outro lado, há práticas que visam à geração de novos relacionamentos sociais, baseados em solidariedade e apoio mútuo, ou que só podem redundar em bens e serviços pela construção de uma ampla rede de solidariedade. A primeira categoria encarna a estratégia de sobrevivência econômica, a segunda é um projeto de mudança social.

O fato de as duas práticas terem lugar simultaneamente e estarem entrelaçadas no contexto de uma grande crise econômica é decisivo. Como muitas vezes acontece na história, é na conexão entre a necessidade de sobreviver e o anseio por uma vida mais plena de significado que têm lugar os mais importantes processos de mudança social.

Quem seriam os prováveis atores desses processos? A esse respeito, nossa pesquisa fornece várias respostas significativas. Atitudes motivacionais são mais importantes que variáveis sociodemográficas para explicar a orientação predominante na direção de práticas sociais/relacionais. Os que querem ser úteis à sociedade e encontrar significado em suas vidas são os mais ativos na construção de práticas alternativas com forte conteúdo relacional. Isso é válido para todas as categorias sociodemográficas. Entretanto, há certas condições que predispõem a esse tipo de atitude: pessoas que têm nível de educação mais elevado e renda baixa ou média. É a combinação de privação econômica com capacidade cultural que favorece a mobilização em prol de mudanças sociais sob a forma de práticas econômicas alternativas com conteúdo relacional. Essa descoberta estatística da nossa pesquisa coincide com a observação dos grupos de atores mais participantes nos movimentos sociais em rede que surgiram em vários países ao longo de 2011, em resposta à crise econômica.[11]

Outra observação empírica deve ser interpretada. Nós descobrimos que os não casados, mesmo vivendo juntos, têm mais interesse em se engajar em práticas relacionais que os casados. Esta é a variável sociodemocráfica mais poderosa a induzir certos tipos de práticas, e sua influência se mantém quando controlada por educação, renda e idade. Nós interpretamos essa descoberta como um indicador de autonomia cultural. Ela se reflete em pessoas que não se curvam à pressão social, em termos da instituição do casamento, e por isso constroem suas vidas de acordo com suas próprias normas de conduta. Mais uma vez, é um valor cultural, e não um status sociodemográfico, que define o tipo de prática alternativa em que as pessoas se engajam.

Além disso, atitudes em relação ao capitalismo e a percepção de ter sido atingido pela crise também são determinantes do engajamento em práticas relacionais ou sociais. Quando convergem, esses fatores são extremamente fortes em sua influência. Esse não é um resultado óbvio. Embora pessoas de status socioeconômico mais alto sejam menos críticas ao capitalismo, status socioeconômico baixo não predispõe as pessoas a práticas relacionais, mas a práticas de sobrevivência. Em outras palavras, é o fato de as pessoas serem críticas ao capitalismo e sentirem que foram atingidas pela crise que favorece as práticas relacionais, independentemente do status socioeconômico. Mesmo que ser crítico ao capitalismo predisponha as pessoas a mudanças sociais, devemos diferenciar como as pessoas se tornam críticas ao capitalismo de como elas se sentem predispostas a mudanças sociais.

## Conclusão – As práticas alternativas são sustentáveis?

O significado desses resultados não pode ser exagerado. Nossa pesquisa foi realizada no começo de 2010, num momento em que a Europa estava sob o impacto de uma grande crise econômica, mas sem movimentos sociais que respondessem a ela. Não obstante, no cotidiano de uma grande parcela da população, novas práticas econômicas estavam surgindo no nível individual, muitas vezes formando redes de sobrevivência. Essas práticas representavam embriões de uma nova economia, em função da necessidade de substituir um capitalismo disfuncional, mas também eram motivadas pela busca de uma vida com significado; um significado que estava enraizado em práticas econômicas alternativas que brotariam posteriormente como movimentos sociais em busca de novas democracias.[12]

Entretanto, a questão da sustentabilidade dessas práticas se impõe. Elas tenderão a se dissolver à medida que os mecanismos de estabilização financeira restaurarem os mercados capitalistas para os negócios de sempre? Permanecerão na vida cotidiana das pessoas? Elevaram elas o nível de consciência social dos cidadãos como um todo de modo que eles sejam capazes de reinventar a vida para além de sobreviver à crise?

Acima de tudo, o que nossa pesquisa mostra é que uma proporção considerável da atividade econômica (com ou sem crise) não segue as regras de mercado dominadas pela busca de lucro e pela ideologia consumista. E essas práticas são simplesmente ignoradas pela maioria dos economistas e formuladores de políticas convencionais, mais interessados na circulação de capital que na circulação de ideias.

Em segundo lugar, a noção de que a crise econômica foi suplantada em Barcelona e em muitos lugares da Europa é desmentida pela observação das condições de vida de amplos segmentos da população, na época em que escrevíamos este artigo, na primavera de 2016. Houve um abalo substancial do modelo de capitalismo financeiro informacional, que chegou perto do colapso em 2008. As consequências da crise para produtores e consumidores são extremamente diferentes para aqueles situados na parte de cima da escala social e para o restante da população. Assim, para muitos, as práticas de sobrevivência que observamos em 2010-11 continuam a ser uma saída cotidiana para sua terrível situação econômica. E para a população como um todo, o impacto da crise e sua experiência de redes de solidariedade estão na origem dos poderosos movimentos sociais que em última análise transformaram a paisagem política de Barcelona nas eleições municipais de 29 de maio de 2015. A líder do movimento contra o despejo de moradores – componente-chave dos movimentos sociais contra políticas de austeridade –, Ada Colau, foi eleita prefeita de Barcelona sem apoio de nenhum partido político. Ela imediatamente promoveu a transformação das políticas municipais, enfatizando a luta contra a pobreza, auxiliando os movimentos cooperativos e os experimentos sociais em prédios ocupados, ao mesmo tempo que desmantelava a polícia especial antiprotestos que assombrara ocupantes de imóveis e comunidades alternativas. Múltiplas iniciativas de uma economia localmente compartilhada, incluindo rede de trocas e cooperativas de consumidores e habitacionais, floresceram sob a proteção da nova legislação municipal, sendo que algumas definiram como meta financiar o apoio às suas iniciativas de autoaperfeiçoamento. Além disso, um programa amplo de participação do cidadão foi traçado por aqueles que tinham sido ativistas nos movimentos sociais, tanto nos bairros quanto numa rede especial da cidade de Barcelona. Houve troca de experiências, debate e votação de propostas e, sem medo da repressão, múltiplas iniciativas tiveram lugar, expandindo a base social da economia alternativa que fora criada em Barcelona durante a crise. Na verdade, o prefeito anterior da cidade, do Partido Nacionalista Catalão, perdeu o apoio de um grupo decisivo do eleitorado (os jovens) depois que ordenou o despejo violento de uma das mais antigas ocupações de Barcelona, o Can Vies, um símbolo das comunidades alternativas.

Seria possível dizer que a condição para a sustentabilidade dessas práticas alternativas seriam mudanças políticas nas instituições de governança. Na realidade, é mais apropriado vê-las como um processo dialético. A criação e a expansão de práticas alternativas transformaram a consciência de um segmento da população cuja mobilização no campo político levou à emergência de novas condições políticas que consolidaram práticas alternativas e abriram novas perspectivas, anunciando e introduzindo uma economia solidária. Além disso, Barcelona não foi um caso excepcional. Vitórias políticas semelhantes inspiradas por movimentos sociais nas cidades de Madri e Valência multiplicaram o efeito de demonstração, provando à sociedade como um todo que outra economia era possível.

## Apêndice metodológico

### *Características do estudo de práticas econômicas alternativas entre a população de Barcelona*

Nós aplicamos um questionário de 43 perguntas a uma amostra estatisticamente representativa da população de Barcelona. Um total de oitocentas entrevistas telefônicas foram realizadas entre 9 e 10 de fevereiro de 2011. As perguntas enfocavam uma lista de 26 práticas econômicas alternativas, atitudes em relação ao capitalismo e mudança social e as características sociodemográficas dos respondentes. O questionário foi elaborado por nossa equipe de pesquisa.* O projeto da amostragem, o pré-teste das entrevistas e as entrevistas foram levadas a cabo pela equipe técnica do Instituto Opina, uma das mais importantes organizações privadas de pesquisa na Espanha.[13]

### *Definição de variáveis, codificação e tratamento de dados da análise de agrupamento e da análise de correspondência*

Em nome da simplicidade, omitimos uma apresentação detalhada da seleção de variáveis, da codificação de dados e da manipulação estatística subjacentes à análise apresentada neste artigo. Detalhes completos podem ser encontrados em *Otra vida es posible.*[14]

Nas Figuras 7.3 a 7.9 nós apresentamos os resultados da análise de correspondência conforme exposta no artigo propriamente. A identificação das figuras corresponde ao corpo principal do texto.

* Nós analisamos especificamente pessoas que tinham se engajado em práticas econômicas não capitalistas desde 2008, a fim de nos concentrarmos no período que se seguiu à crise econômica. Esse grupo respeita a representatividade da pesquisa e contém 88% de toda a população pesquisada.

**Figura 7.3. Análise de correspondência entre cinco agrupamentos de práticas e variáveis sociodemográficas: "educação", "renda" e "estado civil"**

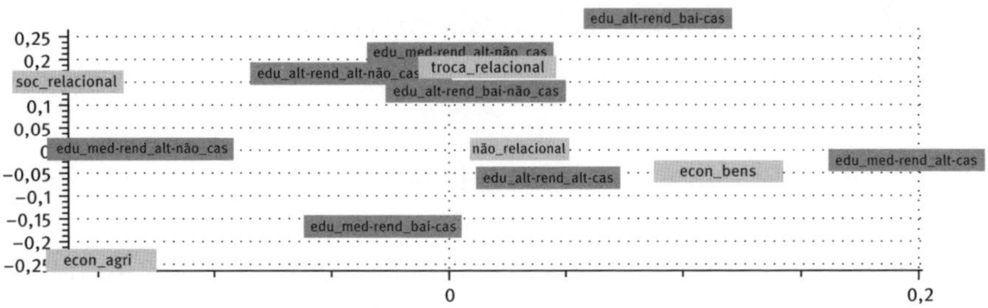


**Figura 7.4. Análise de correspondência entre cinco agrupamentos de práticas e atitudes: "opinião sobre o capitalismo" e "influência da crise"**

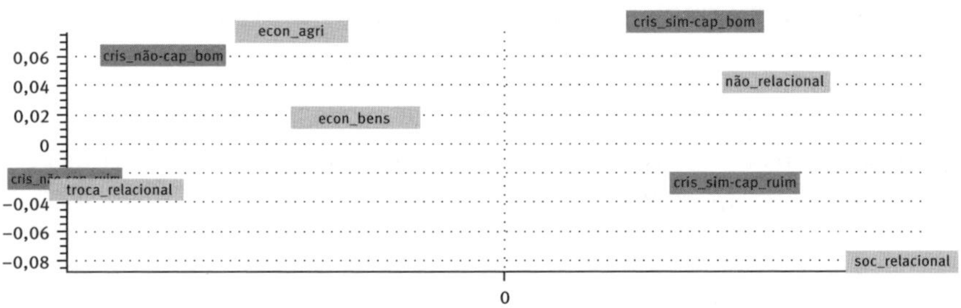


**Figura 7.5. Análise de correspondência entre cinco agrupamentos de práticas e atitudes: "opinião sobre o capitalismo" e "motivação para realizar a prática"**

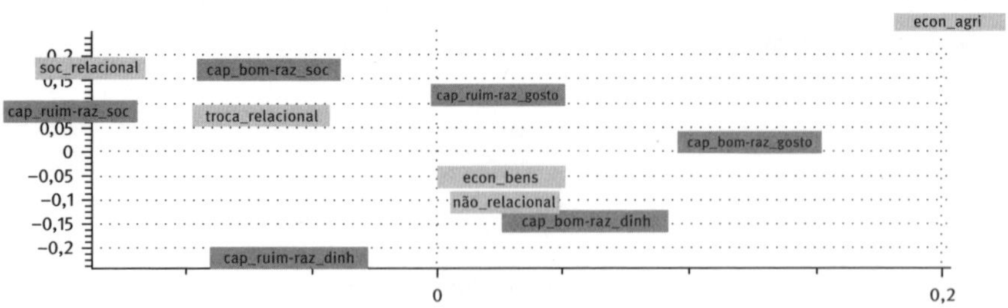

**Figura 7.6. Análise de correspondência entre cinco agrupamentos de práticas e atitudes: "influência da crise" e "motivação para realizar a prática"**

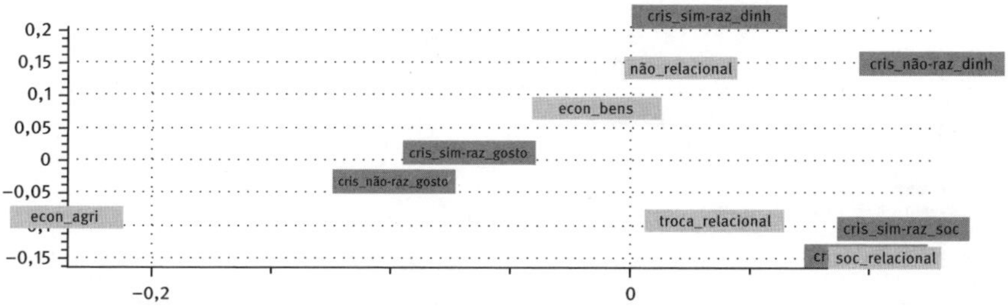


**Figura 7.7. Análise de correspondência entre a combinação dos fatores sociodemográficos "renda" e "educação" e a combinação das atitudes "influência da crise" e "opinião sobre o capitalismo"**

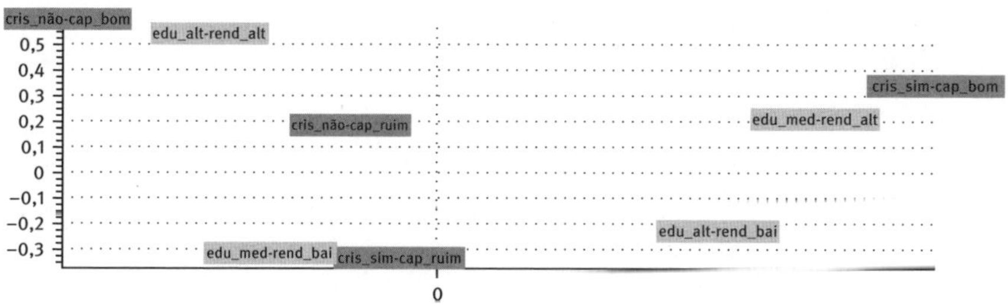


**Figura 7.8. Análise de correspondência entre a combinação dos fatores sociodemográficos "renda" e "educação" e a combinação das atitudes "motivação para realizar a prática" e "opinião sobre o capitalismo"**

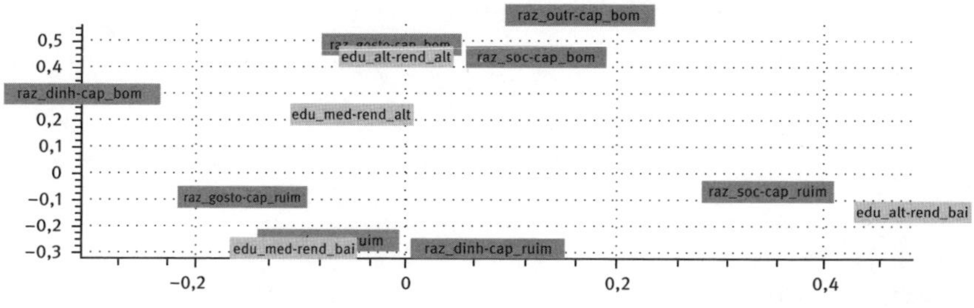

Figura 7.9. Análise de correspondência entre a combinação dos fatores objetivos "renda" e "educação" e a atitude "motivação para realizar a prática"

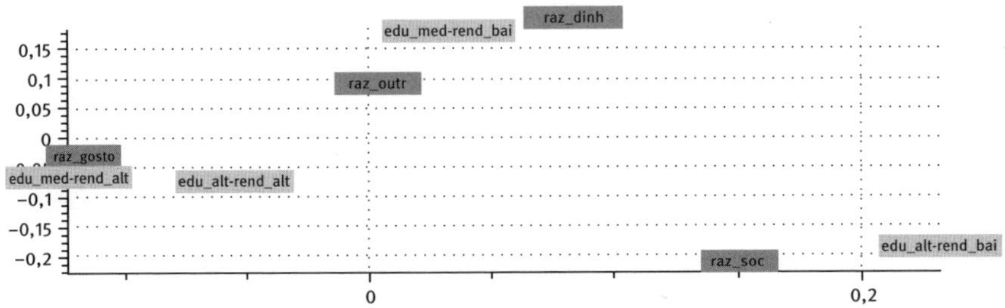

# 8. Imaginar e construir futuros alternativos: "Cidades Lentas" como locais de esperança e confiança

Sarah Pink e Kirsten Seale[1]

## Introdução

O "futuro" é um conceito contestado – tanto no campo do conhecimento quanto na maneira como as diferentes partes interessadas investem nele à medida que as situações do mundo real se desdobram. Neste artigo, situamos a ideia de construção de futuro no centro de uma análise de como as alternativas são constituídas por grupos de ativistas em contextos de crise ou de ameaça externa. Propomos que, interrogando a forma como os futuros são conceitualizados e situados em contextos de crise, é possível obter novos insights sobre o modo como se constituem as formas de resiliência relativas ao futuro.

O conceito de resiliência foi recentemente apropriado pela lógica institucional antecipatória, avessa ao risco, da defesa e de políticas e planejamento.[2] Aqui nós o retomamos para entender como as comunidades locais podem conviver e se recuperar de crises oriundas de desastres naturais ou de ameaças do projeto capitalista global. Isso traz à baila a proposta anterior de Sarah Pink e Tania Lewis de que a resiliência pode ser usada beneficamente como um conceito orientado para o futuro, no sentido de que, "como categoria e objetivo para políticas e planejamento, ela precisa ser repensada, ... [dando-se] atenção a suas qualidades como algo processual, como ocorrência em que diferentes realidades escalares se encontram e enquanto parte das formas sensoriais e afetivas como as pessoas se envolvem com outras pessoas e seu ambiente".[3] Tomamos aqui os contextos de crise ou ameaças externas como pontos de partida através dos quais investigar as formas mundanas e cerimoniais pelas quais as pessoas constroem ou buscam construir futuros resilientes. Examinamos de que modo as pessoas imaginam, dão forma e criam futuros locais alternativos *com os quais* elas possam viver, em vez de *contra os quais* protestar.

Nós analisamos a questão recorrendo ao exemplo do movimento global Slow City [Cidade Lenta], que defende e dissemina um modelo de desenvolvimento sustentável com raízes locais. O movimento Slow City pratica o "ativismo indireto",[4] sobre o qual argumentamos que pode gerar uma forma localizada, mas globalmente conectada, de resiliência. Baseadas em nossa pesquisa com a rede australiana do movimento e em exemplos comparáveis de pesquisa internacional anterior com Slow Cities no Reino Unido e na Espanha, comparamos as lógicas de modos de construção de futuro – resiliente, resistente e baseado em crescimento capitalista – lançando mão dos conceitos de temporalidade, antecipação e confiança. Iremos expor brevemente esses conceitos, através de uma série de binários. Enfatizamos que isso não intenciona criar "opostos", mas funciona como um dispositivo metodológico que permite conceituar a resiliência como um afastamento das correntes dominantes existentes de jeitos de pensar sobre a mudança.

*Temporalidades de resiliência* versus *resistência*. As temporalidades de resistência e resiliência funcionam de modo diverso. Embora a resistência possa persistir por longos períodos de tempo, ela implica uma temporalidade linear, no sentido de que deve fracassar ou ter êxito. Se tomarmos essa visão de resistência, podemos plausivelmente vê-la como ação contra algo mais poderoso, buscando superá-lo. A resiliência, em contraste, desafia essa sequência narrativa. Ela cria um tempo-espaço que está em curso e tende a se enraizar num sentido poderosamente nostálgico do que "sempre foi" e não precisa acabar. Por conseguinte, em vez de marcar posição em detrimento daquilo que ela é "contra", para debilitá-lo, a resiliência contorna aquilo a que se opõe, deita raízes e se fixa.

*Antecipação de resiliência* versus *crescimento econômico*. Processos que geram resiliência são associados a modos de antecipar narrativas de crise, recuperação e bem-estar futuros que diferem das previsões de crescimento econômico. Ao interrogar, através de discursos do movimento e de seus processos de credenciamento, as formas de antecipação presentes na maneira como o movimento Slow City prevê cenários futuros, nós analisamos de que forma lógicas antecipatórias ligadas a processos locais existem em tensão com modos preditivos de crescimento capitalista e, potencialmente, os subvertem.

*Confiança como uma forma de resiliência.* Os tipos de resiliência nos quais estamos interessados envolvem modos de cuidado, responsabilidade, voluntariado, hospitalidade e sociabilidade, bem como as formas de bem-estar que isso gera. Esses modos representam os princípios essenciais do Slow City, simbolizados em seus critérios de afiliação, e se caracterizam por moralidades particulares, formas de confiança e sentimentos de certeza e incerteza. Eles também estão associados a temporalidades particulares de construção de futuro e antecipação. Por exemplo, embora as cidades lentas não sejam modelos de decrescimento, elas têm algumas características em comum com os elementos sociais que Giorgos Kallis (neste volume) argumenta serem integrantes de uma economia de decrescimento.[5]

Para empreender essa análise, exploramos nossas etnografias acerca de tarefas mundanas realizadas por ativistas do movimento Slow City, que interpretamos como orientadas para construir o futuro no presente. Essas tarefas – planejamento, encontros, preparação de materiais, tradução e documentação – produzem uma forma de ativismo que exalta o local e engendra possíveis modos de ser futuros e o potencial de resiliência. Elas se diferenciam tanto da resistência da ação direta contra o capitalismo corporativo quanto do modelo de capitalismo baseado no crescimento. Por isso, oferecem aos ativistas um caminho alternativo para passar pelo que muitas vezes representa o impasse de questionar diretamente poderosas forças globais ou ambientais. Como mostramos, as rotas para construir a resiliência são pelo menos em parte constituídas por meio do mundano e estão enraizadas em atividades que são generativas (por exemplo, que envolvem compilar, ponderar e aprender de modo incremental) e autodefinidoras. Sua feitura tem pouco do glamour ou do heroísmo das campanhas de ação direta. Estão antes preocupadas em construir estruturas globais e locais através das quais endossar seu trabalho: redes de confiança e colaboração, e uma sensação de esperança e bem-estar.

Em seguida delineamos um conceito e explicamos como ele pode ser apropriado como um conceito orientado para o futuro, conduzindo à construção de processos colaborativos de imaginação e consolidação. Ao fazê-lo, debatemos como as teorias do futuro podem ser mobilizadas para compreender a construção de alternativas. Nós então comparamos como futuros ao modo Slow City são imaginados através de atividades que geram resiliência. Em seguida, examinamos dois exemplos etnográficos que alicerçaram os insights analisados neste artigo para demonstrar como essas formas de construir o futuro são levadas a efeito: duas histórias relativas a como o movimento Slow City traduz seus critérios globais para que sejam localmente relevantes e os processos mundanos pelos quais as cidades aderem ao Slow City. Por fim, esboçamos as implicações de se retrabalhar a ideia de construir futuros alternativos por meio do conceito de resiliência.

## Resiliência como um conceito orientado para o futuro

Há uma onda de pesquisas nas ciências sociais que está explicitamente engajada na noção de futuros. Ela inclui trabalhos sociológicos sobre esperança[6] e geografias de antecipação,[7] e também o trabalho de Barbara Adam e Chris Groves,[8] que examina criticamente como os futuros são constituídos na cultura e na sociedade. Coletivamente, essa bibliografia nos leva a explicar como empreendimentos corporativos, ativistas e regimes neoliberais, em geral, imaginam e planejam futuros.

Algumas pesquisas existentes mapearam sistematicamente diferentes lógicas relativas ao futuro. Adam e Groves sugerem cinco formas históricas e contemporâneas pelas quais o futuro tem sido concebido:[9] através de profecia, que inclui sorte e destino, e supõe que o futuro já está lá para ser "descoberto e revelado", mas pode mudar;[10] por meio de rituais, ritmos e rotinas – ações rotinizadas ou "práticas de conhecimento", as quais criam uma sensação de segurança e certeza quanto ao futuro; através do capitalismo e da negociação de contratos futuros, o que as autoras sugerem ser uma maneira de mercantilizar o futuro, tornando-o algo que "pode ser calculado, comercializado, intercambiado e descontado infinitamente";[11] através da ideia de um futuro transformável; e, finalmente, através do argumento de que o presente é resultado dos modos como o futuro foi imaginado no passado, o que nos dá a responsabilidade (também como pesquisadores) de estar conscientes de como o presente em curso está dando forma ao futuro.[12] Ben Anderson desenvolveu um sistema para compreender as lógicas antecipatórias envolvidas nas noções de futuro. Ele argumenta que "a análise de como a ação antecipatória funciona deve atentar para: estilos, que consistem em declarações que revelam e se referem à forma do futuro; práticas, que consistem em atos que tornam presentes futuros específicos; e lógicas, que consistem em intervenções no aqui e agora com base nos futuros".[13] Como ele nos mostra, práticas de cálculo, imaginação e desempenho, bem como lógicas de precaução, preempção e prontidão, diferem de "movimentos sociais que podem acolher, desempenhar e viver futuros radicalmente diferentes, que surpreendam de modo genuíno", ao passo que "ações antecipatórias visam a assegurar que surpresas ruins não aconteçam".[14]

As tipologias desenvolvidas por Barbara Adam e Chris Groves e por Ben Anderson apresentam uma visão que abstrai a construção do futuro através de um conjunto de conceitos sociológicos já conhecidos, os quais são ligados a atividades, formações sociais e estruturas particulares já vigentes na sociedade. Os autores apontam para a existência de diferentes futuros, ou lógicas antecipatórias de resistência, de planejamento de contingência neoliberal e de crescimento capitalista, e passam a explicar como esses futuros são articulados e materializados enquanto parte da sociedade e de formas de governança. Não obstante, eles também deixam uma lacuna: saber como esses conceitos são transpostos/mapeados sobre o que, na verdade, é sempre uma realidade social e experiencial muito mais confusa, em que lógicas tendem a se misturar e podem ser inconsistentes, e em que as aspirações, prioridades, crenças e atividades reais das pessoas são sempre dirigidas, situadas e contingentes. Reconhecemos a utilidade desses mapeamentos, mas avançamos na questão da construção do futuro examinando como futuros alternativos são esculpidos por e em relação a ideologias, estruturas e formas *e* por rotas improvisadas e muitas vezes sinuosas que as pessoas tomam mundo afora.[15]

Consequentemente, embora Anderson admita que as lógicas antecipatórias dos movimentos sociais e a aversão ao risco das lógicas antecipatórias das agendas de políticas neoliberais são muito distintas, nós ponderamos que essas diferentes correntes de ação e imaginação sociais e políticas são parte do mesmo mundo e se enredam de maneira confusa. O mundo, quando pesquisado etnograficamente, nunca é tão simples quanto na teoria. Por exemplo, o conceito de resiliência, originalmente desenvolvido como conceito ecológico e muitas vezes visto como uma forma de *re*ação ou manutenção de um ecossistema equilibrado, foi apropriado por muitas agendas de futuro nos campos das políticas, do desenvolvimento e de outras ambições institucionais. Embora tenha sido enunciada e mobilizada em toda uma ampla gama de agendas, a resiliência não pode mais ser vista como uma coisa só, como sugere Anderson: "A resiliência pode não só ser empiricamente múltipla, mas também consistir em tipos muito diferentes de coisas, de tal modo que devemos pensar novamente sobre como ela constitui, reflete e reproduz outras maneiras de governar e organizar a vida."[16] A noção de resiliência foi recentemente apropriada como um conceito do planejamento em regimes neoliberais, e, de maneira correspondente, o discurso de resiliência também foi criticamente interpretado como parte das maneiras pelas quais raça e gênero se estabeleceram mais profundamente enquanto forma de diferença através das agendas neoliberais.[17] Entretanto, como Sarah Pink e Tania Lewis[18] mostraram, abordar a resiliência como um conceito com o qual compreender os futuros alternativos que os ativistas do movimento Slow City estão construindo significa vê-la de modo muito diferente; ela não é necessariamente um estado objetivo que pode ser alcançado, posto em equilíbrio ou mantido, mas, antes, precisa ser vista como algo processual. Por conseguinte, pode-se compreender ser resiliente como parte de um processo de tecer seu caminho pelo mundo, e, por isso, como algo pertinente a modos alternativos de viver que são adaptativos e relacionais, e não resistentes aos outros (no caso examinado em seguida, por meio de formas de humildade, cuidado, respeito e confiança).

Ao separarmos a geração de formas de resiliência "de baixo para cima" [*bottom-up*], como as associadas aos movimentos sociais, de formas "de cima para baixo" [*top-down*] de assegurar futuros estáveis, desenvolvidos por arcabouços como aqueles dos regimes regulatórios, nós podemos ver como lógicas diferentes estão ativas em mundos compartilhados. Esse destravamento da associação entre neoliberalismo e resiliência é importante, pois "resiliências, ao contrário do tipo ideal 'resiliência', estão sempre se conectando a uma ampla gama de lógicas político-econômicas que ultrapassam sua designação de neoliberais. A multiplicidade de resiliências (para não falarmos dos neoliberalismos) confunde qualquer conexão simples entre resiliência e neoliberalismo".[19] Assim, podemos situar a resiliência como algo processual, relacional quanto às estruturas de governança neoliberais com as quais ela tende a compartilhar algumas localidades e domínios burocráticos, num contexto em que "formas locais de resiliência podem ser entendidas como emergentes de seus enredamentos com os fluxos globais e locais", vendo "a resiliência como processual, afetiva e como parte de um lugar".[20] Assim pensada, ela é diferente da resistência, e sem dúvida uma alternativa a ela. Como argumentam Sarah Pink e Tania Lewis, "por meio de uma noção de resiliência como dinâmica emergente – em construção – nós podemos repensar como formas de ativismo indireto se tornaram 'ativas' no mundo, para além dos binários associados às teorias de resistência".[21] Isso envolve contornar (e um modo de conviver com) aquelas coisas com as quais talvez não se esteja à vontade, mas que estão inevitável e, ao que parece, indestrutivelmente presentes.

## O movimento Slow City

O movimento Slow City nasceu na Itália como Cittaslow em 1999, quando Carlo Petrini, líder do movimento Slow Food,* e um grupo de prefeitos italianos decidiram aplicar os princípios do Slow Food a infraestruturas e comunidades em pequenas cidades. A Itália ainda é o país onde há maior concentração de cidades integrantes do movimento; entretanto, hoje ele está firmemente estabelecido como um movimento global. Desde sua origem, ele se expandiu, abrangendo em 2014 "187 cidades em 28 países do mundo".[22] Slow Food e Slow City são organizações separadas, ainda que inextricavelmente ligadas uma à outra: todas as Slow Cities têm relação com grupos do Slow Food, e os produtos locais continuam a ser o núcleo dos valores e critérios de credenciamento do movimento Slow City. Nossa pesquisa se concentrou no desenvolvimento internacional do movimento; em particular, realizamos estudos etnográficos e baseados em entrevistas sobre cidades lentas no Reino Unido,[23] na Espanha[24] e na Austrália.[25]

Os requisitos de excelência do movimento Slow City envolvem critérios estabelecidos num arco de sete categorias: energia e políticas ambientais; políticas de infraestrutura; políticas de qualidade de vida urbana; políticas agrícolas, turísticas e de apoio ao artesanato; políticas de hospitalidade, consciência e educação; coesão social; e parcerias.[26] As pessoas que desenvolvem os formulários de credenciamento para suas cidades, segundo nossa experiência, são sobretudo profissionais de classe média ativos, competentes e realizados. Alguns se aposentaram recentemente (ou não tão recentemente) e, em várias cidades no Reino Unido e na Austrália (embora não na Espanha), com frequência são pessoas que vêm de fora da cidade. Embora a associação entre o movimento Slow e gostos e aspirações da classe média, feita por alguns estudiosos, seja compreensível nesse sentido, eles não são os movimentos elitistas que alguns sugerem.[27] O sucesso dos líderes do Slow City depende indubitavelmente de liderança, networking e habilidades

* Contraposição política e filosófica ao fast-food, o Slow Food defende a apreciação e a qualidade das refeições, bem como uma produção que valorize o produto, o produtor e o meio ambiente. (N.T.)

práticas para completar um processo complexo de candidatura e credenciamento, bem como, por outro lado, para fundar e administrar uma organização local, qualidades muitas vezes derivadas de trajetórias profissionais e papéis de liderança em empresas e no governo. Entretanto, os grupos de liderança do Slow City encontram inspiração em diversos elementos das comunidades locais e os afiliam, assegurando que o trabalho do movimento esteja ligado a grupos social e economicamente diversos, envolvendo-se inclusive na construção de habilidades entre estudantes adolescentes, idosos e grupos de alimentação alternativos e regionais. Aqui nos apoiamos nos critérios e valores expressos pelos discursos e critérios do movimento, e em exemplos do seu trabalho. Contudo, observamos que, em termos de política nacional, os líderes do Slow City não compõem necessariamente um grupo política e economicamente homogêneo.

Por fim, é importante lembrar que a noção de lentidão, conforme definida em seu movimento irmão, o Slow Food, não é simplesmente uma reação contra o "mundo veloz" ou as culturas da pressa, velocidade. Como registram crescentemente os pensadores dos estudos culturais, a noção de pressa não caracteriza de fato, como disse Sarah Sharma, "uma ordem temporal mais ampla".[28] Na verdade, a ideia de que vivemos numa cultura da pressa é, em certa medida, um constructo das teorias dos estudos culturais, e não algo que surge dos estudos etnográficos de experiências cotidianas. Como sugere Sharma: "Temporalidades não experimentam um tempo uniforme, mas, antes, um tempo particular ao trabalho que as produz."[29] Contudo, embora Sharma entenda o "Slow" em Slow Cities em relação a formas de temporalidades ligadas a pressa, os estudos etnográficos empreendidos por Sarah Pink e seus colaboradores sugerem que, para os próprios líderes das Slow Cities, a preocupação-chave não diz respeito a uma dicotomia rápido/lento. Ao contrário, suas preocupações se concentraram em questões referentes a como eles já estão alinhados aos princípios do movimento por sustentabilidade, economia e sociabilidade ambiental, urbana e local. Portanto, para entender como o movimento está realmente envolvido com temporalidades locais, precisamos olhar para além de uma análise de seus discursos e, em vez disso, perguntar como ele é de fato manifestado nas realidades processuais e materiais das suas cidades-membros. Assim, nosso interesse pelas temporalidades está em como passado-presente-futuro se enredam para definir a lentidão e suas alteridades, em lugar da pressa.

O movimento Slow City se viu recentemente implicado em narrativas baseadas nas experiências das cidades na recuperação da crise, narrativas que revelam como o movimento interpreta e expõe rotas alternativas de recuperação de crises que escapam dos modelos de resistência e de crescimento, e sugerem como os membros do Slow City podem engendrar formas de resiliência. A rede australiana do movimento, na qual pesquisamos, oferece um exemplo ideal. Crise e recuperação estavam no centro das narrativas dos líderes do Slow City em suas discussões conosco e em seus compromissos mais formais com o movimento e com os outros integrantes. Por exemplo, Adele Anderson, que em 2013 era vice-presidente do Cittaslow Australia (CSA), apresentou explicitamente a candidatura de sua cidade, Yea, ao status de Slow City como um esforço para reconstruir a cidade, que ficou devastada física e psicologicamente depois dos incêndios florestais implacáveis de 2009. Em 2013, Katoomba, em Blue Mountains, outra cidade-membro, sofreu sérias perdas com incêndios florestais no momento em que acontecia a conferência anual do CSA na cidade de Goolwa; Adele sugeriu que a rede atuasse em apoio a Katoomba. Essas narrativas de crise, trauma e recuperação foram feitas em torno de toda uma gama de questões. A própria Goolwa também tinha sofrido privações emocionais e econômicas coletivas em consequência de anos de seca e de políticas estaduais e nacionais de manejo de água que drenaram o sistema do rio Murray e dizimaram o turismo e as indústrias pesqueiras locais. Margaret Gardner (membro do Conselho de Alexandrina e do Cittaslow Goolwa) descreveu a cidade como "deprimida" durante a seca. Além disso, Goolwa estava se recuperando dos efeitos do Caso Hindmarsh – uma disputa relacionada a crenças aborígenes e direitos de propriedade –, que causou divisões sociais e políticas profundas e persistentes na cidade.[30] Embora o CSA não tenha feito nenhuma declaração oficial sobre o processo de tornar-se Slow City enquanto um meio para se recuperar da crise, muita gente dentro da organização percebeu a iniciativa como estratégia para enfrentá-la.

Essas narrativas, que nos foram apresentadas durante nosso trabalho de campo, situavam a recuperação como algo concreto, processual e sensível aos sentimentos. O fato de que a recuperação também precisasse ter um elemento econômico era reconhecido, particularmente em Goolwa. Entretanto, a abordagem da recuperação aqui manifestada está explicitamente entrelaçada a uma narrativa terapêutica que vai além do crescimento econômico como recuperação, concentrando-se nas noções sociais, psicológicas, sensoriais e concretas de bem-estar.

## Pesquisa sobre Slow Cities na Austrália

A Austrália é um país predominantemente urbano em termos de distribuição da população,[31] cuja maioria está concentrada ao longo da costa leste. A maior parte da pesquisa urbana no país foi realizada nessas e sobre essas cidades, restando alguns núcleos urbanos insuficientemente examinados.[32] Entretanto, esses núcleos são cada vez mais procurados, com o afluxo de aposentados; em algumas áreas, a alimentação urbana e as culturas criativas acompanharam esse processo, o que as tornou lugares cada vez mais interessantes para as pessoas se instalarem com as famílias, incluindo, segundo nossos participantes, alguns retornados dos grandes centros metropolitanos.

Durante nossa pesquisa, três cidades foram credenciadas como Slow Cities na Austrália: Goolwa, na Austrália meridional, Katoomba, em Nova Gales do Sul, e Yea, em Victoria. Goolwa fica a 1.300 quilômetros de Katoomba e a oitocentos quilômetros de Yea. A rede é geograficamente difusa, e as cidades estão a pelo menos duas horas de viagem dos centros metropolitanos. Nossa pesquisa envolveu visitas curtas e saídas para reuniões, assembleias, eventos e entrevistas em núcleos urbanos próximos das cidades mais importantes, Sydney e Melbourne. Nossos métodos de trabalho de campo eram adaptados para se ajustarem a cada contexto local e ao tempo que podíamos passar com os participantes, bem como às atividades em que eles estavam envolvidos e os estágios de seus processos de candidatura e implementação.

Pesquisas anteriores envolveram acompanhar um grupo que preparava sua candidatura.[33] Nós também analisamos a documentação e os processos de Slow City, inclusive documentos de autoavaliação, documentos textuais e vídeos sobre pedidos de credenciamento, e frequentamos encontros e oficinas organizados por grupos Slow City individuais e pelo CSA.

Documentos, documentação, credenciamento e tradução do Slow City integram e são *parte dos* encontros entre os líderes das cidades e o movimento global. Desse modo, eles são atualizações materiais e sensoriais dos momentos em que as temporalidades passado-presente-futuro se reúnem, conforme os líderes dos núcleos urbanos debatem, definem, relembram, imaginam e fazem planos para suas cidades. É para esses processos que nossa atenção irá se voltar a seguir.

## Construção mundana do futuro

### *Processos de credenciamento, ou candidatando-se a um futuro*

Uma cidade lenta, conforme ecoado em conversações com participantes na Austrália, no Reino Unido e na Espanha, não pode ser fabricada para o processo de candidatura. Os líderes locais sentiam, consistentemente, que suas cidades já eram "lentas", e que o propósito do processo de credenciamento era colocar isso num formato que as tornasse reconhecíveis pelo movimento, e, mais importante, que *validasse* esse status no cenário global. Sarah Pink e Tania Lewis sugeriram que, ao criar identidades Slow City para suas cidades e áreas, os líderes do Slow City "estudavam em detalhes suas memórias biográficas quanto a um 'sentido de lugar' e imaginavam um futuro. ... É trazendo essas dimensões históricas, ambientais e culturais para uma narrativa sobre o que eles 'já são' que o presente se torna investido num futuro estruturado pelo movimento".[34] Na verdade, o processo de tornar-se uma Slow City se equilibra significativamente entre o local e o global, e entre o passado e o futuro. Isso possibilita uma rota para o futuro que é endossada e facilitada por uma estrutura globalmente reconhecida. Assim, *possibilidades* são imaginadas durante o processo de tornar-se uma Slow City. O processo não cria futuros em nenhum sentido objetivo, mas descortina modos de imaginar futuros e criar rotas até eles.

Apesar da catalogação extensiva e abrangente de informações e da preparação da documentação envolvida no cumprimento da autoavaliação necessária para o credenciamento como membro do Slow City, muitos participantes se lembravam disso como um processo positivo, útil e colaborativo. Uma discussão numa assembleia do CSA em Goolwa sobre esse tópico, à qual estavam presentes representantes de todas as Slow Cities australianas, teve como foco a questão de saber como tornar o processo relevante no contexto do país, e, por extensão, mais acessível a novas cidades-membros em potencial. Por exemplo, Adam, do contingente de Yea, observou que o processo de credenciamento foi uma maneira de lembrar tudo o que eles valorizavam em sua cidade e um guia para quantificar essas informações de modo produtivo, concreto.

Nossas entrevistas e conversas com participantes mostraram como o processo de credenciamento não era apenas um passo intermediário rumo a um futuro imaginado. Ser membro do movimento Slow City é, antes, uma "tecnologia capacitadora",[35] que não é meramente ativada no momento de alcançar o status de membro (ou no credenciamento); o que é capacitador é o próprio processo de alcançar a filiação. Para nossos participantes, o inventário e a avaliação mobilizados durante o pedido de credenciamento foram decisivos na construção do futuro de suas cidades; isso os qualificou para produzir maneiras de tomar conhecimento e representar suas cidades, e, implicitamente, deu base a ações e formulações posteriores. Os documentos gerados não são apenas "papelada" burocrática, mas textos afetivos. Desde 2005, os candidatos têm nos mostrado ou entregado cópias de materiais de candidatura de várias Slow Cities em todo o Reino Unido e na Austrália, e nos contado histórias de candidaturas na maioria das cidades visitadas. O processo de candidatura é abrangente e pode durar um ou dois anos. Por exemplo, para uma cidade do Reino Unido, cujos líderes sentiam apaixonadamente que estava preparada para o movimento, mas que não satisfez a um dos critérios, isso significou uma longa "batalha" para obter credenciamento.

A documentação de credenciamento consistia em seis áreas e cerca de sessenta critérios. Com frequência eles são apresentados como tabelas, embora os líderes de uma cidade tenham apresentado sua candidatura numa série de debates gravados em vídeo, todos sentados em torno de uma mesa com um copo de vinho e pauta estruturada em torno dos temas e critérios definidos. Eles sentiram que isso obedecia ao espírito do movimento e ao que eles queriam comunicar. Os vídeos apresentavam o grupo que se credenciou como membro, e para nós, como pesquisadores, essa era uma maneira de observar os sentimentos e percepções acerca do pertencimento ao Slow City. A perspectiva temática que molda as candidaturas pede que os candidatos respondam a uma série de perguntas relativas ao futuro. Muitas vezes demanda-se especificamente que os comitês candidatos apresentem seus "planos" para alcançar objetivos particulares, exigindo, desse modo, que exponham seus projetos para viabilizar certos futuros e procurar evitar outros. Por exemplo, em Katoomba, Blue Mountains, uma das primeiras cidades a ser credenciadas na Austrália e que passou por todo o processo de credenciamento internacional, incluindo a visita dos líderes do movimento baseados na Itália, Sue discutiu de forma convincente o processo de credenciamento. Quando Sarah lhe perguntou como ela pensava que o Cittaslow poderia ajudar, ela explicou:

> Eu queria reestruturar o que nós temos aqui, que eu acho muito valioso em termos de... paisagem, herança, herança construída, e eu queria estruturar isso de uma maneira que... seu valor fosse mais facilmente reconhecido pelos outros, porque... tem gente realmente muito educada por aí que gosta de dizer coisas como: "Ó, vocês deviam era botar isso tudo abaixo e começar de novo"; e isso, sim, é que me parece uma verdadeira tragédia.

Para Sue, essas tragédias são parte de um futuro possível, mas, buscando meios para evitá-lo, o Cittaslow se transformou num modo de imaginar outro futuro possível. Para explicá-lo de maneira mais empírica, Sue e seu companheiro, Nigel, levaram Sarah e Tania a um passeio pela cidade. Nigel comentou a arquitetura local não em sua manifestação presente, mas, por exemplo, levando-as a uma loja de departamentos e mostrando onde um palco e as poltronas da plateia de um teatro histórico tinham sido cobertos por tábuas para viabilizar a instalação comercial,[36] evocando um passado oculto e a esperança de sua recuperação no futuro. Consequentemente, o Cittaslow não é uma tecnologia preditiva; ele não segue a lógica da "prevenção" de arcabouços regulatórios ou de formas de administração de contingência, não pretende tornar o futuro conhecível. Ele se alinha a – e apoia as – maneiras de imaginar o futuro como uma série de possibilidades num contexto de incertezas.

Essa temporalidade não linear que caracteriza o modo como o credenciamento do Cittaslow capacita as pessoas para imaginarem futuros em relação a passado e presente se manifesta de múltiplas maneiras. Por exemplo, no documento de credenciamento de Katoomba, Blue Mountains, numa seção sobre criminalidade, passado, presente e futuro são articulados para representar um lugar em movimento para diante, num processo em que intervenções coerentes são feitas na direção de um futuro "melhor". Por exemplo:

> A Câmara de Comércio e Comunidade de Katoomba, Blue Mountains, organizou a distribuição de kits de limpeza de pichações para lojistas que os solicitassem a fim de promover uma campanha de tolerância zero contra vandalismo e grafites na área, estimulando a notificação e remoção imediata das pichações. Câmeras de vigilância foram instaladas na rua Katoomba em 2007.

Os materiais de candidatura do Slow City agrupam atividades mundanas locais, políticas, questões e materialidades num único documento. Ao chamá-las de "mundanas" não sugerimos que sejam destituídas de significado; nós enfatizamos, antes, que elas são as coisas e as infraestruturas vigentes, mas ocultas, que as apoiam. Na verdade, são embebidas de significado, na medida em que sustentam o que é visto, sentido e percebido. Os documentos de credenciamento dizem respeito, assim, ao presente e a como as infraestruturas que eles revelam "sustentam" as cidades à medida que elas se encaminham para o futuro. Os documentos capacitam os candidatos a lidar com o futuro como algo que eles sentiram e imaginaram de uma forma mais corpórea ou visceral, assim como representaram verbalmente. Portanto, nós poderíamos dizer que esses documentos de credenciamento aparentemente mundanos traçam um esqueleto para as maneiras como as pessoas imaginam suas cidades no caminho do futuro.

Enfim, o credenciamento também é um momento de confiança; ele é baseado no autorrelato e, geralmente, em visitas guiadas por um conjunto mais estabelecido de líderes do Slow City. Nem todas as cidades são credenciadas, ou pelo menos não de imediato, e o movimento tem sido particularmente cuidadoso e vigilante com as cidades que se candidatam ao status de Slow City para usá-lo como marca de turismo: é precisamente o turismo de massa comercial que o movimento e seus líderes nas cidades-membros buscam desestimular.[37] Há também um elemento de quantificação, no sentido de que se pede que as cidades se atribuam notas segundo os critérios do movimento, numa autoavaliação na qual elas devem alcançar, no mínimo, 50% da pontuação total. Todavia, trata-se de uma quantificação subjetiva, pois é autoavaliada e também baseada numa forma de senso moral e confiança. Uma vez credenciadas, as cidades devem melhorar sua pontuação, como parte de um processo de avanço, e elas continuam a ser monitoradas, com a submissão periódica de documentos de autoavaliação.

As temporalidades do credenciamento do Slow City reúnem o passado e o futuro com o presente à medida que adentram suavemente o futuro imediato e o futuro desejado mais distante, esperado. Elas se preocupam com formas de salvaguardar os elementos positivos do passado e do presente, bem como com o planejamento de um futuro que corresponda aos critérios do movimento de sustentabilidade ambiental, hospitalidade, sociabilidade, herança etc. Os futuros mapeados nesses documentos estão enraizados no passado-presente; eles são nostálgicos, mas ao mesmo tempo estão orientados de forma prática para realidades documentáveis e experimentadas; contudo, também são aspiracionais e antecipatórios. Por serem com frequência criados para lidar com crises percebidas, reais e vivenciadas, eles são, além disso, maneiras de criar formas de resiliência contra outros futuros possíveis antecipados ou imaginados. Eles oferecem um conjunto de estruturas para enfrentar a incerteza, o qual está enraizado naquilo que se pode saber do presente e recorre ao contexto mais-que-local do movimento global Slow City para seu endosso. São parte do que pode ser experimentado como um futuro coletivamente imaginado. A seguir, examinamos como os elementos globais-locais do movimento estão coimplicados nesse processo.

## *Traduzir e documentar, ou Garantir futuros coletivos*

As anomalias geográficas e políticas, e as particularidades do contexto australiano, assim como a distância da Austrália em relação ao organismo que governa o movimento Slow City, em Orvieto, na Itália, levaram o Cittaslow Internacional a devolver a responsabilidade pelo credenciamento local ao Cittaslow Australasia (CSA). Isso segue a abordagem-padrão de dar certo grau de autonomia às redes nacionais a fim de adaptar os critérios do movimento a circunstâncias locais. A criação do CSA é coerente com os objetivos do movimento Slow City no sentido de que "ao reduzir o número de viagens, nós reduzimos nossa pegada ecológica, e este é um dos objetivos do Cittaslow", o que também possibilita "o estabelecimento de critérios australianos baseados nos objetivos originais italianos".[38]

Esforços para traduzir critérios são orientados para o futuro da própria rede, assim como das cidades. No encontro de 2013, em Goolwa, sugeriu-se que o Slow City australiano deveria adotar identidades regionais, denominando-se Yea-Murrindindi, Katoomba-Blue Mountains, Goolwa-Alexandrina, tirando assim o foco de uma única cidade. Isso é significativo para a sustentabilidade futura da rede, considerando que, à diferença do modelo italiano, na Austrália o governo local não é exclusivo de uma cidade. Como a sobrevivência das cidades lentas (sejam elas ou não cidades reais ou conglomerados de assentamentos) depende de seu alinhamento com governos locais e regionais, e suas viradas políticas, elas precisam incentivar as entidades de governança local a se envolver com elas e com seus princípios.

Entre os membros do movimento, as respostas complexas e diversas à globalização deram frequentemente mostras de uma nostalgia pragmática. O que queremos dizer com isso é que há um reconhecimento relativo ao futuro do que se quer "proteger", ou daquilo a que se dá valor, individual e/ou coletivamente, na sua cidade, o que se baseia igualmente em conservadorismo, numa consciência do presente e na motivação de lidar com seus desafios. Um exemplo disso é a maneira como o trabalho do movimento Slow City está entrelaçado com os fluxos de interesses corporativos e outros interesses nos âmbitos nacional e global. Anne Elliott organizou sua introdução à filosofia lenta em termos da luta contra as cadeias de fast-food em Blue Mountains. Ela não se importava de ser chamada de ativista. Entretanto, quando Sarah e Tania debateram sobre o Cittaslow com Sue e Nigel Bell em Katoomba, Blue Mountains, Sue enfatizou como muitas vezes não há nenhuma possibilidade de resistir a certos movimentos que não são coerentes com os ideais do Cittaslow. Como ela disse, "a construção foi aprovada, passou de um ponto sem volta, a gente sabe que ela vai seguir adiante, ... e a última coisa que a gente quer ver é mais um centro comercial vazio na nossa cidade. Então, sabemos que realmente temos que fazê-los funcionar". Do mesmo modo – como observou Sarah Pink a respeito do Reino Unido –, os líderes das cidades descobriram que, dadas as aprovações de planejamento locais, eram incapazes de impedir a construção de grandes supermercados dentro ou na cercania imediata de suas cidades. Embora falassem muito amargamente sobre esses empreendimentos, também tinham de trabalhar com eles, e não contra eles.[39] Como disse Sue mais adiante, durante nossa conversa, Cittaslow é "um movimento global, ... então, tomara que possa ... ser um ponto de equilíbrio para os empreendimentos globais ... [um] contrapeso, é isso". Em certo sentido, a noção de contrapeso representa uma visão realista daquilo em relação a que os líderes do Slow City podem alimentar esperanças.

Na verdade, como nós mostramos, ao mesmo tempo que o movimento oferece meios para os líderes das cidades imaginarem futuros alternativos àqueles que eles temem, há certo grau de ambivalência quanto à ideia de ativismo entre alguns líderes locais. Embora o movimento baseado na Itália tenha surgido da política da esquerda naquele contexto nacional, internacionalmente as lideranças nas cidades lentas não estão necessariamente envolvidas com a mesma política partidária, e, assim, representam diversos grupos. Do mesmo modo, elas têm uma gama ampla de opiniões sobre ativismo, e os membros da rede ocupam diferentes posições no espectro da militância política. O tema do ativismo (ou atuar "de forma negativa", como alguém descreveu) na Austrália esteve presente numa conversa mais ampla sobre a identidade das cidades lentas na rede CSA, sobre se o ativismo seria ou não intrinsecamente característico do Slow City. Numa oficina do encontro de 2013 foi sugerido que o CSA não devia tomar posições "anti" ou negativas em sua militância, como ser "anti cadeias de fast-food", por exemplo, mesmo que, como mencionou Lidia Moretti (Slow Food de Adelaide), as próprias origens do movimento Slow Food (e, consequentemente, do Slow City) tenham sido concebidas a partir de protestos contra o fast-food. "Nós não somos uma cidade em transição", disse outro participante.* O grupo compartilhava a opinião de que, se uma lanchonete fast-food quisesse vir para uma Slow City australiana, eles não deveriam obrigatoriamente adotar políticas de oposição. Em vez disso, concordaram que uma Slow City deve ser capaz de ditar os termos segundo os quais essas cadeias poderiam vir para a cidade.

Essa conversa aludiu à luta da Dandenong/Tecoma contra um estabelecimento de fast-food,[40] que, segundo a preocupação de alguns, não teve foco amplo o bastante para realmente contar como atividade de uma cidade lenta. A discussão versou sobre como ficou claro, quando um grupo do CSA visitou uma cidade que tinha expressado seu interesse em ser credenciada, que seu objetivo era somente impedir a construção de um supermercado. Entretanto, também foi sugerido que grupos que representassem cidades em campanha contra empreendimentos não deviam ser desconsiderados por essa razão. Eles deviam, isso sim, ser assistidos no sentido de desenvolver uma visão mais abrangente acerca de por que suas cidades queriam se tornar Slow Cities. Isso dizia respeito a uma motivação

* Em referência ao conceito de *transition town*, do movimento social Transition Network. (N.T.)

mais geral no "aconselhamento" às cidades interessadas em aderir à rede CSA, e, assim, formar e fazer parte dos processos e objetivos de tradução destinados a estimular a filiação.

Esse debate de âmbito nacional é ilustrativo porque situa a rede Slow City australiana não como uma organização em campanha para resistir diretamente contra o crescimento do capitalismo, mas como uma organização que deseja criar ambientes nos quais os critérios do movimento estejam representados e sejam mobilizados na direção de futuros ambientalmente sustentáveis. Isso não significa que o movimento apoie necessariamente o crescimento capitalista – do ponto de vista internacional, nacional ou local. Em vez disso, possibilita uma visão realista do que o movimento pode de fato realizar em termos do poder político e econômico que ele detém e dos objetivos de sua estrutura. Tal abordagem não vai produzir nem apoiar de maneira substancial ou enfática a agenda de reformas políticas, sociais e econômicas de decrescimento sugerida por Kallis;[41] ela tem, antes, impacto numa escala local. Entretanto, sua forma de ativismo indireto pode impactar a maneira como as empresas serão capazes de comercializar em ambientes locais. Por exemplo, na área de Katoomba, Blue Mountains, algumas grandes companhias não conseguiram sequer se instalar, em consequência das leis de planejamento urbano e rural locais. Nos exemplos do Reino Unido, líderes locais do movimento Slow City estimularam populações e organizações locais a usar serviços e empresas locais, o que está de acordo com os critérios do movimento, e a comprar em cooperativas e mercados de produtores. Além disso, eles buscaram *enraizar* esses valores e as atividades e economias a eles associadas através de circuitos festivos e rituais locais. Isso produz formas de resiliência; trata-se de intervir *agora* de um modo orientado para o futuro, um modo que permanece resiliente porque é capaz de evitar futuros indesejados por meio da prática e da experiência ativas dos princípios da Slow City.

Como tal, o movimento Slow City oferece alternativas aos modelos de crescimento capitalista, e busca encarná-las ao convidar as pessoas a realmente vivenciá-las e sustentá-las, mantendo-as, assim, vivas no presente e no futuro. Contudo, trata-se também de uma alternativa à resistência direta, que, como no caso de muitas das coisas às quais membros do movimento se opõem – como a perda de heranças arquitetônicas locais em ruas comerciais, o crescimento de cadeias de supermercado e a proliferação de franquias globais de fast-food –, não tem sido bem-sucedida. Por conseguinte, o Slow City, em suas várias manifestações em todo o mundo, pode ser visto como um movimento que tem um papel particular, um movimento que decerto pode abranger uma gama de agendas diversas e potencialmente opostas de partidos políticos, pois para ele trata-se de formar resiliência, e não resistência.

## Sugestões para a construção de futuros resilientes

O modo de resiliência orientado para o futuro não pode resolver o que movimentos como o Slow City veem como os males do mundo, não pode conter a atividade dos modelos capitalistas de crescimento nem substituir a intensidade da dor e da esperança dos movimentos de resistência direta. Não obstante, ele oferece uma perspectiva para alcançar formas de bem-estar cotidianas e antecipatórias, benéficas em períodos de crise, e, com elas, antecipar futuros mais amenos que aqueles que hoje são temidos ou que ameaçam as comunidades envolvidas.

A abordagem Slow City para construir futuros alternativos aos que podem ser imaginados através de modelos de crescimento capitalistas mostra como uma aproximação que se compromete com possibilidades tangíveis, em lugar de soluções mais abstratas e holísticas, pode proporcionar algum alívio – quando não uma resolução completa diante de ameaças ou crises. Como já se argumentou,[42] o movimento Slow não constrói temporalidades alternativas[43] e não é propriamente um corretivo para "diminuir" a pressa da modernidade. Ele busca construir modos alternativos de ser e de experimentar, os quais inevitavelmente se referem ao futuro. Essas alternativas reconhecem a dificuldade para se alcançar soluções holísticas e, em lugar disso, criam rotas para futuros que são inevitavelmente parciais;

portanto, só podem ser entendidas como relacionais quanto a "seja lá o que for" que está lá.

O futuro, como o presente, será mundano, confuso e complicado. Qualquer visão clara que se tenha dele será sequestrada pelas contingências e condições de "seja lá o que for" que está lá. Se compreendermos que o futuro é complexo, abordagens como a do movimento Slow City tornam-se os fios que, através de seus relacionamentos com outros fios, talvez ainda desconhecidos, buscam urdir e encadear futuros sustentáveis e justos.

# Conclusão

Manuel Castells

As crises econômicas revelam os alicerces culturais e políticos das práticas de produção, consumo e intercâmbio de bens e serviços. Eu compreendo crise como a condição na qual os mecanismos que asseguram o desempenho apropriado dessas práticas param de funcionar sob os procedimentos em operação encarnados em mercados e instituições. Isto é, instituições financeiras vão à falência, investimentos desaparecem, hipotecas são executadas, empresas entram em colapso, empregos são destruídos, salários são cortados, famílias são despejadas de suas casas, governos amontoam dívidas e serviços sociais e auxílios-desemprego são cortados justamente no momento em que são mais necessários. Em tais casos, as instituições têm de implementar procedimentos de emergência, substituindo os mercados e o investimento privado por despesas públicas como o motor da economia. Enquanto isso, as pessoas, em face da necessidade de sobreviver fora dos modos de vida que lhes foram prometidos se trabalhassem diligentemente e fossem obedientes, são obrigadas a reinventar suas práticas e, em última análise, a si mesmas. Algumas reagem contra práticas empresariais e políticas públicas consideradas injustas e prejudiciais para suas vidas. Mas como podem elas lutar efetivamente contra fluxos financeiros globais no coração da crise em curso, saindo do controle de todo e qualquer conjunto de atores? Como podem elas forçar os governos a regular o capital e redistribuir a riqueza, estimulando desse modo o consumo, o investimento e o emprego, quando os próprios governos são amplamente dependentes do vendaval financeiro que eles ajudaram a criar? E como podem elas ativar canais de representação política quando estes estão entravados pela burocratização da política e a direção dos partidos políticos entravada por interesses financeiros e pela ideologia fundamentalista do mercado?

Em alguns casos, a disfunção que provoca a crise do sistema resulta de contradições internas aos programas do próprio sistema. Em outros casos, os obstáculos ao desempenho do sistema vêm do efeito retroalimentador resultante de consequências não intencionais desse desempenho sobre o ambiente do sistema. Também há limites que se originam da incapacidade de um dado sistema operar novas tecnologias sem alterar sua lógica institucional. Além disso, se a administração da crise é embaraçada por um fracasso das instituições administrativas, a crise pode fugir do controle e provocar efeitos destrutivos sobre a economia e a sociedade. Finalmente, visto que a ação humana não é predeterminada, tão logo um sistema que regule a vida em todas as suas dimensões deixe de assegurar os objetivos esperados, os atores sociais questionam as regras e as instituições do sistema, aprofundando a crise.

Este livro analisou uma série de respostas sociais à multiplicidade de crises que na última década sacudiram o sistema capitalista informacional global, a forma econômica, social e cultural dominante em nossa época. Crises não são excepcionais para o capitalismo. De fato, como todo sistema socioeconômico, o capitalismo evolui e muda através de crises. As características de cada crise e as práticas que procuraram reestruturar o capitalismo e restaurar seu desempenho na esteira de cada uma delas determinaram novas formas de capitalismo. Assim, a crise do capitalismo do *laissez-faire* nos anos 1930 foi suplantada, primeiro, pela economia de guerra durante a Segunda Guerra Mundial; depois, as chamadas políticas keynesianas, caracterizadas pela intervenção do Estado na economia e pelo estímulo ao consumo e ao emprego via despesa pública e políticas públicas, desencadearam um período de crescimento econômico e de aumento da produtividade, do final dos anos 1940 até meados dos anos 1970. A crise econômica dos anos 1970, marcada por inflação galopante e declínio da lucratividade do capital, exigiu um novo conjunto de estratégias econômicas e organizacionais para garantir a reprodução ampliada do capitalismo.[1] Essas estratégias podem ser caracterizadas como globalização (expansão de mercados, capital, trabalho e insumos), transformação organizacional (networking ou estruturação em redes) e reformas institucionais (liberalização, desregulamentação e privatização de empresas e mercados, particularmente os mercados financeiros). O novo paradigma tecnológico baseado na revolução das tecnologias de informação e de comunicação propiciou a infraestrutura necessária para essa transformação profunda, que levou a uma nova forma de capitalismo: o capitalismo informacional global, com o capitalismo financeiro em seu núcleo, como eu já analisei em diversos trabalhos.[2] Deve-se dizer, conquanto não seja factível desenvolver aqui, que cada uma dessas crises e transições não foram simplesmente econômicas. Elas foram sociais, institucionais, culturais e políticas. O keynesianismo foi o resultado da nova política dos anos 1930 e 1940. A criação estratégica do capitalismo global por governos e empresas nos anos 1980 foi legitimada pela ideologia neoliberal, pelo fim dos sindicatos e das organizações de solidariedade herdados da era industrial e pela crise da social-democracia.[3] Processo semelhante de crise e transição vem ocorrendo na última década, com novas formas emergentes ainda em estado embrionário.[4]

A crise que estourou em 2008 primeiro nos Estados Unidos e depois na Europa (mas não no resto do mundo) é a mais séria crise financeira desde a Grande Depressão dos anos 1930. Em setembro-dezembro de 2008, o capitalismo financeiro entrou em colapso, à medida que a falência de instituições financeiras-chave se propagava como fogo em pradaria. A AIG, a megacompanhia que fornecia seguros para a maioria dos bancos do mundo, viu-se incapaz de honrar suas obrigações, entrando assim em falência. A intervenção decisiva do governo americano, que *de facto* nacionalizou a companhia comprando 80% de suas ações, evitou o colapso. Desse modo, o mito da capacidade autorregulatória dos mercados financeiros foi desmascarado. Em última análise, sem entrar nos detalhes de uma história bem conhecida que eu já investiguei em outros trabalhos,[5] os governos, tanto nos Estados Unidos quanto na Europa, salvaram as instituições financeiras usando o dinheiro dos contribuintes numa escala sem precedentes. Contudo, embora após vários anos alguma vacilante estabilidade financeira tenha sido alcançada, as consequências sociais da crise foram devastadoras para milhões de pessoas, em termos de perda de emprego, despejo de moradia, encolhimento de remunerações, cortes profundos em saúde, educação e benefícios sociais. Além disso, o endividamento maciço dos governos para enfrentar os custos da crise foi usado como justificativa para impor políticas de austeridade, o que aumentou sua dependência dos mercados financeiros e, na Europa, agravou o custo e a duração da crise, deixando amplos segmentos da população sem rede de segurança. Ao mesmo tempo, as classes mais altas aumentaram sua riqueza em termos absolutos e em relação a 90% da população, ampliando a desigualdade de renda e de riqueza num nível nunca visto.[6] Assim, a crise do mercado financeiro em 2008 foi desencadeada pela impossibilidade de famílias, empresas e governos pagarem os empréstimos e os juros devidos em decorrência da concessão irresponsável de empréstimos, que está na origem do crescimento econômico, em particular no setor imobiliário.[7] Isso não foi um erro, mas a consequência sistêmica de um setor financeiro que estava se expandindo numa taxa sem precedentes, mediante a criação de capital virtual por meio da securitização e derivação de tudo, utilizando novas tecnologias da informação e financeiras. A dinâmica do sistema levou à sua aniquilação.

Ao mesmo tempo, a expansão global do capitalismo e a aceleração da produção industrial e do consumo em todo o mundo (com a incorporação de países gigantescos como China, Índia, Indonésia e Brasil no mercado global) desencadearam consequências ambientais potencialmente catastróficas, sintetizadas no processo de mudança climática global provocada pelo homem. De forma mais geral, os limites ecológicos para esse modelo particular de crescimento foram plenamente revelados e acrescentaram uma crise ecológica de grandes proporções às crises financeira e econômica.[8] Essas crises entrelaçadas produziram questionamentos de diferentes setores das sociedades em todo o mundo.

A transformação tecnológica do sistema financeiro, na origem de uma tendência inexorável à virtualização do capital, incitou experimentos audaciosos que se opusessem à dominação das altas finanças através da inovação dos meios de pagamento, eliminando o dinheiro e criando formas plenamente virtualizadas de moeda, como o bitcoin e outras, baseadas em tecnologias de blockchain. Essas moedas virtuais desafiaram tanto o sistema financeiro quanto o Estado, apropriando-se do uso de tecnologias digitais avançadas para experimentar formas autônomas de pagamento e de acumulação de capital, agora nas mãos de uma nova geração de empreendedores. Subjacente a essa magia tecnológica há uma cultura utópica que se esforça para livrar-se do Estado e do capitalismo corporativo pelo uso de seus conhecimentos e de sua capacidade de inovação. Como escreve Lana Swartz neste volume: "Mesmo que esses projetos não deem em nada, a blockchain é significativa como inventário de desejos. É um motor de alteridade: a oportunidade para imaginar um mundo diferente e a mecânica de como esse mundo diferente poderia funcionar."[9]

Além disso, governos, ao vir rapidamente em socorro do capitalismo financeiro, aprofundaram suas crises de legitimidade perante seus cidadãos. Na verdade, as instituições de gerenciamento da crise entraram elas próprias em crise, à medida que cidadãos/contribuintes se opuseram às políticas unilaterais sob as quais eles teriam de pagar pelos erros das corporações capitalistas e sofrer a austeridade imposta para restaurar o sistema. Protestos e movimentos sociais emergiram como resultado dessa série de falhas sistêmicas e desestabilizaram os sistemas políticos em muitas sociedades, em particular colocando em questão as instituições da União Europeia e a legitimidade dos partidos políticos tradicionais em todos os países.

Esse é o contexto no qual diversas práticas econômicas alternativas surgiram na Europa, nos Estados Unidos e em outros lugares, conforme documentado e analisado neste livro. Algumas delas resultaram de estratégias de sobrevivência, outras, da busca por novas formas de vida econômica e de um novo modo de vida, menos vulnerável a mercados financeiros globais imprevisíveis e indômitos. O valor financeiro e o valor da vida medido em termos financeiros/monetários foram questionados pela afirmação do valor da vida humana sem intermediação financeira. A satisfação das necessidades e o desejo de uma vida com significado se juntaram na busca de novas práticas econômicas, para além dos constrangimentos dos mercados com fins lucrativos.

Algumas dessas práticas objetivam descobrir novas formas de atividade econômica. Outras incluem a busca de produção e consumo ecológicos que sejam compatíveis com a vida em conjunto no planeta azul. Outras, ainda, tentam projetar um novo sistema monetário a partir de utopias tecnológicas. E todas convergem para uma tentativa de alterar as relações de poder sobre as quais o falho sistema de capitalismo financeiro repousa. A partir da diversidade dessas práticas sociais e econômicas surgiu uma nova compreensão da economia, tal como a teoria e as políticas de decrescimento, que projetam novas formas de atividade econômica capazes de produzir, consumir, criar empregos e assegurar sustento apoiando-se em novas fundações culturais, inaugurando uma economia que dê importância às pessoas.[10] O surgimento das novas estratégias de desenvolvimento local que informam o movimento Slow City é mais uma expressão do questionamento da pretensa inevitabilidade do sistema econômico vigente; nos termos desse movimento, localidades limitam o crescimento urbano para apoiar a preservação da qualidade de vida de seus residentes, dando luz, desse modo, ao imaginário transformador de uma existência realizadora.[11]

Não chega propriamente a surpreender que as mais determinadas e disseminadas dessas práticas tenham tido lugar na Europa meridional, onde a crise catastrófica de um sistema financeiro e imobiliário amplamente especulativo foi aprofundada pelas severas políticas de austeridade impostas pela Alemanha, pela Comissão Europeia e pelo Fundo Monetário Internacional para proteger os interesses dos bancos e governos da Europa setentrional, em especial da Alemanha.[12] A economia grega se desintegrou e o *boom* artificial da economia espanhola abriu falência, com o desemprego chegando a mais de 25% e o desemprego entre jovens a cerca de 45%. Como mostram os estudos empíricos realizados na Grécia e na Catalunha, múltiplas práticas econômicas alternativas floresceram durante os anos da crise, como cooperativas de produção e consumo, redes de escambo, bancos de tempo, fazendas agroecológicas autogeridas, hortas urbanas, redes de solidariedade, bancos éticos, cooperativas habitacionais e comunidades urbanas e rurais autossustentáveis, todas passando ao largo do mercado orientado para o lucro. Além de experimentos relativamente pequenos de práticas alternativas, no caso de Barcelona, nosso estudo revelou que uma proporção substancial da população se engajou em práticas não capitalistas que substituíram práticas econômicas típicas em algumas das dimensões da vida cotidiana.[13] Muitas dessas práticas na realidade precederam a crise, pois milhares de pessoas já estavam explorando alternativas significativas para suas vidas. A crise expandiu e aprofundou essas práticas, pois muitas pessoas se sentiram traídas pelas promessas não cumpridas de entrega de bens e serviços pelo mercado, dos quais suas vidas dependiam. Embora nossa observação direta tenha se limitado à Grécia e à Catalunha, evidências informais sobre outros países, como Itália, Portugal e França meridional, sugerem que havia (e continuam a haver) práticas semelhantes em muitos territórios. Na verdade, embora a separação clara de uma lógica de mercado disfuncional se desse amplamente em decorrência da gravidade da crise econômica, a cultura de uma vida significativa que permeava essas experiências se ligava a uma tendência muito mais profunda, que sempre esteve presente no capitalismo e instigou novas formas nos tempos recentes. Assim, o debate sobre reduzir a jornada de trabalho (com ou sem corte salarial equivalente, dependendo das ideologias) esteve na linha de frente da exploração em busca de novas políticas de emprego que usassem o crescimento da produtividade para aumentar a qualidade de vida (medida em termos de tempo livre), em vez de investi-lo no crescimento econômico *per se*. A noção de uma economia de compartilhamento (exemplificada pelo uso compartilhado de automóveis, bicicletas, instalações etc.), apesar de ser parte do capitalismo renovado na era da austeridade, sinaliza a ascensão de uma função de utilidade que privilegia o consumo moderado em detrimento da lógica da acumulação de capital. A autogestão da produção e do consumo, segundo vários modelos cooperativos, está de volta com todo o vigor na prática de coletivos que aprenderam as lições da crise e decidiram que suas vidas não podiam ser confiadas às corporações capitalistas. Ou, é preciso dizer, a um Estado de bem-estar social que estava sob ataque dos governos e do mundo dos negócios no momento em que ele era mais verdadeiramente necessário.

Um caso oriundo da nossa pesquisa na Catalunha exemplifica essa tendência social significativa. Em um dos nossos grupos focais, houve um acalorado debate entre os engajados numa forma comunal de sustento autossuficiente e aqueles que, apesar de estarem de acordo com o significado desse modo de vida alternativo, temiam perder suas pensões na velhice. A resposta dos sujeitos da alternativa ousada foi a seguinte: "Bem, se a evolução do capitalismo continuar do jeito que está, quando você chegar à idade da aposentadoria os fundos de pensão vão estar quebrados e não terão capacidade de pagar seus direitos. Se investirmos nas nossas redes de solidariedade, criando vínculos entre nós mesmos, sempre seremos capazes de contar com os amigos e os outros membros das nossas cooperativas." Entre um mercado excludente e a falência do Estado de bem-estar social, uma nova forma de solidariedade social estava sendo projetada em redes horizontais de reciprocidade e apoio. Isso sinalizava um afastamento da cultura capitalista e da cultura estatista na direção de uma cultura de humanidade, que vincula pessoas enquanto seres humanos.

Não obstante, nossa observação e análise foram frequentemente repudiadas pelo cinismo característico de comentaristas da mídia e acadêmicos de destaque. Entretanto, as reformas sociais mais importantes e a afirmação dos direitos humanos sugiram na história a partir de mudanças culturais. As noções de férias remuneradas, seguro-desemprego ou pensão por aposentadoria pareciam utópicas sob o capitalismo antes de sua implementação como direito dos trabalhadores nos anos 1930 e 1940. Seu advento foi produto de lutas sociais, mudança política e políticas públicas que tiveram lugar naquele período. Em última análise, a lógica estritamente capitalista só pode ser imposta sob relações de poder favoráveis à cultura e às instituições do capitalismo. Quando as relações de poder mudam sob a pressão dos movimentos sociais e dos atores políticos, o capitalismo é reformado e emergem novas práticas econômicas e sociais, que se difundem na sociedade como um todo.

Na mesma linha, práticas econômicas que pareciam "alternativas" e até utópicas na sequência da crise de 2008 foram posteriormente propostas e implementadas naqueles países e instituições nos quais movimentos sociais novos, desencadeados pela crise, conquistaram legitimidade social e poder político. Foi isso o que aconteceu na Grécia quando o governo liderado pelo

Syriza criou o Ministério da Solidariedade para apoiar e difundir muitas das práticas de *commoning* que surgiram na base dos movimentos, conforme documentado e analisado aqui por Giorgos Kallis e Angelos Varvarousis. De modo semelhante, em 29 de maio de 2015, os pleitos municipais na Espanha resultaram – nas maiores cidades, como Madri, Barcelona e Valência – na eleição de prefeitos de partidos que tinham surgido do Movimento dos Indignados de maio de 2011, particularmente o Podemos e suas coalizões. Essa mudança política levou a várias alterações em termos das políticas que implementaram algumas das reivindicações do movimento social, levadas a cabo em práticas econômicas alternativas durante a crise. Por exemplo, o fim dos despejos resultantes da execução de hipotecas; o controle rígido das práticas especulativas de bancos que financiavam imóveis; moratória de novos empreendimentos turísticos em Barcelona (suspensão da construção de novos hotéis e de aluguéis de residências privadas como B&B) para limitar a comercialização da cidade e explorar outros modelos de desenvolvimento econômico. Muitas das cooperativas habitacionais e de consumo que surgiram espontaneamente durante a crise foram apoiadas pela municipalidade, e os centros sociais de bairro semilegais receberam proteção legal e algum financiamento. Enquanto redigíamos este texto, as municipalidades preparavam novas legislações para dar subsídios de subsistência a todos (inclusive imigrantes), apenas por serem pessoas, independentemente de direito adquirido. E com o apoio da maioria dos cidadãos, os prefeitos dessas cidades ofereciam proteção a milhares de refugiados das guerras no Oriente Médio, contrapondo-se às políticas do governo espanhol.

Assim, a ascensão de práticas econômicas alternativas, amplamente ligadas aos movimentos sociais que surgiram durante a crise,[14] parece ter sido o arauto de mudanças significativas na vida das pessoas através da transformação da cultura, criando um novo imaginário e implementando novas políticas com base numa mudança nas relações de poder. Embora nossa evidência por enquanto seja limitada aos países que fomos capazes de investigar, nosso corpo de observação apoiado em fontes secundárias é significativo o bastante para sugerir uma teoria experimental sobre a interação entre transformação cultural, mudança política e organização econômica.

Conforme estabelecido por uma longa tradição acadêmica, as práticas econômicas, como todas as práticas sociais, encarnam a cultura e estão enraizadas em instituições. Eu entendo cultura como um conjunto de valores que orientam a ação humana. Entretanto, as culturas são diversas em todas as sociedades. Por isso, a cultura que vai permear inteiramente a sociedade (local ou global) depende da institucionalização de uma dada cultura (ou um híbrido de várias culturas), definindo as recompensas ou sanções para comportamentos específicos. Instituições se baseiam em relações de poder, sempre em estado de fluxo constante. Quando as culturas mudam, por uma variedade de razões, e se tornam contraditórias com a ordem institucionalizada, a dominação cultural pode ser questionada e a modificação das relações de poder (não apenas no Estado, mas na sociedade como um todo) talvez leve ao predomínio de uma nova cultura. Mudanças culturais precedem mudanças políticas, embora possa haver mudança política sem mudança cultural, como nos casos em que uma lógica capitalista semelhante é imposta por atores políticos diferentes. É por isso que transformações sociais mais profundas dependem do surgimento de novos modos de perceber, avaliar e conceber a experiência humana. A institucionalização de determinada cultura – como, por exemplo, o mercado com fins lucrativos como organizador da atividade econômica – assegura a reprodução regular de um determinado sistema econômico cuja lógica é imposta à maioria dos atores sociais. Pode-se ter certeza, há sempre culturas dissidentes e, consequentemente, existe a possibilidade de práticas econômicas alternativas. Entretanto, enquanto a sequência ordeira da vida se suceder sem uma grande disrupção, mesmo com suas injustiças e desigualdades, a economia de sempre parece a única economia possível, à qual todos e tudo devem se adaptar.

Não obstante, a economia capitalista, como todas as economias, está sujeita a crises periódicas de intensidade variada. Quando as crises estão simplesmente ligadas a uma fase adversa de um ciclo econômico, poderes regulatórios e correções do mercado restauram a lógica predominante sem maiores alterações, a despeito do sofrimento humano vinculado a toda e qualquer recessão, sofrimento que é desconsiderado na lógica capitalista ou que é meramente repassado para as instituições de caridade. Porém, quando os mecanismos de reprodução sistêmica estão bloqueados, como nos anos 1930 e no final da década de 2000, há uma cisão entre a cultura econômica dominante e a experiência dos sujeitos humanos em suas práticas econômicas. E quando os ajustes regulatórios usuais não restauram a atividade econômica habitual de um número de pessoas grande o bastante ou por tempo demais, formas de práticas econômicas alternativas surgem espontaneamente, encarnando diferentes culturas. A possibilidade de expansão em grande escala dessas novas culturas econômicas depende de circunstâncias específicas no tempo e no espaço. Contudo, em todos os casos, essas são as circunstâncias materiais a partir das quais toda e qualquer transformação econômica maior pode surgir. As novas formas de compreender a vida econômica, e a própria vida, não chegam a ser consideradas modelos de políticas econômicas. Em vez disso, elas são projetos (ou sonhos) nascidos da capacidade autônoma dos seres humanos de definir, e redefinir, as condições de sua existência. Como resultado das lutas sociais, novas culturas eventualmente levam a novas relações de poder e, finalmente, a novas instituições que imponham um novo tipo de economia. Entretanto, a crítica dos sistemas econômicos, em específico do capitalismo corporativo, foi tradicionalmente concebida opondo a lógica do capitalismo à lógica monolítica de um sistema econômico plenamente antagonista, como o estatismo (ideologicamente rotulado como socialismo ou comunismo). Na verdade, em seu estado nascente, as práticas humanas são mais ambivalentes. A passagem ao estatismo como resultado do questionamento da exploração capitalista no século XX foi determinada pela captação de múltiplas alternativas econômicas, que haviam emergido no período de transição, pela lógica das relações de poder associadas a uma cultura de poder do Estado, e não de uma cultura da humanidade. Assim, a experiência humana se dividiu entre a cultura econômica submetida à lógica do Estado e várias culturas econômicas unificadas pela lógica prevalecente da acumulação do capital em nome apenas da acumulação do capital. Essa lógica capitalista triunfante, abrangendo todo o planeta na era da globalização capitalista, foi questionada por uma crise que vai até o cerne da capacidade autodestrutiva da virtualização do capital nos mercados financeiros globais. Ela persevera porque toda alternativa em geral é concebida nos mesmos termos, mirando corrigir uma totalidade que formou o nosso imaginário político-econômico durante o dramático século XX.

Ainda assim, os materiais culturais que estão surgindo das alternativas econômicas alimentadas na crise e pela crise da última década encarnam uma cultura diferente: a cultura de autonomia que caracteriza a sociedade em rede e que foi vigorosamente constituída pelos movimentos sociais em rede do nosso tempo.[15] Essas práticas parecem ser os arautos de novas formas de organização econômica a materializar a cultura da economia. Nós não sabemos o que elas serão. Mas nós sabemos – pelo menos eu sei – que a marca registrada corrente do capitalismo informacional global irrestrito é insustentável econômica, social e ecologicamente. Nós também sabemos que a substituição de uma lógica capitalista por uma lógica estatista foi sepultada pela história e é desdenhada pela maioria das pessoas, mesmo sob condições de tensão extrema, na medida em que a liberdade é o seu valor supremo, considerada compatível com igualdade. E embora não conheçamos os contornos precisos do nosso futuro, se estivermos atentos à criatividade das práticas alternativas que estão surgindo da crise, saberemos que outra economia é possível.

# *Notas*

## 1. Economia é cultura (p.13-46)

1. North, 1981; Ostrom, 2005; Castells et al., 2012; Zelizer, 2013.
2. Como as análises de Marx são bem conhecidas, os autores não consideram necessário fazer referência a citações completas, já que fazemos uso de suas ideias para, através de uma abordagem diferente, construir nosso próprio argumento, em vez de sumariar suas teses.
3. Harvey, 2005.
4. Sennett, 2006.
5. Castells, 2000, 2004 e 2009.
6. Castells, 2009 e 2011.
7. Hsing, 2014.
8. Castells, 2015.
9. Harvey, 2005; Crouch, 2011; Engelen et al., 2011; Mason, 2015.
10. Hutton e Giddens, 2000.
11. Nolan, 2009; Engelen et al., 2011; Murray e Scott, 2012.
12. Piketty, 2013.
13. Harvey, 2005.
14. Crouch, 2011.
15. North, 1981.
16. Santoro e Strauss, 2013.
17. Admati e Hellwig, 2013.
18. Saxenian, 2006.
19. Schumpeter, 1942.
20. Castells et al., 2012.
21. Kahneman e Tversky, 1973; Aldridge, 1997; Castells, 2000; Zaloom, 2006.
22. Ferguson, 2013.
23. Weber, 2004.
24. English-Lueck, 2002.
25. Neuman, 2016.
26. Castells, 2009.
27. Neff, 2012.
28. Castaño, 2010.
29. Ibid., 2015.
30. Piketty, 2013.

31. Banet-Weiser, 2012.
32. Banet-Weiser, 2012.
33. "Dove Campaign for Real Beauty", www.dove.us/#/cfrb/.
34. Swerling, 2013.
35. Mangan, 2013.
36. Gay, 2014.
37. Gibson-Graham, 2006.
38. Ibid., p.14.
39. Weisinger, 2012.
40. Idem.
41. Hartmann, 1979; Federici, 2012.
42. Federici, 2012, p.8.
43. Ibid., p.8.
44. MacKinnon, 1982.
45. Glenn, 2012.
46. Federici, 2012.
47. Ibid., p.116.
48. Hochschild, 2013, p.55.
49. Idem.
50. Wilson e Yochim, 2015.
51. Ibid., p.673.
52. Ver Varvarousis e Kallis, "*Commoning* contra a crise", neste volume.
53. Federici, 2012, p.139.

## 2. Economia sem crescimento (p.47-69)

1. O autor agradece o apoio do governo espanhol através do projeto CSO2014-54513-R Sinaleco.
2. Victor, 2008; Jackson, 2011.
3. Smith, 1887.
4. Skidelsky e Skidelsky, 2012.
5. Summers, 2013; Piketty, 2014.
6. Jackson, 2011.
7. Harvey, 2011; Piketty, 2014.
8. Jackson, 2011.
9. Rezai et al., 2013.
10. Victor, 2008; Rezai et al., 2013; Jackson e Victor, 2016.
11. Kallis et al., 2012.
12. Idem.
13. Para uma história da literatura do decrescimento, ver Kallis et al., 2014.
14. Conill et al., 2012.

15. Latouche, 2005.
16. Martinez-Alier, 1990.
17. Foucault, 1991.
18. Mitchell, 2002.
19. Dale, 2012.
20. Loftus, 2015.
21. Daly, 1997.
22. Polanyi, 1944; Castoriadis, 1997.
23. Polanyi, 1944.
24. Harvey, 2003.
25. Prudham, 2007.
26. Bakker, 2003.
27. Castoriadis, 1997.
28. Gibson-Graham, 2006; Fournier, 2008.
29. Georgescu-Roegen, 1971.
30. Fischer-Kowalski, 1997; Giampietro, 2003.
31. Odum, 2002.
32. Georgescu-Roegen, 1971.
33. Daly, 1997.
34. Benton, 1992; Kallis e Norgaard, 2010.
35. Jakson, 2011.
36. Anderson e Bows-Larkin, 2013.
37. Gibson-Graham, 2006.
38. Idem.
39. Mauss, 1954.
40. De Angelis e Harvie, 2014; Varvarousis e Kallis, "*Commoning* contra a crise", neste volume.
41. Conill et al., 2012.
42. Gibson-Graham, 2006.
43. Bataille, 1927.
44. Idem.
45. D'Alisa et al., 2014.
46. Bataille, 1927.
47. Martinez-Alier e O'Connor, 2002.
48. Norgaard, 1994.
49. Idem; Harvey, 2011.
50. Kallis e Norgaard, 2010.
51. Harvey, 2011.
52. Norgaard, 1994.
53. Kallis et al., 2009.
54. Summers, 2013.
55. Gordon, 2012.
56. Ayres e Warr, 2010.

57. Harvey, 2011.
58. Martinez-Alier, 2009.
59. Mellor, 2010.
60. Piketty, 2014.
61. Hamilton, 2009.
62. Kaufmann et al., 2011.
63. Conill et al., 2012.
64. McClintock, 2010.
65. Martinez-Alier, 1990.
66. Victor, 2008; Jackson, 2011.
67. Kallis et al., 2013.
68. Gorz, 1994.
69. Idem.
70. Kallis, 2013; Sorman e Giampietro, 2013.
71. Raventos, 2007.
72. Arcarons et al., 2013.
73. Daly, 1997.
74. Piketty, 2014.
75. Idem.
76. Daly, 1997.
77. Mellor, 2010.
78. Varvarousis e Kallis, "*Commoning* contra a crise", neste volume.

## 3. Análise de economias comunitárias mundiais em defesa do desenvolvimento sustentável local (p.70-98)

1. Blanc, 2011.
2. Idem.
3. Derudder, 2011.
4. Kash et al., 2007.
5. Goerner et al., 2009.
6. May, 1972.
7. Holling, 1986.
8. Lietaer et al., 2010.
9. May, 1972.
10. Zorach e Ulanowicz, 2003.
11. De Long et al., 1990; De Bondt e Thaler, 1987; Thaler, 1999.
12. Schroeder et al., 2011.
13. Martignoni, 2012.
14. Kennedy e Lietaer, 2004.
15. Blanc, 2011.

16. Western Australia Government, 1990.
17. Blanc, 2011.
18. Idem.
19. Kennedy e Lietaer, 2004.
20. WIR Bank, 1934.
21. Idem.
22. Greco, 1994.
23. http://theliquiditynetwork.org.
24. Worldwide Database of Complementary Currencies Systems, 2014.
25. A autora agradece a Fabrizi Enrico, Marco Riani e Giovani Verga por seus importantes comentários estatísticos.
26. Dittmer, 2011.
27. Chávez, 2005.
28. Reinhart e Rogoff, 2009.

## 4. Sonhos com a blockchain (p.99-125)

1. Swan, 2015.
2. Yuan, 2015.
3. Nakamoto, 2008.
4. Ibid., p.2.
5. Ibid., p.6.
6. Maurer et al., 2013.
7. Swartz, no prelo.
8. Ver Benkler, 2003; Bauwens, 2005; Kelty, 2008.
9. Robinson e Leising, 2015.
10. Ghalim, 2015.
11. Ver, por exemplo: https://www.quora.com/What-is-Ethereum-in-laymans-term/answer/James-Z-2?srid=uEQu.
12. Isgur, 2014.
13. Ver http://www.backfeed.cc/explore-in-depth.
14. Stafford, 2015.
15. Voorhees, 2015.
16. Ver, por exemplo, Duffy, 2013; Egan, 2014; Greenberg, 2015.
17. Thorp, 2015.
18. Giddens, 1991.
19. Swan, 2015.
20. Swan, 2015.
21. Rosenberg, 2015.
22. Buterin, 2015.
23. Lujan, 2016.
24. Volpicelli, 2015.

25. Yuan, 2015.
26. O'Dwyer, 2015.
27. Ver Gill e Pratt, 2008.
28. Buterin, 2014a.
29. Peters, 1999.
30. Ver https://news.ycombinator.com/item?id=6894320 e https://blockchain.info/pools.
31. Otar, 2015.
32. Ver Lotringer e Marazzi, 2007.
33. Castells, 2013; Turner, 2009.
34. Ver https://winklevosscapital.com/money-is-broken-but-its-future-is-not/.
35. Pangburn, 2015.
36. Frisby, 2016.
37. Buterin, 2015.
38. Frisby, 2016.
39. Thorp, 2015.
40. MacKenzie, 2006.
41. Ver "Fully automated luxury communism", Tumblr: http://luxurycommunism-blog.tumblr.com/.
42. Merchant, 2015.
43. Dietz, 2015.
44. Feder, 2016.
45. Swarm, 2015.
46. Ver https://www.reddit.com/r/Bitcoin/comments/3rejl9/coinbase_ceo_brian_armstrong_bip_101_is_the_best/cwoc8n5.
47. Hearn, 2016.
48. Gibson-Graham, 2008.
49. Accenture Insights, 2016.
50. DTCC, 2016.
51. Mainelli e Milne, 2016.
52. Peabody, 2016.
53. Pymnts, 2015.
54. Roos, 2011.
55. Robinson e Leising, 2015.
56. Ver Birch et al., 2016.
57. Stearns, 2011.
58. Peabody, 2016.
59. Levine, 2015.
60. Ibid., 2014.
61. Idem.
62. Ver, por exemplo, Jackson, 2015; Downey, 2015; Vinsel, 2015.
63. Gibson-Graham, 2008.

## 5. Serviços financeiros ao consumidor nos Estados Unidos (p.126-52)

1. Burhouse e Osaki, 2012.
2. Cover et al., 2011.
3. Barr e Blank, 2009.
4. Burhouse e Osaki, 2012.
5. Wilson, 1912.
6. Haltom, 2013.
7. Schaefer, 2014.
8. FDIC, 2004.
9. Federal Reserve Bank of Chicago, s.d.
10. Westgate, 2011, p.382.
11. US Code, 15 §1.691.
12. Jayaratne e Strahan, 1999.
13. Calem, 1994.
14. Rice e Davis, 2007.
15. Protess, 2010.
16. *The Economist*, 2013.
17. Hryndza, 2014.
18. Canner e Elliehausen, 2013.
19. Idem.
20. Idem.
21. Federal Reserve Board, 2014.
22. Garcia, 2007.
23. Vornovytskyy et al., 2011; TransUnion, 2014.
24. Garcia, 2007; Canner e Elliehausen, 2013.
25. Vornovytskyy et al., 2011.
26. Garcia, 2007; Canner e Elliehausen, 2013; Athreya et al., 2014.
27. Graves e Peterson, 2008.
28. Garcia e Draut, 2009.
29. Idem.
30. Garcia, 2007.
31. Cooper e Hall, 2013.
32. Dēmos, 2007; Garcia, 2007.
33. Hacker e Jacobs, 2008.
34. US Department of Education, 2016.
35. Garcia, 2007.
36. TransUnion, 2014.
37. Garcia, 2007.
38. Whitehouse, 2010.
39. Fox e Woodhall, 2006; Choi, 2011.
40. Bankrate Inc., 2012.

41. Noah, 2010; Montezemolo, 2013; Johnson, 2014.
42. Kramer, 2013.

## 6. *Commoning* contra a crise (p.153-86)

1. Os autores agradecem o apoio do governo espanhol através do projeto CSO2014-54513-R Sinaleco.
2. Abramovich e Vázquez, 2007.
3. Conill et al., 2012.
4. Vathakou, 2015.
5. Jackson, 2009; Kallis, "Economia sem crescimento", neste volume.
6. Ross, 2002 e 2015.
7. Harvey, 2000.
8. De Angelis, 2013b.
9. Ostrom, 1990.
10. Hardin, 1968.
11. Harvey, 2012; também citado in Stavrides, 2015.
12. De Angelis, 2010.
13. Ver também D'Alisa, 2013.
14. Bollier, 2014.
15. Ver Gibson-Graham, 2008; Gritzas e Kavoulakos, 2015.
16. Vathakou, 2015; Kioupkiolis e Karyotis, 2013.
17. Van Gennep, 1960 [1908].
18. Turner, 1977.
19. Wade, 1988; Ostrom, 1990; Steins e Edwards, 1999.
20. Agrawal e Gibson, 1999; De Angelis, 2010; Stavrides, 2015.
21. Stavrides, 2015.
22. Ostrom, 1990; Steins e Edwards, 1999.
23. Lichterman, 1996; McDonald, 2002.
24. Lichterman, 1996.
25. Castells, 2012.
26. Zibechi, 2010.
27. Matsaganis, 2013.
28. EL.STAT, 2009 e 2013.
29. Insurgenta Iskra, 2014.
30. EL.STAT, 2015.
31. Vaiou, 2014.
32. EL.STAT, 2014.
33. Vaiou, 2014.
34. EL.STAT, 2012.
35. Insurgenta Iskra, 2014.

36. Economou et al., 2013.
37. Prolepsis, 2013; Insurgenta Iskra, 2014.
38. Lapavitsas, 2012.
39. Hadjimichalis, 2013.
40. Kaplanis, 2011; Dalakoglou, 2013.
41. Dalakoglou, 2013.
42. Idem; Hadjimichalis, 2013.
43. Kaplanis, 2011; Stathakis e Hadjimichalis, 2004; Hadjimichalis, 2013.
44. Dalakoglou, 2013.
45. Vradis e Dalakoglou, 2011.
46. Hadjimichalis, 2013.
47. Fillipidis, 2011; Dalakoglou, 2013.
48. Douzinas, 2013.
49. Dalakoglou e Vradis, 2011; Dalakoglou, 2013; Hadjimichalis, 2013.
50. Ver também Hadjimichalis, 2013; Kaika e Karaliotas, 2014; Kioupkiolis, 2014.
51. Entrevistas 1 e 5.
52. Entrevista 16; Enallaktikos.gr, 2013.
53. Entrevistas 1 e 9.
54. Entrevistas 1 e 16.
55. Entrevistas 1, 3, 6, 7 e 16.
56. Douzinas, 2013; Hadjimichalis, 2013.
57. Tsaliki, 2012.
58. Hadjimichalis, 2013.
59. Vradis e Dalakoglou, 2011.
60. Douzinas, 2013.
61. Brighenti, 2013.
62. Stavrides, 2013b.
63. Tsaliki, 2012; entrevistas 1, 2, 5 e 11.
64. De Angelis, 2013a.
65. Hadjimichalis, 2013; Kaika e Karaliotas, 2014.
66. Stavrides, 2013b.
67. Douzinas, 2013; Stavrides, 2013b.
68. Entrevistas 3 e 7.
69. Tsaliki, 2012; Stavrides, 2013b.
70. Stavrides, 2013b.
71. Castells, 2012, p.10.
72. Laclau, 1996a e 1996b.
73. Papadopoulos et al., 2012.
74. Stavrides, 2013b.
75. Papadopoulos et al., 2012.
76. McDonald, 2002.
77. Ver Solidarity4all.

78. Conill et al., 2012.
79. Entrevistas 14, 15 e 16.
80. Entrevistas 1, 2 e 3.
81. Hadjimichalis, 2013.
82. Kaika e Karaliotas, 2014.
83. Kioupkiolis, 2014.
84. Castells, 2012, p.1.
85. Insurgenta Iskra, 2014; Vathakou, 2015.
86. Entrevistas 15 e 16.
87. Idem; Solidarity4all.
88. Idem.
89. Entrevista 2.
90. Ver Solidarity4all; Enallaktikos.gr; Omikron Project.
91. Devemos esta informação a Maria Kaika.
92. Koinsep.org, 2014.
93. Entrevista 18.
94. Paseges, 2011; Kioupkiolis e Karyotis, 2013.
95. Solidarity4all.
96. Entrevista 7.
97. Solidarity4all.
98. Vathakou, 2015.
99. Solidarity4all.
100. Entrevista 16.
101. Vathakou, 2015.
102. Idem.
103. Entrevista 16.
104. Idem.
105. De Angelis, 2013b.
106. Castoriadis, 1975; Latouche, 2009.
107. Entrevistas 2 e 3.
108. Entrevistas 2, 3, 4, 6, 16 e 17.
109. Entrevistas 2 e 3.
110. Vathakou, 2015; entrevistas de 1 a 17.
111. Entrevista 3.
112. Kioupkiolis e Karyotis, 2013; Vathakou, 2015.
113. Entrevistas 2, 6 e 7; Panagoulis, 2013.
114. Vathakou, 2015; entrevistas 1, 2, 3, 7 e 17.
115. Panagoulis, 2013.
116. Insurgenta Iskra, 2014.
117. Idem; entrevistas 7 e 16.
118. Entrevista 16; Solidarity4all.
119. Entrevistas 15 e 16.

120. Entrevistas 7, 13, 14 e 17; Kolektives.org.
121. Vathakou, 2015.
122. Insurgenta Iskra, 2014.
123. Idem.
124. Entrevistas 1 e 7.
125. Solidarity4all; entrevista 16.
126. Entrevista 16.
127. Left.gr, 24 out 2013.
128. ixotisartas.gr, 29 abr 2015.
129. syn-kinisis.gr, 17 nov 2014.
130. Ver também Petridis e Varvarousis, 2015.
131. Entrevistas 1, 8, 15 e 16.
132. Dikaiologitika.gr, 20 out 2014.
133. Thomassen, 2014.
134. Solidarity4all.
135. Entrevista 14.
136. Insurgenta Iskra, 2014; Vathakou, 2015.
137. Sotiropoulos e Bourikos, 2014.
138. Nakou, 2013.
139. De Angelis, 2012.
140. Ver também Bauwens, 2014.
141. Bauwens e Kostakis, 2014.
142. De Angelis, 2013a.
143. Ver Ross, 2002.
144. Ver Kallis, "Economia sem crescimento", neste volume.

## 7. Práticas econômicas alternativas em Barcelona (p.187-214)

1. Castells, 2015; Mason, 2015
2. Nolan, 2009; Akerlof e Shiller, 2010; Schor, 2011; Zelizer, 2011.
3. Engelen et al., 2011; Castells et al., 2012.
4. Miller, 2006.
5. Swartz, 2015.
6. North, 2005; Swartz, 2015.
7. Benkler, 2004.
8. Conill et al., 2012.
9. Thompson, 1998; Marks, 2011.
10. Ver www.homenatgeacatalunyaII.org.
11. Castells, 2015.
12. Castells et al., 2012; Castells, 2015.
13. Ver www.opina.es.
14. Conill et al., 2012.

## 8. Imaginar e construir futuros alternativos (p.215-36)

1. A pesquisa apresentada neste artigo foi realizada pelas autoras e apoiada pelo Design Research Institute e pela School of Media and Communication da RMIT University. Agradecemos a Tania Lewis, da RMIT, que contribuiu em etapa anterior da pesquisa. Nossos maiores agradecimentos vão para os líderes do movimento Slow City, que generosamente participaram de nossa pesquisa.
2. Anderson, 2015.
3. Pink e Lewis, 2014, p.707.
4. Pink, 2012.
5. Kallis, "Economia sem crescimento", neste volume.
6. Castells, 2012.
7. Anderson, 2010.
8. Adam e Groves, 2007.
9. Idem.
10. Ibid., p.6.
11. Ibid., p.10.
12. Ibid., p.14.
13. Anderson, 2010, p.793.
14. Ibid., p.782.
15. Ingold, 2007.
16. Anderson, 2015, p.62.
17. James, 2015.
18. Pink e Lewis, 2014.
19. Anderson, 2015, p.64.
20. Pink e Lewis, 2014, p.696.
21. Idem.
22. Cittaslow, 2014.
23. Pink, 2012.
24. Pink e Servon, 2013.
25. Pink e Lewis, 2014.
26. Cittaslow, 2014.
27. Por exemplo, Tomlinson, 2007.
28. Sharma, 2014, p.8.
29. Idem.
30. Simons, 2003.
31. Australian Government, 2015.
32. Henry, 2012.
33. Pink e Lewis, 2014.
34. Ibid., p.704.
35. Idem.
36. Idem.

37. Pink e Servon, 2013.
38. Ver http://www.cittaslow.org.au/page.asp?id=39.
39. Pink, 2009.
40. Pink e Lewis, 2014.
41. Ver Kallis, "Economia sem crescimento", neste volume.
42. Pink e Servon, 2013; Pink e Lewis, 2014.
43. Por exemplo, como alegam Parkins e Craig, 2006.

## Conclusão (p.237-48)

1. Castells, 1980.
2. Castells, 2000a, 2000b e 2004.
3. Crouch, 2004.
4. Mason, 2015.
5. Engelen et al., 2011; Castells et al., 2012.
6. Piketty, 2013.
7. Schiller, 2008.
8. Castells e Himanen, 2014.
9. Swartz, "Sonhos com a blockchain", neste volume, p.99.
10. Ver Hlebik, "Análise de economias comunitárias mundiais em defesa do desenvolvimento sustentável local", neste volume.
11. Ver Pink e Seale, "Imaginar e construir futuros alternativos", neste volume.
12. Castells, 2016.
13. Ver Castells e Hlebik, "Práticas econômicas alternativas em Barcelona", neste volume.
14. Castells, 2015.
15. Idem.

# *Referências bibliográficas*

## 1. Economia é cultura (p.13-46)


Admati, A. e Hellwig, M. *The Bankers' New Clothes*. Princeton, Princeton University Press, 2013.

Aldridge, A. "Engaging with promotional culture: organized business and the personal services industry". *Sociology*, vol.31, n.3, 1997, p.389-408.

Banet-Weiser, S. *Authentic™: The Politics of Ambivalence in a Brand Culture*. Nova York, New York University Press, 2012.

Castaño, C. *Género y TIC: presencia, posición y politicas*. Barcelona, UOC Press, 2010.

_____(org.). *Las mujeres en la gran recesión*. Valência, Catedra, 2015.

Castells, M. *The Rise of the Network Society*. Oxford, Blackwell, 2000.

_____. "Informationalism, networks and the network society". In: _____ (org.). *The Network Society: A Cross-Cultural Perspective*. Londres, Edward Elgar, 2004.

_____. *Communication Power*. Oxford, Oxford University Press, 2009.

_____. "A network theory of power". *International Journal of Communication*, n.5, 2011, p.773-87.

_____. *Networks of Outrage and Hope: Social Movements in the Internet Age*, 2ª ed. Cambridge, Polity, 2015. [ed. bras., *Redes de indignação e esperança*, Rio de Janeiro, Zahar, 2013].

Castells, M., Caraça, J. e Cardoso, G. (orgs.). *Aftermath: The Cultures of the Economic Crisis*. Oxford, Oxford University Press, 2012.

Crouch, C. *The Strange Non-Death of Neoliberalism*. Cambridge, Polity, 2011.

Engelen, E. et al. *After the Great Complacency: Financial Crisis and the Politics of Reform*. Oxford, Oxford University Press, 2011.

English-Lueck, J.A. *Cultures@Silicon Valley*. Stanford, Stanford University Press, 2002.

Federici, S. *Revolution at Point Zero: Housework, Reproduction, and Feminist Struggle*. Nova York, PM Press, 2012.

Ferguson, N. *The Great Degeneration: How Institutions Decay and Economies Die*. Londres, Penguin Books, 2013.

Gay, R. *Bad Feminist: Essays*. Nova York, Harper Perennial, 2014.

Gibson-Graham, J.K. *The End of Capitalism (As We Knew It): A Feminist Critique of Political Economy*. Minneapolis, University of Minnesota Press, 2006.

Glenn, E. *Forced to Care: Coercion and Caregiving in America*. Cambridge, Harvard University Press, 2012.

Hartmann, H. "The unhappy marriage of Marxism and Feminism: Toward a more progressive union". *Capital & Class*, vol.3, n.2, 1979, p.1-33.

Harvey, D. *A Brief History of Neoliberalism*. Oxford, Oxford University Press, 2005.

Himanen, P. *The Hacker Ethic and the Spirit of the Information Age*. Nova York, Random House, 2002.

Hochschild, A. *The Outsourced Self: What Happens When We Pay Others to Live Our Lives for Us*. Londres, Picador, 2013.

Hsing, Y. "Development as culture: Human development and information development in China". In: M. Castells e P. Himanen (orgs.). *Reconceptualizing Development in the Global Information Age*. Oxford, Oxford University Press, 2014, p.116-39.

Hutton, W. e Giddens, A. (orgs.). *On the Edge: Living in Global Capitalism*. Londres, Jonathan Cape, 2000.

Kahneman, D. e Tversky, A. "On the psychology of prediction". *Psychology Review*, n.80, 1973, p.237-51.

MacKinnon, C. "Feminism, Marxism, method, and the State: An agenda for theory". *Signs*, vol.7, n.3, 1982, p.515-44.

Mangan, L. "Why feminism doesn't need rebranding". *The Guardian*, 16 nov 2013.

Mason, P. *Postcapitalism. A Guide Tour to Our Future*. Londres, Allen Lane/Penguin, 2015.

Murray, G. e Scott, J. *Financial Elites and Transnational Business: Who Rules the World*. Londres, Edward Elgar, 2012.

Neff, G. *Venture Labor: Work and the Burden of Risk in Innovative Industries*. Cambridge, MIT Press, 2012.

Neuman, W. Russell. *The Digital Difference*. Cambridge, Harvard University Press, 2016.

Nolan, P. *Crossroads: The End of Wild Capitalism and the Future of Humanity*. Londres, Marshall Cavendish, 2009.

North, D. *Structure and Change in Economic History*. Nova York, W.W. Norton, 1981.

Ostrom, E. *Understanding Institutional Diversity*. Princeton, Princeton University Press, 2005.

Piketty, T. *Le capital au XXIème siècle*. Paris, Seuil, 2013.

Sandberg, S. *Lean In: Women, Work, and the Will to Lead*. Nova York, Alfred A. Knopf, 2013.

Santoro, M. e Strauss, R. *Wall Street Values: Business Ethics and the Global Financial Crisis*. Nova York, Cambridge University Press, 2013.

Saxenian, A. *Regional Advantage: The Cultures of Silicon Valley*. Cambridge, Harvard University Press, 2006.

Schumpeter, J. *Capitalism, Socialism and Democracy*. Nova York, Harper & Brothers, 1942.

Sennett, R. *The Cultures of New Capitalism*. New Haven, Yale University Press, 2006.

Swerling, H. "ELLE rebrands Feminism: what does it means to you?". *Elle*, 1º out 2013; disponível em: http://www.elleuk.com/fashion/celebrity-style/articles/a2322/elle-rebrands-feminism/.

Weber, S. *The Success of Open Source*. Cambridge, Harvard University Press, 2004.

Weisinger, M. "Housewifization". *Tapestries: Interwoven Voices of Local and Global Identities*, vol.2, 2012, p.1.

Wilson, J. e Yochim, E. "Mothering through precarity: becoming mamapreneurial". *Cultural Studies*, vol.29, n.5-6, 2015, p.669-86.

Zaloom, C. *Out of the Pits: Traders and Technology from Chicago to London*. Chicago, University of Chicago Press, 2006.

Zelizer, V. *Economic Lives: How Culture Shapes the Economy*. Princeton, Princeton University Press, 2013.

## 2. Economia sem crescimento (p.47-69)

Anderson, K. e Bows-Larkin, A. "Avoiding dangerous climate change demands degrowth strategies from wealthier nations"; disponível em: kevinanderson.info, 2013.

Arcarons, J., Raventós, D. e Torrens, L. "Una propuesta de financiación de una renta básica universal en plena crisis económica". *Sin Permiso*, vol.III, Monografico Renta Basica, 2013.

Ayres, R.U. e Warr, B. *The Economic Growth Engine: How Energy and Work Drive Material Prosperity*. Cheltenham, Edward Elgar, 2010.

Bakker, K.J. *An Uncooperative Commodity: Privatizing Water in England and Wales*. Oxford, Oxford University Press, 2003.

Bataille, G. *The notion of expenditure. Visions of Excess: Selected Writings, 1939*. University of Minnesota Press, Minneapolis, 1927, p.116-29.

Benton, T. "Ecology, socialism and the mastery of nature: a reply to Reiner Grundmann". *New Left Review*, vol.194, n.1, 1992, p.55-74.

Carlson, S. "Degrowth in action, from opposition to alternatives building: How the Cooperativa Integral Catalana enacts a degrowth vision". Tese de mestrado, Lund University, 2012.

Castoriadis, C. *The Imaginary Institution of Society*. Cambridge, MIT Press, 1997.

Conill, J., Cardenas, A., Castells, M. e Servon, L. *Otra vida es posible: prácticas alternativas durante la crisis*. Barcelona, UOC Press, 2012.

D'Alisa, G., Kallis, G. e Demaria, F. "From austerity to dépense". In: G. D'Alisa, F. Demaria e G. Kallis (orgs.). *Degrowth: A Vocabulary for a New Era*. Nova York, Routledge, 2014.

Dale, G. "The growth paradigm: a critique". *International Socialism*, n.134, 2012.

Daly, H.E. *Beyond Growth: The Economics of Sustainable Development*. Boston, Beacon Press, 1997.

De Angelis, M. e Harvie, D. "The commons". In: M. Parker, G. Cheney, V. Fournier e C. Land (orgs.). *The Routledge Companion to Alternative Organization*. Londres, Routledge, 2014.

Fischer-Kowalski, M. "Society's metabolism: On the childhood and adolescence of a rising conceptual star". In: M.R. Redclift e G. Woodgate (orgs.). *The International Handbook of Environmental Sociology*. Cheltenham, Edward Elgar, 1997, p.119-37.

Foucault, M. "Governmentality". In: G. Burchell, C. Gordon e P. Miller (orgs.). *The Foucault Effect: Studies in Governmentality*. Chicago, University of Chicago Press, 1991.

Fournier, V. "Escaping from the economy: The politics of degrowth". *International Journal of Sociology and Social Policy*, vol.28, n.11-12, 2008, p.528-45.

Georgescu-Roegen, N. *The Entropy Law and the Economic Process*. Cambridge, Harvard University Press, 1971.

Giampietro, M. *Multi-scale Integrated Analysis of Agroecosystems*. Boca Raton, CRC Press, 2003.

Gibson-Graham, J.K. *The End of Capitalism (As We Knew It): A Feminist Critique of Political Economy*. Minneapolis, University of Minnesota Press, 2006.

Gordon, R.J. "Is US economic growth over? Faltering innovation confronts the six headwinds". NBER. Série de Documentos de Trabalho, 2012, p.18315.

Gorz, A. *Capitalism, Socialism, Ecology*. Londres, Verso Books, 1994.

Hamilton, J.D. "Causes and consequences of the oil shock of 2007-08". *Brookings Papers on Economic Activity*, primavera, 2009, p.215-83.

Harvey, D. *The New Imperialism*. Oxford, Oxford University Press, 2003.

_____. *The Enigma of Capital: And the Crises of Capitalism*. Londres, Verso Books, 2011.

Jackson, T. *Prosperity Without Growth: Economics for a Finite Planet*. Londres, Earthscan, 2011.

Jackson, T. e Victor, P.A. "Does slow growth lead to rising inequality? Some theoretical reflections and numerical simulations". *Ecological Economics*, n.121, 2016, p.206-19.

Kallis, G. "Societal metabolism, working hours and degrowth: A comment on Sorman and Giampietro". *Journal of Cleaner Production*, n.38, 2013, p.94-8.

Kallis, G. e Norgaard, R.B. "Coevolutionary ecological economics". *Ecological Economics*, vol.69, n.4, 2010, p.690-9.

Kallis, G., Martinez-Alier, J. e Norgaard, R.B. "Paper assets, real debts: An ecological-economic exploration of the global economic crisis". *Critical Perspectives on International Business*, vol.5, n.1-2, 2009, p.14-25.

Kallis, G., Kerschner, C. e Martinez-Alier, J. "The economics of degrowth". *Ecological Economics*, n.84, 2012, p.172-80.

Kallis, G., Kalush, M., O'Flynn, H., Rossiter, J. e Ashford, N. "'Friday off': Reducing paper hours in Europe". *Sustainability*, vol.5, n.4, 2013, p.1545-67.

Kallis, G., Demaria, F. e D'Alisa, G. "Degrowth". In: G. D'Alisa, F. Demaria e G. Kallis (orgs.). *Degrowth: A Vocabulary for a New Era*. Nova York, Routledge, 2014.

Kaufmann, R.K., Gonzalez, N., Nickerson, T.A. e Nesbit, T.S. "Do household energy expenditures affect mortgage delinquency rates?". *Energy Economics*, vol.33, n.2, 2011, p.188-94.

Latouche, S. *L'Invention de l'économie*. Paris, Albin Michel, 2005.

Loftus, A. "Violent geographical abstractions". *Environment and Planning D: Society and Space*, n.33, 2015, p.366-81.

Martinez-Alier, J.M. *Ecological Economics: Energy, Environment, and Society*. Madison, University of Wisconsin Press, 1990.

_____. "Socially sustainable economic de-growth". *Development and Change*, vol.40, n.6, 2009, p.1099-119.

Martinez-Alier, J.M. e O'Connor, M. "Distributional issues: An overview". In: J.C.J.M. van den Bergh (org.). *Handbook of Environmental and Resource Economics*. Cheltenham, Edward Elgar, 2002, p.380-92.

Mauss, M. *The Gift: Forms and Functions of Exchange in Archaic Societies*. Londres, Cohen & West, 1954.

McClintock, N. "Why farm the city? Theorizing urban agriculture through a lens of metabolic rift". *Cambridge Journal of Regions, Economy and Society*, vol.3, n.2, 2010, p.191-207.

Mellor, M. *The Future of Money: From Financial Crisis to Public Resource*. Londres, Pluto Press, 2010.

Mitchell, T. *Rule of Experts: Egypt, Techno-politics, Modernity*. Berkeley, University of California Press, 2002.

Norgaard, R.B. *Development Betrayed: The End of Progress and a Co-evolutionary Revisioning of the Future*. Nova York, Routledge, 1994.

Odum, H.T. "Energy accounting". In: P. Bartelmus (org.). *Unveiling Wealth*. Amsterdam, Springer, 2002, p.135-46.

Piketty, T. *Capital in the 21st* Century. Cambridge, Harvard University Press, 2014.

Polanyi, K. *The Great Transformation: The Political and Economic Origins of Our Time*. Boston, Beacon Press, 1944.

Prudham, S. "The fictions of autonomous invention: accumulation by dispossession, commodification and life patents in Canada". *Antipode*, vol.39, n.3, 2007, p.406-29.

Raventós, D. *Basic Income: The Material Conditions of Freedom*. Londres, Pluto Press, 2007.

Rezai, A., Taylor, L. e Mechler, R. "Ecological macroeconomics: An application to climate change". *Ecological Economics*, n.85, 2013, p.69-76.

Skidelsky, R. e Skidelsky, E. *How Much is Enough?: The Love of Money, and the Case for the Good Life*. Harmondsworth, Penguin, 2012.

Smith, A. *An Inquiry Into the Nature and Causes of the Wealth of Nations*. Londres, T. Nelson and Sons, 1887.

Sorman, A.H. e Giampietro, M. "The energetic metabolism of societies and the degrowth paradigm: Analyzing biophysical constraints and realities". *Journal of Cleaner Production*, n.38, 2013, p.80-93.

Summers, L. "Why stagnation might prove to be the new normal". *Financial Times*, 15 dez 2013.

Victor, P.A. *Managing Without Growth: Slower by Design, not Disaster*. Cheltenham, Edward Elgar, 2008.

### 3. Análise de economias comunitárias mundiais em defesa do desenvolvimento sustentável local (p.70-98)

Blanc, J. "Classifying CCs: Community, complementary and local currencies' types and generations". *International Journal of Community Currency Research*, n.15, ed. especial, 2011, D4-10.

Chávez, H. *Aló Presidente*. Transmissão de TV, dez 2005.

De Bondt, W. e Thaler, R. "Further evidence on investor overreaction and stock market seasonality". *The Journal of Finance*, vol.42, n.3, 1987, p.557-81.

De Long, B.J. et al. "Noise trader risk in financial markets". *Journal of Political Economy*, vol.98, n.4, 1990, p.703-38.

Derudder, P. "Cahier d'espérance, richesses et monnaies". *Monnaie en débat*, 2011.

Dittmer, K. "Communal currencies in Venezuela". *International Journal of Community Currency Research*, n.15, seção A, 2011, p.78-83.

Goerner, S. et al. "Quantifying economic sustainability: Implications for free-enterprise theory, policy and practice". *Ecological Economics*, vol.69, n.1, 2009, p.76-81.

Greco, T.H. *New Money for Healthy Communities*. Tucson, Greco Pub., 1994.

Holling, C.S. "The resilience of terrestrial ecosystems: Local surprise and global change". In: W.C. Clark e R.E. Munn (orgs.). *Sustainable Development of the Biosphere*. Londres, Cambridge University Press, 1986, p.292-317.

Kash, J.A. et al. "Optimizing scrip systems: Efficiency, crashes, hoarders, and altruists". VIII ACM Conference on Electronic Commerce, 2007.

Kennedy, M. e Lietaer, B. *Monnaies régionales: de nouvelles voies vers une prospérite durable (Regionalwährungen: Neue Wege zu nachhaltigem Wohlstand)*. Paris, Charles Léopold Mayer, 2004.

Larcker, D.F. e Tayan, B. "Corporate governance according to Charles T. Munger". Stanford Closer Look Series; disponível em: http://www.gsb.stanford.edu/sites/default/files/38_Munger_0.pdf.

Lietaer, B. et al. "Is our monetary structure a systemic cause for financial instability? Evidence and remedies from nature". *Journal of Futures Studies*, n.14, 2010, p.89-108.

Martignoni, J. "A new approach to a typology of complementary currencies". *International Journal of Community Currency Research*, n.16, seção A, 2012, p.1-17.

May, R.M. "Will a large complex system be stable?". *Nature*, n.238, 1972, p.413-4.

Reinhart, C. e Rogoff, K. *This Time Is Different. Eight Centuries of Financial Folly*. Princeton, Princeton University Press, 2009.

Schroeder, R.F.H. et al. "Community currency research: An analysis of the literature". *International Journal of Community Currency Research*, n.15, seção A, 2011, p.31-41.

Thaler, R. "The end of behavioral finance". *Financial Analysts Journal*, vol.55, n.6, 1999, p.12-7.

Western Australia Government. "LET Systems Training Pack". Community Development Branch, Department of State Development, 1990.

WIR Bank. "WIR Economic Circle Cooperative", Wirtschaftsring-Genossenschaft, 1934; disponível em: http://www.wir.ch/.

Worldwide Database of Complementary Currencies Systems, 2014; disponível em: http://www.complementarycurrency.org/ccDatabase/les_public.html.

Zorach, A.C. e Ulanowicz, R.E. "Quantifying the complexity of flow networks: How many roles are there?". *Complexity*, vol.8, n.3, 2003, p.68-76.

## 4. Sonhos com a blockchain (p.99-125)

Accenture Insights. "Are you exploring blockchain technology for your investment bank?", 2016; disponível em: https://www.accenture.com/us-en/insight-perspectives-capital-markets-blockchain.

Bauwens, M. "The political economy of peer production", 2005. *CTheory*; disponível em: http://www.ctheory.net/articles.aspx?id=499.

Benkler, Y. "Freedom in the commons: Towards a political economy of information". *Duke Law Journal*, vol.52, n.6, 2003, p.1245-76.

Birch, D.G.W. et al. "Towards ambient accountability in financial services: Shared ledgers, translucent transactions and the technological legacy of the great financial crisis". *Journal of Payments Strategy and Systems*, vol.10, n.2, 2016, p.118-31.

Burrell, J. "The field site as a network: A strategy for locating ethnographic research". *Field Methods*, vol.21, n.2, 2009, p.181-99.

Buterin, V. "DAOs are not scary, part 2: Reducing barriers". *Ethereum*, 2014a; disponível em: https://blog.ethereum.org/2014/03/01/daos-are-not-scary-part-2- reducing-barriers/.

_____. "Launching the ether sale". *Ethereum*, 2014b; disponível em: https://blog.ethereum.org/2014/07/22/launching-the-ether-sale/.

_____. "Superrationality and DAOs". *Ethereum*, 2015; disponível em: https://blog.ethereum.org/2015/01/23/superrationality-daos/.

Castells, M. *Networks of Outrage and Hope: Social Movements in the Internet Age*. Cambridge, Polity, 2013. [ed. bras., *Redes de indignação e esperança*, Rio de Janeiro, Zahar, 2013.]

De Filippi, P. "From competition to cooperation". *TEDx Cambridge*, 2015; disponível em: https://www.youtube.com/watch?v=aYOPcHRO3tc.

Dietz, J. "Swarm manifesto", 2015; disponível em: https://gist.github.com/fractastical/b658c71573d92ebb9b19.

Downey, G.J. "Making media work: Time, space, identity, and labor in the analysis of information and communication infrastructures". In: T. Gillespie et al. (orgs.). *Media Technologies: Essays on Communication, Materiality, and Society*. Cambridge, MIT Press, 2015.

DTCC. *Embracing Disruption: Tapping the Potential of Distributed Ledgers to Improve the Post-Trade Landscape*. Depository Trust and Clearing Corporation, Nova York, 2016.

Duffy, T. "Wall Street is losing the best and the brightest". *Wall Street Journal*, 29 set 2013; disponível em: http://www.wsj.com/articles/SB10001424127887323623304579059592494840128.

Egan, M. "Talent wars: Silicon Valley vs Wall Street". *CNN Money*, 2014; disponível em: http://money.cnn.com/2014/08/22/investing/wall-street-silicon-valley-talent/.

Feder, J. "From competition to cooperation". *Backfeed Magazine*, 2016; disponível em: http://magazine.backfeed.cc/from-competition-to-cooperation/

Frisby, D. "In proof we trust". *Aeon*, 2016; disponível em: https://aeon.co/essays/how-blockchain-will-revolutionise-far-more-than-money.

Ghalim, Y. "Why we should drop the whole Bitcoin vs blockchain discussion". *Medium*, 2015; disponível em: https://medium.com/@YacineGhalim/why-we-should-drop-the-whole-bitcoin-vs-blockchain-discussion-e3e38e9a5104#.bghtgxdzy.

Gibson-Graham, J.K. "Diverse economies: Performative practices for 'other worlds'". *Progress in Human Geography*, vol.32, n.5, 2008, p.613-32.

Giddens, A. *Modernity and Self Identity: Self and Society in the Late Modern Age*. Cambridge, Cambridge University Press, 1991 [ed. bras., *Modernidade e identidade*, Rio de Janeiro, Zahar, 2002.]

Gill, R. e Pratt, A. "In the social factory? Immaterial labour, precariousness and cultural work". *Theory, Culture, and Society*, vol.25, n.7-8, 2008, p.1-30.

Greenberg, J. "Wall Street's scrambling to catch up with Silicon Valley". *Wired*, 2015; disponível em: http://www.wired.com/2015/04/wall-street-silicon-valley-banks-play-catch-up-with-tech-startups/.

Hearn, M. "The resolution of the Bitcoin experiment". *Medium*, 2016; disponível em: https://medium.com/@octskyward/the-resolution-of-the-bitcoin-experiment-dabb30201f7#.xrurew5rnw.

Isgur, B. "A little altcoin sanity: Namecoin". *Coin Report*, 2014; disponível em: https://coinreport.net/little-altcoin-sanity-namecoin/.

Jackson, S.J. "Rethinking repair". In: T. Gillespie et al. (orgs.). *Media Technologies: Essays on Communication, Materiality, and Society*. Cambridge, MIT Press, 2015

Kelty, C. *Two Bits: The Cultural Significance of Free Software*. Cambridge, MIT Press, 2008.

Levine, M. "Blockchain for banks probably can't hurt". *BloombergView*, 1º set 2015; disponível em: https://www.bloomberg.com/view/articles/2015-09-01/blockchain-for-banks-probably-can-t-hurt.

Lotringer, S. e Marazzi, C. *Autonomia: Post-Political Politics*. Cambridge, Semiotext(e), 2007.

Lujan, S. "Toward techno-anarchy: Blockchain tech will thwart government, transform society". *Bitcoin.com*, 2016; disponível em: https://news.bitcoin.com/toward-techno-anarchy-blockchain-tech-will-thwart-government-transform-society/.

MacKenzie, D. *An Engine, Not a Camera*. Cambridge, MIT Press, 2006.

McKinsey and Company. "Beyond the hype: Blockchains in capital markets". Relatório, 2015; disponível em: http://www.mckinsey.com/industries/financial-services/our-insights/beyond-the-hype-blockchains-in-capital-markets.

Mainelli, M. e Milne, A. "The impact and potential of blockchain on the securities transaction lifecycle". Instituto Swift, Documento de trabalho n.2015-007, 2016.

Marcus, G. "Ethnography in/of the world system: The emergence of multisited ethnography". *Annual Review of Anthropology*, n.24, 1995, p.95-117.

Maurer, B., Nelms, T. e Swartz, L. "When perhaps the real problem is money itself!". *Social Semiotics*, vol.23, n.2, 2013, p.261-77.

Merchant, B. "Fully automated luxury communism". *The Guardian*, 18 mar 2015; disponível em: http://www.theguardian.com/sustainable-business/2015/mar/18/fully-automated-luxury-communism-robots-employment.

Nakamoto, S. "Bitcoin: A peer-to-peer electronic cash system", 2008; disponível em: https://bitcoin.org/bitcoin.pdf.

O'Dwyer, R. "The revolution will (not) be decentralised: Blockchains". *Common Transition*, 2015; disponível em: http://commonstransition.org/the-revolution-will-not-be-decentralised-blockchains/.

Otar, O. "Mining consolidation: The bitcoin guillotine". *Bitcoin News Channel*, 20 dez 2015; disponível em: http://bitcoinnewschannel.com/2015/12/20/mining-consolidation-the-bitcoin-guillotine/.

Pangburn, D. "The humans who dream of companies that don't need us". Fast Company, 2015; disponível em: http://www.fastcompany.com/3047462/the-humans-who-dream-of-companies-that-wont-need-them.

Peabody, G. "What blocks the blockchain?". *Payments Views*, 2016; disponível em: http://paymentsviews.com/2016/04/14/what-blocks-the-blockchain/.

Peters, J.D. *Speaking Into the Air: A History of the Idea of Communication*. Chicago, Chicago University Press, 1999.

Pymnts. "Why the corporate banking revolution is a marathon, not a sprint". *PYMNTS*, 2015; disponível em: http://www.pymnts.com/news/b2b-payments/2016/why-the-corporate-banking-revolution-is-a-marathon-not-a-sprint/.

Robinson, E. e Leising, M. "Blythe Masters tells banks the blockchain changes everything", *Bloomberg*, 2015; disponível em: http://www.bloomberg.com/news/features/2015-09-01/blythe-masters-tells-banks-the-blockchain-changes-everything.

Roos, J. "We are going slow because we are going far". *ROAR Magazine*, 2011; disponível em: https://roarmag.org/essays/marchabruselas-and-antibanks-in-paris-in-pictures/.

Rosenberg, S. "There's a blockchain for that! The code that secures Bitcoin could also power an alternate Internet. First, though, it has to work". *Backchannel*, 2015; disponível em: https://medium.com/backchannel/how-bitcoins-blockchain-could-power-an-alternate-internet-bb501855af67#.mlndtx2pl.

Shin, L. "Susan Athey on how digital currency could transform our lives". *Forbes*, 2014; disponível em: http://www.forbes.com/sites/laurashin/2014/11/24/susan-athey-on-how-digital-currency-could-transform-our-lives/#188df51a79e7.

_____. "Nasdaq selects bitcoin startup Chain to run pilot in private market arm". *Forbes*, 2015; disponível em: http://www.forbes.com/sites/laurashin/2015/06/24/nasdaq-selects-bitcoin-startup-chain-to-run-pilot-in-private-market-arm/#2f766ff252d7.

Stafford, P. "Blockchain initiative backed by 9 large investment banks". *Financial Times*, 2015; disponível em: http://www.ft.com/intl/cms/s/0/f358ed6c-5ae0-11e5-9846-de406ccb37f2.html#axzz3y5HqclYN.

Stearns, D. *Electronic Value Exchange: Origins of the VISA Electronic Payment System*. Nova York, Springer, 2011.

Swan, M. *Blockchain: Blueprint for a New Economy*. Sebastopol, O'Reilly, 2015.

Swarm. "The Swarm skeletons". *Medium*, 2015; disponível em: https://medium.com/@Swarm/meet-the-swarm-skeletons-83fb0627f438#.qkqea774y.

Swartz, L. *What Was Bitcoin?*, no prelo.

Tanzarian, A. "Ethereum raises 3700 BTC in first 12 hours of ether presale". *Coin Telegraph*, 2014; disponível em: http://cointelegraph.com/news/ethereum-raises-3700-btc-in-first-12-hours-of-ether-presale.

Thorp, N. "How society will be transformed by crypto-economics". *Medium*, 2015; disponível em: https://medium.com/@noahthorp/how-society-will-be-transformed-by-crypto-economics-b02b6765ca8c#.46dy1nf8b.

Turner, F. "Burning man at Google: A cultural infrastructure for new media production". *New Media & Society*, vol.11, n.1-2, 2009, p.73-94.

Vinsel, L. "The maintainers: A call for proposals", 2015; disponível em: http://leevinsel.com/blog/2015/2/25/the-maintainers-a-call-for-proposals.

Volpicelli, G. "Smart contracts sound boring, but they're more disruptive than bitcoin". *Vice*, 2015; disponível em: http://motherboard.vice.com/read/smart-contracts-sound-boring-but-theyre-more-disruptive-than-bitcoin.

Voorhees, E. "It's all about the blockchain". *Money and State*, 2015; disponível em: http://moneyandstate.com/its-all-about-the-blockchain/.

Yuan, L. "Forget bitcoin, long live blockchain". *Medium*, 2015; disponível em: https://medium.com/@L4yuan/forget-bitcoin-long-live-blockchain-5d4b55cfce0b.u07vbzn.

## 5. Serviços financeiros ao consumidor nos Estados Unidos (p.126-52)

Athreya, Kartik et al. "Labor market upheaval, default regulations, and consumer debt". Documento de trabalho n.2014-002A, Federal Reserve Bank of St. Louis, 2014; disponível em: http://research.stlouisfed.org/wp/more/2014-002.

Bankrate, Inc. "Free checking gets rarer as ATM fees and other checking account fees continue to rise". Comunicado de imprensa, 24 set 2012; disponível em: http://phx.corporate-ir.net/phoenix.zhtml?c=61502&p=irol-newsArticle&ID=1737572&highlight.

Barr, M.S. e Blank, R. "Savings, assets, credit, and banking among low-income households: Introduction and overview". In: R. Blank e M.S. Barr (orgs.). *Insufficient Funds: Savings, Assets, Credit and Banking Among Low-income Households*. Nova York, Russell Sage Foundation, 2009.

Burhouse, S. e Osaki, Y. "2011 FDIC national survey of unbanked and underbanked households". Washington, D.C., Federal Deposit Insurance Corporation, 2012.

Calem, P. "The impact of geographic deregulation on small banks". *Business Review*, nov-dez 1994, p.17-30.

Canner, G. e Elliehausen, G. "Consumer experiences with credit cards". *Federal Reserve Bulletin*, vol.99, n.5, 2013, p.1-36.

Choi, C. "Reporter spends month living without a bank, finds sky-high fees". *Huffington Post*, 25 maio 2011.

Cooper, D. e Hall, D. "Raising the federal minimum wage to $10.10 would give working families, and the overall economy, a much needed boost". Economic Policy Institute, 2013; disponível em: http://www.epi.org/publication/bp357-federal-minimum-wage-increase/.

Cover, J. et al. "Minorities on the margins? The spatial organization of fringe banking services". *Journal of Urban Affairs*, vol.33, n.3, 2011, p.317-44.

Dēmos. "Higher and higher education: trends in access, affordability, and debt". Young Adult Economics Series, 2007; disponível em: http://www.demos.org/sites/default/files/publications/yaes_web_execsumm.pdf.

*The Economist*. "Crash course". *The Economist*, 7 set 2013; disponível em: http://www.economist.com/news/schoolsbrief/21584534-effects-financial-crisis-are-still-being-felt-five-years-article.

FDIC (Federal Deposit Insurance Corporation). "Unfair or deceptive acts or practices by state-chartered banks". *Financial Institution Letters*, 11 mar 2004; disponível em: https://www.fdic.gov/news/news/financial/2004/fil2604a.html.

Federal Reserve Bank of Chicago. *Chicago Fed History: 1940-1964*, s.d.; disponível em: https://www.chicagofed.org/utilities/about-us/history/chicago-fed-history-1940-1964.

Federal Reserve Board. "Aggregate revolving credit survey", 2014; disponível em: http://www.federalreserve.gov/releases/g19/hist/cc_hist_sa_levels.html.

Fox, J.A. e Woodhall, P. "Cashed out: Consumers pay steep premium to 'bank' at check cashing outlets". Consumer Federation of America, 2006; disponível em: http://consumerfed.org/pdfs/CFA_2006_Check_Cashing_Study111506.pdf.

Garcia, J. "Borrowing to make ends meet: the rapid growth of credit card debt in America". *Demos*, 2007; disponível em: http://www.demos.org/publication/borrowing-make-ends-meet-rapid-growth-credit-card-debt-america.

Garcia, J. e Draut, T. "The plastic safety net: how households are coping in a fragile economy". *Demos*, 2009; disponível em: http://www.demos.org/publication/plastic-safety-net-2009-how-households-are-coping-fragile-economy.

Graves, S. e Peterson, C. "Usury law and the Christian right: Faith-based political power and the geography of American payday loan regulation". *Catholic University Law Review*, vol.57, n.3, 2008, p.637.

Hacker, J. e Jacobs, E. "Income volatility: Another source of growing economic insecurity". Economic Policy Institute, 2008; disponível em: http://www.epi.org/publication/webfeatures_snapshots_20080528/.

Haltom, R. "Failure of Continental Illinois". *Federal Reserve History*, 2013; disponível em: http://www.federalreservehistory.org/Events/DetailView/47.

Hryndza, M. *An Introduction to Clever: An Initiative of the Campaign for Better Banking Fiscally*. Chicago, The Center for Urban Research and Learning at Loyola University, 2014.

Jayaratne, J. e Strahan, P.E. "The benefits of branching deregulation". *Regulation*, vol.22, n.1, 1999, p.8-16.

Johnson, A. "Bank of America will use database to screen for payday lenders". *The Wall Street Journal*, 16 jun 2014.

Kramer, L. "America's savings crisis: your spending habits may be to blame". ICI 2013 General Membership Meeting, 2013. *CNBC.com*; disponível em: http://www.cnbc.com/id/100700580.

Montezemolo, S. "Payday lending abuses and predatory practices". Center for Responsible Lending, 2013; disponível em: http://www.responsiblelending.org/state-of-lending/reports/10-Payday-Loans.pdf.

Noah, T. "Legal usury: The skeevy business of payday loans". *Slate*, 5 out 2010.

Protess, B. "Thrift banks long decline". *NYT Dealbook*, 8 dez 2010; disponível em: http://dealbook.nytimes.com/2010/12/08/thrifts-last-stand/.

Rice, T. e Davis, E. "The branch banking boom in Illinois: A byproduct of restrictive branching laws". *Chicago Fed Letter*, mai 2007.

Schaefer, S. "Five biggest U.S. banks control nearly half industry's $15 trillion in assets". *Forbes*, 3 dez 2014; disponível em: http://www.forbes.com/sites/steveschaefer/2014/12/03/five-biggest-banks-trillion-jpmorgan-citi-bankamerica/.

TransUnion. "2014 payment hierarchy study", 2014; disponível em: http://media.marketwire.com/attachments/201403/233081_PaymentHierarchyInfographic2014 F1NAL.jpg.

US Department of Education, National Center for Education Statistics. "Digest of Education Statistics", 2014 (NCES 2016-006), capítulo 3; disponível em: http://nces.ed.gov/fastfacts/display.asp?id=76.

Vornovytskyy, M. et al. "Household debt in the US 2000 to 2011". US Census Bureau, 2011; disponível em: http://www.census.gov/people/wealth/files/Debt%20Highlights %202011.pdf.

Westgate, M. *Gale Force*. The Woodlands, Education and Resources Group, 2011.

Whitehouse, M. "Number of the week: Default repercussions". *The Wall Street Journal*, 31 jul 2010.

Wilson, W. "The Democratic Party's appeal". In: "The political parties: Their appeal to the nation by the presidential candidates William H. Taft, Woodrow Wilson, Theodore Roosevelt, Eugene V. Debs, Eugene W. Chafin, Arthur E. Reimer", edição especial. *The Independent*, 24 out 1912.

## 6. *Commoning* contra a crise (p.153-86)

Abramovich, A. e Vázquez, G. "Experiencias de la economía social y solidaria en la Argentina". *Estudios Fronterizos*, vol.8, n.15, 2007, p.121-45.

Agrawal, A. e Gibson, C. "Enchantment and disenchantment: The role of community in natural resource conservation". *World Development*, vol.27, n.4, 1999, p.629-49.

Bauwens, M. e Kostakis, V. "From the communism of capital to capital for the commons: Towards an open cooperativism", *TripleC*, vol.12, n.1, 2014, p.356-61.

Bollier, D. "The commons as a template for transformation", 2014; disponível em: http://www.greattransition.org/publication/the-commons-as-a-template-for-transformation.

Brighenti, A. *Urban Interstices: The Aesthetics and the Politics of the In-between*, Farnham, Ashgate, 2013.

Castells, M. *Networks of Outrage and Hope: Social Movements in the Internet Age*, Cambridge, Polity, 2013. [ed. bras., *Redes de indignação e esperança*, Rio de Janeiro, Zahar, 2013.]

Castoriadis, C. *The Imaginary Institution of the Society*. Atenas, Kedros, 1975.

Conill, J. et al. "Beyond the crisis: The emergence of alternative economic practices". In: M. Castells et al. (orgs.) *Aftermath: The Cultures of Economic Crisis*. Oxford, Oxford University Press, 2012, p.210-51.

D'Alisa, G. "Bienes comunes: las estructuras que connectan". *Ecología Política*, n.45, 2013, p.30-41.

Dalakoglou, D. "The crisis before 'the crisis': violence and urban neoliberalization in Athens". *Social Justice*, vol.39, n.1, 2013, p.24-42.

De Angelis, M. "The production of commons and the 'explosion' of the middle class". *Antipode*, vol.42, n.4, 2010, p.954-77.

_____. "Crisis, capital and cooptation". In: D. Bollier e S. Helfrich (orgs.). *The Wealth of the Commons: A World Beyond Market and State*. Amherst, Levellers Press, 2012.

_____. "Crises, commons and social movements: Problematizing the diffusion of alternatives". Documento apresentado na ISA-São Francisco, 2013a.

_____. "Commoning and radical transformation". *Occupy Wall Street*, 2013b; disponível em: http://occupywallstreet.net/story/commoning-and-radical-transformation.

Douzinas, C. "Athens rising". *European Urban and Regional Studies*, vol.20, n.1, 2013, p.134-8.

Economou, M. et al. "Major depression in the era of economic crisis: A replication of a cross-sectional study across Greece". *Journal of Affective Disorders*, vol.145, n.3, 2013, p.308-14.

EL.STAT. "Labour Force Survey", 4º trimestre, 2009; disponível em: www.statistics.gr.

_____. "Report on suicide rates 2012", 2012; disponível em: www.statistics.gr.

_____. "Labour Force Survey", 3º trimestre, 2013; disponível em: www.statistics.gr.

_____. "Hellas in Numbers-2014", 2014; disponível em: www.statistics.gr.

_____. "Hellas in Numbers-2015", 2015; disponível em: www.statistics.gr.

Fillipidis, C. "The polis-jungle, magical densities, and the survival guide of the enemy within". In: A. Vradis e D. Dalakoglou (orgs.). *Revolt and Crisis in Greece: Between a Present Yet to Pass and a Future Still to Come*. Oakland/Londres, AK Press e Occupied London, 2011, p.59-77.

Gibson-Graham, J.K. "Diverse economies: Performative practices for 'other worlds'". *Progress in Human Geography*, vol.32, n.5, 2008, p.13-32.

Gritzas, G. e Kavoulakos, K. "Diverse economies and alternative spaces: An overview of approaches and practices". *European Urban and Regional Studies*, doi: 10.1177/0969776415573778, 2015.

Hadjimichalis, C. "From streets and squares to radical political emancipation? Resistance and lessons from Athens during the crisis". *Human Geography*, vol.6, n.2, 2013, p.116-36.

Hardin, G. "The tragedy of the commons". *Science*, vol.162, n.3859, 1968, p.1243-8.

Harvey, D. *Spaces of Hope*. Edimburgo, Edinburgh University Press, 2000.

_____. *Rebel Cities: From the Right to the City to the Urban Revolution*. Londres, Verso, 2012.

Hopkins, R. *The Transition Handbook: From Oil Dependency to Local Resilience*. Dartington, Green Books, 2008.

Insurgenta Iskra. "Transforming crisis to krisis. The #Festival4sce: A hub of networks towards the Alternative Route in Greece". *Revolution News*, 2014.

Jackson, T. *Prosperity Without Growth? Economics for a Finite Planet*. Londres, Earthscan/Sustainable Development Commission, 2009.

Kaika, M. e Karaliotas, L. "The spatialization of democratic politics: insights from indignant squares". *European Urban and Regional Studies*, doi: 10.1177/0969776414528928, 2014.

Kaplanis, Y. "An economy that excludes the many and an 'accidental' revolt". In: A. Vradis e D. Dalakoglou (orgs.). *Revolt and Crisis in Greece: Between a Present Yet to Pass and a Future Still to Come*. Oakland/Londres, AK Press e Occupied London, 2011, p.215-29.

Kioupkiolis, A. *The Commons of Freedom*. Atenas, Exarcheia, 2014 (em grego).

Kioupkiolis, A. e Karyotis, T. "The commons in theory and practice: Self-management in contemporary Greece". Economics and the Commons Conference, maio 2013.

Laclau, E. *Emancipation(s)*. Londres, Verso, 1996a.

_____. "The death and resurrection of the theory of ideology". *Journal of Political Ideologies*, vol.1, n.3, 1996b, p.201-20.

Lapavitsas, C. *Crisis in the Eurozone*. Londres, Verso, 2012.

Latouche, S. *Farewell to Growth*. Cambridge, Polity, 2009.

Lichterman, P. *The Search for Political Community*. Cambridge, Cambridge University Press, 1996.

Matsaganis, M. *The Greek Crisis: Social Impact and Policy Responses*. Berlim, Friedrich Ebert Stiftung, 2013.

McDonald, K. "From solidarity to fluidarity: Social movements beyond 'collective identity' – the case of globalization conflicts". *Social Movement Studies*, vol.1, n.2, 2002, p.109-28.

Nakou, V. "Forest cooperatives in new roles: A green proposal in forestry". Discurso em evento público sobre Economia Social e Cooperativismo, Grevena, 23 abr 2013.

Olaveson, T. "Collective effervescence and communitas: Processual models of ritual and society". *Dialectical Anthropology*, vol.26, n.2, 2001, p.89-124.

Ostrom, E. *Governing the Commons: The Evolution of Institutions for Collective Action*. Cambridge, Cambridge University Press, 1990.

Panagoulis, H. "Seeds have grown, experiences from the collective venture of 'Sporos'", 2013; disponível em: Solidarity4all.gr.

Papadopoulos, D. et al. "Athens: Metropolitan blockade: real democracy". *Journal of the European Institute for Progressive Cultural Studies*, 2012; disponível em: http://eipcp.net/transversal/1011/ptt/en.

Paseges. "Theses of the Pan-Hellenic Confederation of Unions of Agricultural Cooperatives on the framework for the reconstruction of agricultural co-operatives", 2011; disponível em: paseges.gr.

Petridis, P. e Varvarousis, A. "Transformation or replication? On the aftermath of the Greek government shift", 2015; disponível em: Degrowth.de.

Prolepsis. "Results from the survey on 'Dietary Habits'", 2013; disponível em: http://diatrofi.prolepsis.gr/en/what-we-do/the-need/food-insecurity/.

Ross, K. *May '68 and its Afterlives*. Chicago, University of Chicago Press, 2002.

_____. *Communal Luxury: The Political Imaginary of the Paris Commune*. Londres, Verso, 2015.

Sotiropoulos, A. e Bourikos, D. *Economic Crisis, Social Solidarity and the Voluntary Sector in Greece*. Atenas, Crisis Observatory, 2014.

Stathakis, G. e Hadjimichalis, C. "Athens international city: From the desire of the few to the reality of the many". *Geographies*, n.7, 2004, p.26-47.

Stavrides, S. *The City of Thresholds*. Trento, Professional Dreamers, 2013a.

_____. "Re-inventing spaces of commoning: Occupied squares in movement". *QUADERNS-E*, vol.18, n.2, 2013b, p.40-52.

_____. "Common space as threshold space: Urban commoning in struggles to re-appropriate public space". *Footprint*, vol.9, n.1, 2015, p.9-21.

Steins, N. e Edwards, V. "Platforms for collective action in multiple-use common-pool resources". *Agriculture and Human Values*, n.16, 1999, p.241-55.

Szakolczai, A. "Liminality and experience: Structuring transitory situations and transformative events". *International Political Anthropology*, vol.2, n.1, 2009, p.141-72.

Thomassen, B. "The uses and meanings of liminality". *International Political Anthropology*, vol.2, n.1, 2009, p.5-28.

_____. *Liminality and the Modern Living through the In-Between*. Farnham, Ashgate, 2014.

Tsaliki, L. "The Greek 'Indignados': The Aganaktismenoi as a case study of the 'new repertoire of collective action'". Discurso no painel "In/compatible publics: Publics in Crisis- Production, Regulation and Control of Publics". Berlim, Transmediale Media Art Festival, 2012.

Turner, V. *The Ritual Process*. Ithaca, Cornell University Press, 1977.

Vaiou, D. "Tracing aspects of the Greek crisis in Athens: Putting women in the picture". *European Urban and Regional Studies*, vol.23, n.3, 2014, p.220-30.

Van Gennep, A. *The Rites of Passage*. Londres, Routledge and Kegan Paul, 1960 [1908].
Vathakou, E. "Citizens' solidarity initiatives in Greece during the financial crisis". In: A. Huliaras e J. Clark (orgs.). *Austerity and the Third Sector in Greece: Civil Society at the European Front Line*. Farnham, Ashgate, 2015.
Vradis, A. e Dalakoglou, D. *Revolt and Crisis in Greece: Between a Present Yet to Pass and a Future Still to Come*. Oakland/Londres, AK Press e Occupied London, 2011.
Wade, R. *Village Republics: Economic Conditions for Collective Action in South India*. Cambridge, Cambridge University Press, 1988.
Zibechi, R. *Dispersing Power: Social Movements as Anti-State Forces*. Oakland, AK Press, 2010.

*Informação recuperada nos seguintes websites/blogs/Facebook/páginas/bancos de dados*

Eurostat, http://ec.europa.eu/eurostat
Hellenic Statistical Authority, http://www.statistics.gr/portal/page/portal/ESYE
Koinsep, http://koinsep.org/
Kolektives, http://kolektives.org/
Left, http://left.gr
Networking Platform-Another World, http://www.enasalloskosmos-community.net/
Newspaper Vima, 10/04/2015. "Roads and security, the victims of crisis in public infrastructure". Avgenakis Lefteris (em grego), http://www.tovima.gr/
NGO Klimaka, http://www.klimaka.org.gr/newsite/
NGO Prolepsis, http://diatrofi.prolepsis.gr/en/what-we-do/the-need/food-insecurity/
Omikron Project, http://omikronproject.gr/
Solidarity4all, http://solidarity4all.gr

## 7. Práticas econômicas alternativas em Barcelona (p.187-214)

Akerlof, G.A. e Shiller R.J. *Animal Spirits: How Human Psychology Drives the Economy and Why It Matters for Global Capitalism*. Princeton, Princeton University Press, 2010.
Benkler, Y. "Sharing nicely: On shareable goods and the emergence of sharing as a modality of economic production". *Yale Law Journal*, vol.114, n.2, 2004, p.273-358.
Castells, M. *Networks of Outrage and Hope: Social Moviments in the Internet Age*, 2ª ed. Cambridge, Polity, 2015. [ed. bras., *Redes de indignação e esperança*, Rio de Janeiro, Zahar, 2013.]
Castells, M., Caraça, J. e Cardoso, G. (orgs.). *Aftermath: The Cultures of the Economic Crisis*. Oxford, Oxford University Press, 2012.
Conill, J., Cardenas, A., Castells, M. e Servon, L. *Otra vida es posible: prácticas alternativas durante la crisis*. Barcelona, UOC Press, 2012.
Engelen, E. et al. *After the Great Complacency: Financial Crisis and the Politics of Reform*. Oxford, Oxford University Press, 2011.

Marks, N. *The Happiness Manifesto: How Nations and People Can Nurture Well-being.* Nova York, TED Books, 2011.

Mason, P. *Postcapitalism: A Guide Tour to Our Future.* Londres, Allen Lane/Penguin, 2015.

Miller, E. "Other economies are possible! Organizing toward an economy of cooperation and solidarity". *Dollars & Sense*, n.266, jul-ago 2006.

Nolan, P. *Crossroads: The End of Wild Capitalism and the Future of Humanity.* Londres, Marshall Cavendish, 2009.

North, P. "Scaling alternative economic practices? Some lessons from alternative currencies". *Transactions of the Institute of British Geographers*, n.30, 2005, p.221-33.

Schor, J.B. *True Wealth: How and Why Millions of Americans Are Creating a Time-rich, Ecologically Light, Small-scale, High-satisfaction Economy.* Nova York, Penguin, 2011.

Swartz, L. "Money as communication: Culture, means of payments, and new currencies". Dissertação de doutorado apresentada à University of Southern California, Annenberg School of Communication and Journalism. Los Angeles, 2015.

Thompson, G. "On networks and trust". Documento apresentado à Conferência da European Association of Evolutionary Economics, Universidade Técnica de Lisboa. Lisboa, 1998.

Zelizer, V.A. *Economic Lives: How Culture Shapes the Economy.* Princeton, Princeton University Press, 2011.

## 8. Imaginar e construir futuros alternativos (p.215-36)

Adam, B. e Groves, C. *Future Matters: Action, Knowledge, Ethics.* Leiden, Brill, 2007.

Anderson, B. "Preemption, precaution, preparedness: Anticipatory action and future geographies". *Progress in Human Geography*, vol.34, n.6, 2010, p.777-98.

_____. "What kind of thing is resilience". *Politics*, vol.35, n.1, 2015, p.60-6.

Australian Government. "State of Australian cities: 2014-15", 2015; disponível em: https://infrastructure.gov.au/infrastructure/pab/soac/files/2015_SoAC_full_report.pdf.

Castells, M. *Networks of Outrage and Hope: Social Movements in the Internet Age.* Cambridge, Polity, 2013. [ed. bras., *Redes de indignação e esperança*, Rio de Janeiro, Zahar, 2013.]

Cittaslow. "Cittaslow International Network", 2014; disponível em: http://www.cittaslow.org/download/DocumentiUfficiali/CITTASLOW_LIST_april_2014_PDF.pdf.

Henry, R. *Performing Place, Practising Memories: Aboriginal Australians, Hippies and the State.* Oxford, Berghahn, 2012.

Ingold, T. *Lines.* Londres, Routledge, 2007.

James, R. *Resilience & Melancholy: Pop Music, Feminism, Neoliberalism.* Alresford, Zero Books, 2015.

Parkins, W. e Craig, G. *Slow Living.* Oxford, Berg, 2006.

Pink, S. "Urban social movements and small places: Slow Cities as sites of activism". *City*, vol.13, n.4, 2009, p.451-65.

_____. *Situating Everyday Life: Practice and Places*. Londres, Sage, 2012.

Pink, S. e Lewis, T. "Making resilience: Everyday affect and global affiliation in Australian Slow Cities". *Cultural Geographies*, vol.21, n.4, 2014, p.695-710.

Pink, S. e Servon, L. "Sensory Global Towns: An experiential approach to the growth of the Slow City movement". *Environment and Planning A*, vol.45, n.2, 2013, p.451-66.

Sharma, S. *In the Meantime: Temporality and Cultural Politics*. Durham, Duke University Press, 2014.

Simons, M. *The Meeting of the Waters: The Hindmarsh Island Affair*. Londres, Hodder Headline, 2003.

Tomlinson, J. *The Culture of Speed: The Coming of Immediacy*. Londres, Sage, 2007.

## **Conclusão** (p.237-48)

Castells, M. *The Economic Crisis and American Society*. Princeton, Princeton University Press, 1980.

Castells, M. *The Rise of the Network Society*, 2ª ed. Oxford, Blackwell, 2000a.

Castells, M. "Information technology and financial capitalism". In: Hutton, W. e Giddens, A. (orgs.). *On the Edge: Living in Global Capitalism*. Londres, Jonathan Cape, 2000b.

Castells, M. (org.). *The Network Society: A Cross-Cultural Perspective*. Londres, Edward Elgar, 2004.

Castells, M. *Networks of Outrage and Hope: Social Movements in the Internet Age*, 2ª ed. Cambridge, Polity, 2015. [ed. bras., *Redes de indignação e esperança*, Rio de Janeiro, Zahar, 2013].

Castells, M. *De la Crisis Económica a la Crisis Política*. Barcelona, Libros de Vanguardia, 2016.

Castells, M. e Himanen, P. (orgs.) *Global Development in the Information Age*. Oxford, Oxford University Press, 2014.

Castells, M., Caraça, J. e Cardoso, G. *Aftermath: The Cultures of the Economic Crisis*. Oxford, Oxford University Press, 2012.

Crouch, C. *Post-Democracy*. Cambridge, Polity, 2004.

Engelen, E. et al. *After the Great Complacence*. Oxford, Oxford University Press, 2011.

Mason, P. *Postcapitalism: A Guided Tour to Our Future*. Londres, Allen Lane, 2015.

Piketty, T. *Le Capital au XXIème siècle*. Paris, Seuil, 2013.

Schiller, R. *The Subprime Solution*. Princeton, Princeton University Press, 2008.

Schumaker, E.F. *Small is Beautiful: Economics as if People Mattered*, 2ª ed. Londres, Hartley and Mark Publishers, 1999.

# *Agradecimentos*

Este livro apresenta os resultados do estudo empreendido por uma rede colaborativa internacional de pesquisa sobre práticas econômicas alternativas e suas fundações culturais, cujas investigações e cujos encontros se estenderam de 2011 a 2015. Os encontros anuais da rede tiveram lugar em 2011-12 em Barcelona, na Universidade Aberta da Catalunha, e em 2013-15 em Paris, no Collège d'études mondiales, da Fondation Maison des sciences de l'homme.

O projeto foi financiado pelo Collège d'études mondiales. Os autores desejam expressar sua gratidão ao professor Michel Wieviorka, presidente da Fondation Maison des sciences de l'homme, e ao dr. Olivier Bouin, diretor do Collège d'études mondiales, pelo estímulo intelectual e apoio material fornecido ao projeto ao longo de três anos.

Nós também queremos agradecer ao sr. Gilles Desfeux, da Fondation Maison des sciences de l'homme, por seu cuidado ao organizar nossos encontros anuais em Paris, e ao sr. Jean-Louis Cury, diretor da Maison Suger, da Fondation Maison des sciences de l'homme, pela hospitalidade ao abrigar nossos encontros no local histórico da Maison Suger.

Os encontros em Barcelona em 2011-12 foram organizados por Noelia Diaz Lopez, do Internet Interdisciplinary Institute, da Universidade Aberta da Catalunha.

A coordenação do projeto foi assegurada por Pauline Martinez e Reanna Martinez, na Annenberg School of Communication, Universidade do Sul da Califórnia, Los Angeles. Nós lhes agradecemos pelo apoio.

# *Sobre os autores*

**Sarah Banet-Weiser** é professora e diretora da Escola Annenberg de Comunicação da Universidade do Sul da Califórnia (USC, na sigla em inglês), Los Angeles. Também leciona na Escola de Comunicação e no Departamento de Estudos Americanos e Etnicidade da USC. Seus interesses de ensino e pesquisa incluem teoria feminista, raça e mídia, cultura jovem, cultura popular e de consumidor, cidadania e identidade nacional. Seus cursos são sobre cultura e comunicação, gênero e mídia, cultura jovem, teoria feminista e estudos culturais, incluindo culturas econômicas. É autora do premiado livro *Authentic*™ (2014).

**Manuel Castells** é professor titular e professor da Cátedra Wallis Annenberg em tecnologia da comunicação e sociedade na Universidade do Sul da Califórnia (USC), Los Angeles. É também professor emérito da Universidade da Califórnia, Berkeley, onde lecionou planejamento urbano e regional e sociologia, de 1979 a 2003, antes de juntar-se aos quadros da USC. Além disso, é professor de sociologia na Universidade Aberta da Catalunha e membro do St. John College, da Universidade de Cambridge. Ocupa a presidência da Network Society no Collège d'études mondiales, Fondation Maison des sciences de l'homme, Paris.

**Sviatlana Hlebik** é doutora em política econômica e mestre em finanças e administração de risco e em cibernética econômica. É autora de obras sobre políticas monetárias, atividade bancária e práticas econômicas alternativas durante a crise financeira. Atualmente dirige uma pesquisa sobre regulação bancária. Trabalha na Junta de Administração Financeira, Cariparma, Crédit Agricole, em Parma, Itália.

**Giorgos Kallis** é cientista ambiental e trabalha com economia ecológica e ecologia política. Tem doutorado em políticas e planejamento ambiental na Universidade do Egeu, na Grécia, mestrado em economia na Universitat Pompeu Fabra, mestrado em engenharia ambiental e bacharel no Imperial College, Londres. É professor visitante, pelo Leverhulme Trust, na Faculdade de Estudos Orientais e Africanos (Soas) da Universidade de Londres e professor, pela Institució Catalana de Recerca i Estudis Avançats (Icrea), no Institut de Ciència i Tecnologia Ambientals (ICTA),

Universidade Autônoma de Barcelona. Antes disso, foi pesquisador da Marie Curie Actions, no Grupo de Energia e Recursos da Universidade da Califórnia em Berkeley.

**Sarah Pink** é professora emérita de design e etnografia da mídia do Instituto Real de Tecnologia de Melbourne (RMIT), onde dirige o Digital Ethnography Research Centre. Também é professora visitante na Halmstad University (Suécia) e na Loughborough University (Reino Unido) e professora convidada na Universidade Livre de Berlim (Alemanha). Entre as coletâneas em que colaborou recentemente estão *Digital Materialities* (2016), *Digital Ethnography* (2016), *Screen Ecologies* (2016), *Media, Anthropology and Public Engagement* (2015) e *iBook Un/certainty* (2015). É autora de *Doing Sensory Ethnography* (2015, 2ª ed.).

**Kirsten Seale** é pesquisadora sênior na Universidade de Western Sydney. Seu interesse atual de pesquisa enfoca os mercados de rua informais urbanos. Ela examina como mercados informais urbanos facilitam as economias informal e formal não só em termos dos interesses e preocupações tradicionais de mão de obra e consumo, mas também no tocante a contingências culturais e espaciais. Analisa o que esses mercados revelam sobre a vida nas cidades numa época de urbanização rápida e grandes fluxos de pessoas, conhecimentos e bens globalizados.

**Lisa J. Servon** é professora e ex-reitora da Milano School de Assuntos Internacionais, Administração e Políticas Urbanas na New School University, Nova York. É bacharel em ciência política pelo Bryn Mawr College, mestre em história da arte pela Universidade da Pensilvânia e doutora em planejamento urbano pela Universidade da Califórnia, Berkeley. Leciona no Programa de Políticas Urbanas da Milano School e realiza pesquisas nas áreas de pobreza urbana, desenvolvimento comunitário, desenvolvimento econômico e questões de gênero e raça.

**Lana Swartz** é pesquisadora pós-doutora no Coletivo de Mídia Social da Microsoft Research, Nova Inglaterra, e leciona estudos de mídia na Universidade da Virgínia. Está trabalhando na preparação de um livro sobre dinheiro como comunicação, tanto como forma de transmissão de informação quanto vetor de relações, memória e cultura.

**Angelos Varvarousis** é pesquisador na Universidade Autônoma de Barcelona e membro do grupo Pesquisa e Desenvolvimento de Barcelona, com foco principalmente nas práticas econômicas alternativas na Grécia.

# *Índice remissivo*

As páginas *em itálico* indicam gráficos, mapas, tabelas e quadros.

FSC
www.fsc.org
MISTO
Papel produzido a partir de fontes responsáveis
FSC® C019498

A marca FSC® é a garantia de que a madeira utilizada na fabricação do papel deste livro provém de florestas que foram gerenciadas de maneira ambientalmente correta, socialmente justa e economicamente viável, além de outras fontes de origem controlada.

Este livro foi composto por Mari Taboada em Dante Pro 11,5/16
e impresso em papel offwhite 80g/m² e cartão triplex 250g/m²
por Geográfica Editora em maio de 2019.